우리 아들이 달라졌어요

미술로

우리 아들이 미술로 달라졌어요

남자아이를 위한 맞춤형 미술교육 노하우

| 최민준 지음 |

아트북스

 **머리글**

미술로
아들의 가능성
끌어내기

이제는 아들을 '어떻게' 가르쳐야 하는지 이야기할 때다!

아들 가진 엄마들이라면 아들과 딸의 차이점에 대한 이야기를 한 번쯤은 들어본 적이 있을 것이다. 아들은 이렇게 키우고 딸은 저렇게 키우라며 남녀의 차이에 따른 육아법을 가르치는 책들도 꾸준히 출간되어 스테디셀러로 자리 잡고 있다. 오래전부터 전해 내려오는 '화성에서 온 남자, 금성에서 온 여자'는 물론이고 최근 속속들이 밝혀지고 있는 뇌과학 등의 과학적인 분석까지, 남녀의 차이에 관해 논하라면 한평생을 이야기해도 모자랄 정도다. 나 역시 아들과 딸이 다르다는 것을 느끼고 책을 찾아 읽기 시작하면서 남자아이만 가르치는 남아 미술교육 전문가가 되었다.

처음에는 남자아이에게만 미술을 가르친다는 이야기에 "왜 남자아이만 가르쳐요?"라고 묻는 어머니들이 대다수였는데 이제는 "맞아, 남자아이들은 따로 가르쳐야 돼"라고 말하는 분들도 많아졌다. 아들이 딸과 다르다는 것을 인식하고 있는 어머니들이 부쩍 늘어가고 있다는 뜻이다. 좋은 현상이다. 남자아이는 명백한 연구 대상이니까.

한데 남자아이 관련 책을 읽다 보면 한 가지 의문이 생긴다. 그래, 남자아이가 다르다는 것은 이제 충분히 알겠어. 그런데 어떻게 가르쳐야 하는 거지?

이것이 바로 내가 처음 남자아이들만 가르치기로 마음먹은 무렵 가장 고민했던 문제였다. 남녀의 차이에 대해 다룬 책들에는 아들과 딸이 다르다는 얘기는 잔뜩 있었지만 그렇기 때문에 아들을 어떻게 가르쳐야 하는지, 교육 현장에서는 어떻게 적용해야 하는지에 대한 가이드는 찾기 힘들었다. 그래, 남자아이는 언어 발달이 느려. 그러니 느긋하게 기다리라는 것은 알겠는데 언제까지 느긋하게 기다려야 하는 거지? 산만한 것이 남자아이의 특성인 줄은 알겠는데, 그러면 어떻게 대응해야 하는 거지? 폭력적인 성향의 남자아이에게는 어떤 교육법을 적용해야 하는 거지?

다르다고 이야기는 하지만 정작 그 다름을 '어떻게' 다뤄야 할지에 대한 방법이 없는 남자아이 관련 교육서들은 나를 더 혼란스럽고 답답하게 만들었다. 그리하여 나는 직접 남자아이들을 가르치며 터득한 내용들을 바탕으로 남자아이 미술교육의 노하우를 만들어 보자고 생각했다. 그렇게 해서 '남아미술연구소'가 생겼다.

아들에게 독이 되는 수업, 약이 되는 수업

"남자아이들은 어떻게 교육하죠?"

"여기 커리큘럼은 어떻게 되나요?"

내게 아이를 맡긴 어머니들은 명확한 답을 요구한다. 오늘은 무슨 수업을 하고, 다음 주는 무슨 수업을 할지 체계적인 프로그램을 보여주지 않으면 못 미더운 표정을 짓거나 의아해 한다. 하지만 숨 쉴 틈 없이 돌아가는 꽉 짜인 프로그램은 오히려 남자아이들에게 독이 될 수 있다. 남자아이들이라고 하더라도 각기 특성이 다르기 때문에 남자아이들 사이에 교집합은 있지만 일률적으로 재단할 수는 없다는 의미다.

'스스로' 마음이 동해서 '스스로' 해내게 한다는 전제를 기본으로 하는 창의력 수업은 일차적으로 아이의 성향을 존중해야 한다. 이를 무시하고 미리 짜놓은 프로그램은 절대 효율적일 수가 없다. 그래서 나는 아이를 가르치기 전에 학부모들을 설득하는 일부터 시작한다.

남자아이들은 평균적으로 만들기를 좋아하지만 모든 남자아이들이 만들기를 좋아하는 것은 아니다. 만들기보다 그리기를 좋아하는 친구도 있고, 여자아이들이 좋아하는 인형을 좋아하는 남자아이도 분명 존재한다. 같은 연령대라고 하더라도 아이들의 관심사는 각자 다르다. 게다가 남자아이들은 자기 주도 성향이 강한 편이다. 스스로 환경을 주도하고 싶어하는 것이다. 같은 주제를 다뤄도 자신이 선택한 것과 선생님이 시켜서 하는 것은 능률 면에서 차이가 확연하다. 자기 주도 성향이 강하고 공감 능력이 약한 남자아이들과 한 몸이 되어 호흡하려면 선생님의 박자에 아이를 맞춰서는 안 된다. 선생님이 준비한 커리큘럼대로 점을 찍게 하고 선을 긋게 하고 면을 칠하게 하는 틀에 짜인 교육을 시작하기보다는 아이가 무엇에 관심을 가지고 있는지, 소근육 발달은 얼마나 되어 있는지, 표현은 얼마나 과감하게 하는지 등을 살펴 봐야 한다. 그러고 나서야 아이에게 맞는 수업 방향을 잡을 수 있다.

그래서 나는 아이와 수업을 하기 전 성향을 파악하는 시간을 꼭 갖는다. 성향 파악은 그 자체로도 의미가 있다. 아이의 성향을 파악하려고 노력한다는 것 자체가 아이 입장에서 수업을 하겠다는 의지의 표명이기 때문에 이런 시간을 갖는 것만으로도 아이와의 관계가 무척 좋아진다. 혹시 경험이 부족해 아이의 성향을 제대로 파악하지 못한다 하더라도 일괄적으로 교본을 보고 따라하게 하는 선생님보다는 훨씬 낫다. 만일 아이의 성향을 제대로 파악해 낸 후에 수업을 진행하면 남자아이들의 수업 태도는 눈에 띄게 달라진다. 실제로 많은 남자아이들이 자신의 관심사와는 상관없는 과목을 배울 때 이런 생각을 한다.

'나는 이걸 하고 싶은데 왜 선생님은 저걸 가르치지? 재미없어.'

똑똑한 아이일수록, 자신의 관심사가 뚜렷한 아이일수록 이런 반응을 보인다. 내가 하는 수업에 남자아이들이 열광하는 포인트 역시 자신이 잘할 수 있는 것을 찾아주고 아이의 관심사를 같이 연구하기 때문이다. 미술을 싫어하는 남자아이들을 바꾸는 기적의 미술교육 노하우의 첫걸음은 아이 하나하나가 좋아하고 잘할 수 있는 활동을 찾아 자존감을 회복시켜주는 일이다.

그렇다면 미술이 아닌 다른 것을 가르칠 때는 어떨까? 다른 과목을 가르칠 때에도 마찬가지로 아이가 가장 좋아하고 잘할 수 있는 것으로 시작하는 것이 좋다. 엄마들은 흔히 아이의 약한 부분을 보완해주려고 하지만 남자아이들에게 그것은 좋지 않은 선택일 수 있다. 남자아이들은 무언가를 배우기에 앞서 자신이 그것으로 인정받을 수 있는가가 중요하다. 그에 따라 동기 부여가 되기 때문이다. 좋아하는 과목을 집중적으로 공부하면 배우는 기쁨과 공부하는 방식을 알게 된다. 결국 아이의 성향 파악은 미술교육뿐만 아니라, 다른 모든 교육에 앞서 선행되어야 할 일이다.

'아들을 어떻게 가르칠 것인가' '아들에게는 어떤 교육방식이 효과적일까' '아들은 어떤 성향을 갖고 있을까' 이런 시시콜콜한 질문들에 답하기 위해 나는 600명 가까이 되는 남자아이들을 만나 그 아이들에게 미술을 가르쳤다. 그냥 가르친 것이 아니라 아이들이 좋아하는 것이 무엇이고 각 아이들마다 어떻게 가르치는 것이 최선일까를 생각하면서 매순간을 보냈다. 미술을 좋아하는 남자아이뿐만 아니라, 미술의 '미' 자만 들어도 뒤로 넘어가는 남자아이들에게도 미술을 가르치는 방법을 터득해 가며, 남자아이 교육법에 대한 일련의 노하우를 정리하기 시작했다. 물론 쉽지 않았다. 어떤 아이에게는 효과가 좋았던 방법이 어떤 아이에게는 좋지 않았다. 남자아이들이라고 다 똑같지 않으며 각기 다른 개성과 성장 배경을 가지고 있기 때문이다.

누군가는 "우리 아들은 화가가 될 것이 아니기 때문에 미술교육 노하우는 필요 없어요!"라고 외칠지도 모르겠다. 나 역시 미술 전공자를 만들기 위해 미술을 가르치지는 않는다. 미술을 도구로 남자아이들의 가능성, 남자아이들의 창의력을 끌어내는 것에 더 주목한다. 그렇다면 피아노를 가르쳐도 되고 태권도를 가르쳐도 될 텐데 왜 꼭 미술을 가르쳐야 하는 것일까?

아들에게 음악이나 태권도보다 미술을 가르쳐야 하는 이유

인터넷에 아들의 창의력에 대한 칼럼도 쓰고, 50페이지 분량의 소책자를 무료로 배포하면서 아들의 창의력을 길러줄 수 있는 미술교육법에 대해 전파하던 때가 있었다. 그 무렵, 어떤 어머니께서 나에게 쪽지를 보내왔다.

"그런데 꼭 미술로만 창의력을 키울 수 있나요? 창의력은 음악으로도 키울 수 있지 않나요?"

예전에 한 리더십 전문가가 "리더십을 키우는 가장 손쉬운 방법은 리더의 자리에 많이 서는 것이다"라고 쓴 칼럼을 읽은 적이 있다. 리더의 자리에 있으면 사람은 누구든지 자신만의 방식으로 리더십을 발휘하게 되어 그 어떤 이론보다 간단하고 효율적으로 리더십을 배울 수 있다는 얘기였다. 너무 간단해서 이게 방법인가 싶기도 하지만, 리더에는 여러 유형이 있고 그중 자신에게 가장 잘 맞는 유형을 찾으려면 직접 해보는 것이 가장 좋은 교육법이라는 것은 분명하다. 온갖 다이어트 방법과 비법서가 나와 있어도 음식을 조절하고 운동을 많이 하는 것이 그 어떤 비법서도 빗겨갈 수 없는 정도(正道)인 것처럼 말이다. 사람들은 무언가 독특하고 신기한 노하우를 원하지만 원하는 것을 성취한 이들의 비법은 항상 간단하고 명료하다.

마찬가지다. 창의력이란 본디 새로운 것을 생각해 내는 힘이고 이 힘은 스스로 창조할 기회를 많이 가질 때 더욱 강화된다.

어떤 어머니들은 문제 해결 능력이 곧 창의력이 아니냐고 묻기도 하시는데 문제 해결 능력은 창의력의 일부일 뿐이다. 예를 들어 '날개 없는 비행기를 어떻게 하면 날게 할 수 있을까?'라는 질문은 해결 방법을 요구하는 질문이지만, '비행기 날개를 어떤 모양으로 하면 더 독특하고 개성 있는 비행기가 될 수 있을까?'는 문제 해결이 아닌 새로운 방식의 사고력을 요구하는 질문이다.

내가 가르쳤던 아이 중에 모터를 이용해 프로펠러가 돌아가는 비행기를 만든 아이가 있었다. 모양은 무척 멋있었지만 아쉽게도 비행기가 날지는 않았다. 왜 날지 않느냐는 아이의 물음에 나는 모터가 약해서 날 수 없다는 이야기를 해주었고 아이는 비행기를 날릴 수 있는 모터를 꼭 구해 오겠다는 말을 혼잣말처럼 남겼다. 그리고 3~4일 후, 아이 어머니께서 전화를 걸어 오셨다. 아이가 하루 종일 인터넷을 검색해 가며 모터를 연구하고 있는데 그 모습이 딱하다는 것이었다.

"선생님, 우리 아이에게 비행기가 나는 원리와 모터의 원리를 가르쳐 주셨으면 좋겠어요."

어머니께서 원하시는 것이 무엇인지 충분히 알았지만 그럴 수는 없었다. 내가 아이에게 알려주고 싶었던 것은 비행기가 나는 원리가 아니라, 아이가 관심 있는 것을 스스로 알아내는 자세였기 때문이다. 아이는 결국 모터를 이용해 비행기를 날리지는 못했지만 다음 작품부터는 좀 더 실현 가능하도록 설계도를 세밀하게 그리기 시작했다. 모터를 이용한 다른 작품도 만들었다.

어떤 이들은 창의력을 문제 해결력과 동의어로 보지만 그보다 창

의력이란 새로운 것을 생각하는 과정, 무엇이든 자신이 표현할 수 있을 거라는 자신감, 다른 작품을 보고 떠올리는 영감, 이 모든 것을 의미한다.

그렇다면 음악으로는 창의력 계발이 불가능한 것일까? 아니, 가능하다. 곡을 창작하는 작업, 즉 작곡을 한다면 가능하다. 자신의 생각이나 느낌을 자유롭게 작곡하는 것은 지극히 창조적인 일이지만 어린아이가 배우기엔 너무 어려운 일이다. 만일 어린아이를 위한 작곡 수업이 있다면 아이들에게 강력 추천하고 싶다. 하지만 작곡을 하기 위해서는 알아야 할 부가적인 지식들이 많다. 그래서 아이들은 유명인들이 만들어 놓은 곡들을 그저 반복학습하는 방식으로 피아노를 배운다. 정해진 교본 대로 정해진 음률을 정확하게 따라하도록 배우는 피아노 교습이 과연 창의력을 키워낼 수 있을까? 누군가는 위대한 작곡가들이 작곡하면서 느꼈던 감정을 아이들도 느끼면서 상상력이 자란다고 말하지만 공감 능력이 낮은 아들에게서 이를 기대하기는 어렵다.

태권도라면 어떨까? 태권도는 몸을 단련하고 전통을 계승하는 데 목적이 있다. 만일 태권도를 배우더라도 새로운 방식의 공격 패턴을 만든다든가, 새로운 발차기를 만든다든가 하는 창조적인 행위를 아이가 할 수 있다면 분명 창의적인 활동이라고 할 수 있다. 하지만 현실은 그렇지 못하다. 발레는 어떤가? 성악은 어떤가? 모두 아이의 관심사나 생각을 표현하는 것보다는 기본적인 것들을 가르치고 배우는 것에 많은 시간을 들인다.

미술은 다르다. 미술은 자신의 생각을 형상화하거나 표출하기에 가장 적합한 학문이다. 기계적으로 시키는 대로 그리는 행위가 아니고서야 미술은 창조와 거리를 두려야 둘 수 없는 학문이다. 자신의 생각을 하얀 평면 도화지 위에 연필로 슥슥 그리는 것도 창작이고, 재활용품을 이용해서 조형물을 만드는 것도 창조적인 활동이다. 나무를 쌓아 집을 만드는 것도 창작이고 기발한 최첨단 무기를 개발해서 형상화하는 것도 창작이다. 미술의 가장 큰 장점은 나이와 능력에 상관없이 선만 그을 수 있다면 누구든지 자신의 생각을 표현할 수 있다는 데 있다. 그래서 나는 아들 가진 엄마들에게 강력하게 미술교육을 권한다. 하지만 어떤 엄마들은 아이가 일찍 미술을 접하는 것이 창의력을 방해할 거라는 이야기를 한다.

"미술학원을 너무 어렸을 때부터 다니면, 오히려 창의력을 키우는 데 안 좋지 않나요?"

맞는 말이다. 주변에서 익숙하게 접하는 미술교육은 아이들의 창의력을 방해할 수 있다. 미술을 기술적으로만 접근하는 학원들이 아들 고유의 창의력을 방해하는 것이다. 많은 이들이 아이들에게 미술을 가르친다는 소명하에 너무도 쉽게 기계적으로 그리는 방법을 가르치기 때문에 아이들은 자신을 표현할 여러 가지 방법을 생각하고 고민할 이유를 잃어 버렸다. 미술을 배우는 것은 그림을 그리는 기술을 배우는 일이고 미술교육의 목적은 '학교 상장'에 있다고 생각하는 순간 미술교육은 창의력을 방해한다.

창의력 개발을 위해 미술을 가르치라고 한 것은 미술학원에 보내라는 얘기가 아니다. 아이가 생각하고 즐길 수 있는 환경을 조성하라는 뜻이다. 아이가 집에서 아무 때나 그림을 그릴 수 있도록 화이트보드를 설치해 주고, 시간이 날 때마다 집에서 아이와 함께 그림을 그리고, 요리를 할 때면 찰흙과 밀가루를 주무르게 하고 망가진 가전제품을 같이 분해해 보고 쇼핑한 물건을 정리하고 나서 나온 포장지나 상자는 아이에게 맡겨서 세상에서 한 번도 보지 못한 새로운 것을 만들어 달라고 주문하는 일 등이 모두 미술의 영역에 속한다. 그리고 그것이 내가 세상의 남자아이들과 해보고 싶은 미술이다.

아들은 엄마가 상상도 못할 기발한 것들을 머릿속에 그리고 있을 것이다. 종이와 연필을 주고 세상에서 한 번도 보지 못한 새로운 발명품을 그려서 엄마를 깜짝 놀라게 해달라고 주문해 보라. 엄마를 깜짝 놀래줄 만한 것을 한다는 생각만으로도 들떠서 종이를 채워가는 아들을 볼 수 있을 것이다. 남자아이들은 언어 발달이 느려 기발한 생각이 나도 좀처럼 글로 표현하지 못한다. 내가 남자아이에게 미술을 가르쳐야 한다고 소리 높이는 것은 남자아이가 갖고 있는 온전한 가능성들을 끌어낼 수 있게 하는 것이 바로 미술이기 때문이다.

앞으로 이어질 이야기는 단순히 남자아이를 위한 미술교육 노하우만은 아니다. 미술을 도구로 '남자아이의 가능성'을 어떻게 끌어낼 것인가를 이해하고 실천하는 실질적인 가이드가 될 것이다.

머리글 미술로 아들의 가능성 끌어내기 ● 004

| 이제는 아들을 '어떻게' 가르쳐야 하는지 이야기할 때다! | 아들에게 독이 되는 수업, 약이 되는 수업 | 아들에게 음악이나 태권도보다 미술을 가르쳐야 하는 이유

1장 딸인 엄마는 절대 모르는 아들의 마음

아들을 갖는 순간 전쟁에 대비하라 ● 018

아들은 학교에서 있었던 일을 '절대' 말하지 않는다 ● 023

아들의 '네'는 긍정이 아니다 ● 028

말 안 듣는 아들이 창의적이다 ● 032

쓸데없는 일이 아들을 크게 만든다 ● 037

골고루 먹는 것보다 맛있게 먹는 것이 중요하다 ● 041

산만한 아들은 큰 에너지를 갖고 있다 ● 045

2장 아들의 성향에 따른 맞춤형 미술교육

"내 마음대로 할래요!" _ 자기 주도 성향이 강한 아들 ● 056

"이런 건 하기 싫어요!" _ 반항하는 아들 ● 069

tip 아들 상대 노하우 1 | 아들을 움직이는 말은 따로 있다 ● 078

"내가 더 잘할 수 있어요!" _ 경쟁심이 강한 아들 ● 084

"우당탕쿵쾅!" _ 산만한 아들 ● 091

tip 아들 상대 노하우 2 | 아들의 수많은 단점, 어떻게 극복할까 ● 105

"방금 뭐라고 하셨어요?" _ 목표 집중력이 약한 아들 ● 108

"별로 하고 싶지 않아요……" _ 의욕이 없는 아들 ● 114

"와하하! 진짜 신 나요!" _ 에너지가 넘치는 아들 ● 118

"저는 이런 거 못해요" _ 소극적인 아들 ● 124

tip 아들 상대 노하우 3 | 남자아이를 변화시키는 주문 ● 133

"어…… 아직 다 못 했는데요" _ 너무 굼뜬 아들 ● 137

"선생님, 다 했는데요?" _ 너무 빨리 하는 아들 ● 141

"순서를 지켜야 해요" _ 규칙적인 것을 좋아하는 아들 ● 145

tip 아들 상대 노하우 4 | 아들은 끊임없이 "왜요?"라고 묻는다 ● 149

3장 아들을 변화시키는 실전 미술 수업

"우리 애는 하나만 파고들어요"_ 한 가지에만 빠져 있는 아들 ● 156
"마음이 어두운 건가요……?"_ 검은색만 쓰는 아들 ● 171
tip 아들 상대 노하우 5 | 아들을 바꾸는 핵심 노하우 ● 178
"색깔 쓰는 걸 어려워해요"_ 색을 마구 섞는 아들 ● 182
"폭력적인 사람으로 자라면 어쩌죠?"_ 폭력적인 그림을 그리는 아들 ● 189
"제대로 된 그림을 그리지 않아요"_ 만화만 그리는 아들 ● 198
tip 아들 상대 노하우 6 | 아들이 미술학원에 가기 싫어하는 이유 ● 203
"우리 아이는 소심한 걸까요?"_ 그림을 작게 그리는 아들 ● 207
"좀처럼 완성하질 못해요"_ 작품을 부수는 아들 ● 212
"종이를 앞에 두고 아무것도 안 그리네요"_ 그리기를 어려워하는 아들 ● 219
"스스로 할 생각은 안 하고 그려달라고만 해요"_ 그려달라고 떼쓰는 아들 ● 226
"그림 그리기를 싫어해요"_ 만들기만 좋아하는 아들 ● 234
"미술에 통 흥미를 못 느끼네요"_ 뭔지 시시하다고 하는 아들 ● 247
"도무지 통제가 안 돼요"_ 뭔든지 마음대로 하겠다는 아들 ● 251
tip 아들 상대 노하우 7 | 아들은 교실이 아닌 비밀 연구실에 가고 싶어한다 ● 261

부록 남자아이들을 움직이는 키워드 ● 265

① 자동차와 탱크 | 자동차 | 탱크 | 비행기 | 헬리콥터 ● 269
② 무기류 | 차세대 망원경 | 창, 부메랑 | 석궁 | 갑옷 | 기관총 ● 275
③ 생물류 | 공룡 | 드래곤 | 에이리언 | 곤충 ● 282
④ 스포츠 | 축구 | 야구 ● 288
⑤ 게임 캐릭터 ● 292
⑥ 로봇 ● 295
⑦ 구슬과 건축 | 구슬 | 건축 | 도시 건설 | 나무집 건축 ● 298
⑧ 기계 ● 304
⑨ 설계도 ● 309
⑩ 원리와 논리 | 풍선을 이용한 작품 | 전구를 이용해 도시에 불 밝히기 | 전구를 이용한 로켓 모형 | 날아다니는 새 | 날 수 있는 비행기 | 모터를 이용한 헬리콥터 | 모터를 이용한 풍력발전소 | 용수철의 원리를 이용한 대포와 몸에 착용하는 갑옷 | 모터를 단 전투기 | 페트병 보트 | 버튼을 누르면 돌아가는 미니 기관총 | 모터를 이용한 비행기 프로펠러 | 물 위에서 나아가는 보트 ● 312

1장

딸인 엄마는
절대 모르는 아들의 마음

아들을 갖는 순간 전쟁에 대비하라
아들은 학교에서 있었던 일을 '절대' 말하지 않는다
아들의 '네'는 긍정이 아니다
말 안 듣는 아들이 창의적이다
쓸데없는 일이 아들을 크게 만든다
골고루 먹는 것보다 맛있게 먹는 것이 중요하다
산만한 아들은 큰 에너지를 갖고 있다

아들을 갖는 순간
전쟁에 대비하라

아들의 특성을 파악하는 것이 우선

남자아이들을 가르치기 위한 첫 번째 단계는 남자아이들의 특성을 파악하는 것이다. 적을 알고 나를 알면 백전백승이라는 말이 있다. 이 흔하디흔한 한마디는 전쟁에 임하는 장수에게 있어 어떤 경우에도 빗겨갈 수 없는 가장 중요한 격언이다. 아들을 키우는 일은 '백년 전쟁을 치르는 것'과도 같기 때문이다.

아이의 입에서 "시러!"라는 말이 나오면서 갈등이 시작되고, 밥을 먹이는 것 같은 일상적인 일 또한 전쟁이 된다. 얌전하던 아이가 유치원에 가면 산만해지고 남자아이 특유의 반항심이 조금씩 드러난다. 초등학교에 입학한 후에는 매번 준비물과 숙제를 깜빡해서 또 전쟁이 일어난다. 초등학교 고학년이 될 무렵부터는 컴퓨터 게임과 전쟁을 치르고 중·고등학생이 되면서부터는 부쩍 껄렁껄렁한 표정으로 엄마와 말도 하지 않으려 해서 속을 썩인다. 대학생이 되어서는 끝도 없이 이어지는 밤늦은 귀가로, 결혼 적령기에는 며느릿감 때문에 한바탕 전쟁을 치른다. 하지만 이 전쟁들에서 엄마들의 승률은 참혹하다.

무조건 엄한 표정과 매로 아들을 교정해내는 것이 승리가 아니요, 무조건 아들이 원하는 대로 하도록 두는 것도 승리가 아니기 때문이다. 중요한 사실은, 우리는 앞으로 매순간 전쟁을 치를 대상인 아들에 대해서 너무나도 모른다는 것이다.

실제로 어머니들이 원인을 궁금해 하고 힘들어 하는 많은 갈등은 아들과 엄마가 서로를 이해하지 못해서 오는 경우가 많다. 미술교육에서도 많은 교육자들이 여자아이들보다 남자아이들이 더 미술을 싫어하는 경향이 있다고 오해하지만, 남자아이들은 미술을 싫어하는 것이 아니라 알록달록 칠해야 하는 것, 선생님이 시키는 것을 그려야 하는 교육방식이 마음에 안 드는 것이다. 자신이 좋아하는 것을 자신이 잘할 수 있는 방식으로 표현하도록 환경을 조성해 주면 남자아이들의 태도는 180도 바뀐다.

여섯 살 난 개구쟁이 준호의 엄마는 남자아이들이 청각적인 자극에 민감하게 반응하지 않는다는 사실을 모른 채 준호가 일부러 엄마 말을 못 들은 척한다고 생각해서 아이와 갈등을 빚었다. 여덟 살이 된 재승이 엄마는 재승이의 강한 경쟁 심리를 의식하지 못하고 게임에서 "네가 졌어"라고 선언했다가 재승이가 울부짖는 바람에 깜짝 놀랐다. 이제 중학교 1학년이 된 승호의 엄마는 시험 성적으로는 전교 3등인데 수행평가를 포함하니 전교 20등 밖으로 훌쩍 떨어지는 아들의 상황을 도무지 이해하지 못했다. 모두 아들의 특성에 대해서 제대로 알지 못해 생긴 일들이다.

아이를 대할 때는 일관성 있는 태도로

전쟁은 방심한 사이에 시작된다. 다 안다고 생각했던 아들이 자신의 상상과는 전혀 다른 행동을 할 때, 엄마들의 평온하던 감정은 울렁이기 시작하고 이내 심장이 두근거리며 감정이 폭발한다. 감정은 물과 같아서 한번 출렁이기 시작하면 쉽게 가라앉지 않는다. 혼낼 땐 정신없이 혼내다가, 너무 혼나서 아이가 상처받는 건 아닐까 자책한다. 밤에 누워 천장을 바라보면 또래 엄마들과 하던 이야기 하나 하나가 머릿속에 맴돌며 자신의 잘못이 더 크게 느껴진다. 내일은 절대 그러지 말아야지, 절대 화내지 말아야지 하고 눈을 감지만, 언제 혼났냐는 듯한 표정으로 아침부터 짜증을 부리는 아들을 보면 잔소리가 절로 나온다. 아래에서부터 무언가가 치밀어 오름을 느끼는 순간에는 브레이크가 작동을 안 하고, 정작 아이를 혼내야 할 순간에는 혼내지 못한다. 경제학자 밀턴 프리드먼의 말마따나 찬물을 틀었다가 너무 차가워 돌렸더니 너무 뜨거운 물이 나와 결국 제대로 샤워를 못하는 샤워실의 바보가 되어버리는 것이다.

이런 상황은 엄마 입장에서는 노력이지만 아들 입장에서는 일관성 없는 교육이다. 자신이 어떤 행동을 했을 때, 어떤 날은 혼나고 어떤 날은 혼나지 않는다는 불규칙성을 느끼면 아이는 불안해진다. 일관성 없는 훈육은 엄마의 마음을 이해하며 스스로 잘못을 깨닫기보다는 오늘은 운이 나빴다, 다음부터는 조심해야겠다라는 생각만을 유발시킬 뿐이다. 일관성 없는 교육은 아들과 엄마 사이를 병들게 한다.

그렇다면 아들과의 전쟁을 대비하는 최고의 방법은 무엇일까?

아들에 대해서 공부하는 것이다. 아들의 특성에 대해서, 그리고 내 아들에 대해서. 제대로 알고 나면 아이가 잘못된 행동을 했을 때 가슴이 울렁이는 일도, 화를 절제하지 못하는 일도 줄어든다. 아이가 잘못된 행동을 해도 어떤 마음에서 그랬는지 그 마음을 이해할 수 있다면 곧 엄마가 어떤 말을 해야 할지, 어떤 행동을 해야 할지 답이 보인다.

미술은 재미없고 시시해서 싫다는 남자아이를 만났을 때 내가 가장 먼저 하는 일은 아이에 대해 A부터 Z까지 파악하는 일이다. 아이의 일거수일투족을 관찰하고 나면 왜 미술을 싫어한다고 말하는지 금방 답이 나오고, 답이 나오면 어떻게 미술을 접하게 할지 감이 잡힌다. 남자아이들의 특성을 알고, 남자아이에 대한 관찰을 게을리 하지 않는다면 적어도 어떻게 교육을 해야 할지 몰라 밤새 바다 한가운데서 헤매는 듯한 느낌은 들지 않을 것이다.

딸인 엄마는 이해하기 어려운 아들의 마음

내가 어렸을 적의 일이다. 숙제도 하지 않고 나가 놀다가 엄마에게 혼이 난 적이 있었다. 실컷 혼난 후, 엄마는 내 손을 꼭 잡으시고 "숙제를 다 끝내지 않고 놀면 마음이 개운하지 않잖니. 너도 속이 불편했지? 우리 그러지 말고 앞으로 꼭 숙제 하고 놀자"라고 말씀하셨다. 나는 고개를 끄덕였지만 사실 전혀 와 닿지가 않았다. 나를 포함한 남자아이들은 정말로 숙제 따위 안 하고 놀아도 기분이 아무렇지도 않다. 어떤 어머니들은 숙제를 하지 않고 놀아도 마음이 전혀 불편하지 않다는 말에 깜짝 놀라신다.

"정말 아무렇지도 않으셨어요?"

아직도 생생한데, 정말 아무렇지 않았다.

그 당시 나의 세계에서 중요한 일들은 숙제가 아니라 친구들과 놀 때 잡히지 않기 위해 달리기 속도를 갱신하는 방법이라던가, 수영장에서 새로운 수영법을 개발하는 방법 등이었다. 만일 숙제를 못해서 학교에서 혼이 난다면 그때만 조금 후회될 뿐이다. 나에게 재미와 흥미가 없는데도 불구하고 책임감으로 무언가를 해야 한다는 것은 자신을 속이는 일이었다. 내가 남자아이들을 가르치기 전에 그들의 흥미를 파악해야 하고 배우는 재미를 먼저 알려 주는 것이 순서라고 주장하는 이유이기도 하다. 남자아이들에게는 네 인생과 미래를 위해 공부해야 한다는 말이 통하지 않는다. 남자아이들이 여자아이들에 비해 철이 없어 보이는 수십 가지 이유 중에 한 가지다.

아들은
학교에서 있었던 일을
'절대' 말하지 않는다

아들은 남자로 인정받고 싶다

엄마는 항상 아이의 학교 생활이 궁금하다. 엄마가 없는 곳에서 자신의 아이가 과연 잘하고 있는지, 문제는 없는지, 선생님은 어떤 사람인지, 하나부터 열까지 궁금한 것투성이다. 그래서 아들이 집에 오면 반갑게 맞아주며 묻는다.

엄마 : 아들, 오늘 학교 어땠어?
아들 : 그냥 그랬어~
엄마 : 뭐가 그냥 그랬어? 자세히 좀 말해 봐. 선생님한테 혼나진 않았어?
아들 : 응, 안 혼났다니까.

오늘 아들이 선생님께 지적을 받지는 않았는지, 어려움은 없었는지, 친구관계는 어떠한지 하나부터 열까지 궁금한 엄마에게 아들의 '그냥 그랬어' 식의 대답은 실망스럽기 그지없다.

혹시 초등학생 또래의 아이들은 원래 말이 없는 걸까?

하지만 그 나이 또래의 딸은 엄마가 묻기도 전에 있었던 일을 먼저 털어 놓는다. 여자아이들은 자신의 이야기를 풀어놓으면서 스트레스를 풀고 오히려 엄마가 자신의 이야기를 건성으로 듣는다 싶으면 마음 상해 한다. 딸 가진 엄마들은 아이와 평화로운 분위기에서 한 끼 식사만 해도 선생님이 누구를 좋아하는지 아이가 현재 누구랑 친하게 지내고 사이가 안 좋은지 알 수 있다. 그래서 아들 가진 엄마들이 아이의 학교 생활에 대해 알고 싶으면 딸 가진 엄마들과 친하게 지내야 한다는 말도 있을 정도다. 아들에게 정보를 얻으려고 닦달하다간 유난 떠는 엄마 취급을 당하거나 입을 꾹 다문 아이 때문에 속 터져 죽을지도 모른다.

아들이 자기 이야기를 잘 하지 않는 이유는 뭘까? 그건 남성 특유의 어른으로 인정받고 싶은 욕구에서 나온다.

엄마에게 있었던 일을 시시콜콜 이야기하는 것은 남자들의 세계에선 "나는 엄마가 없으면 아무것도 할 수 없는 마마보이야"라고 말하는 것과 같다. 딸들은 문제가 생기면 즉각 엄마나 주위 사람들에게 상의하고 함께 풀어나가려는 양상을 보이지만 남자아이들은 웬만해선 스스로 해결하려고 한다. 이상하게 들릴지도 모르겠지만 남자아이들에게는 눈앞의 문제보다 스스로 문제 해결 능력이 없다는 것을 다른 사람들에게 알리는 것이 더 무서운 일이기 때문이다.

남자아이는 어느 정도 나이가 차면 일상생활에서도 엄마가 깊이 관여하는 것을 좋아하지 않는다. 어른이자 한 사람의 남자로 인정받고 싶은 욕구가 넘치는데, 엄마가 자꾸 개입하면 무시당하는 기분이 드는 것이다. 이것은 원시시대 때부터 능력을 갖추지 못하면 선택받지 못했던 남자들의 진화 과정과 연관이 있다. 아들이 인정받고 싶어 몸부림치는 것은 유전자 속에 인정받아야 살아남는다는 메시지가 깊이 각인되어 있기 때문이다.

아들의 욕구를 자극하라

　남자아이들의 인정받고 싶어하는 욕구는 선생님의 지시나 손길을 거부하는 것으로 표출되기도 한다. 바다 그리기 수업을 준비해 놓았는데 선생님이 시키는 대로 하고 싶지 않다며 심통을 부린다거나, 혼자 해내기 어려운 작업인데도 선생님의 도움을 거부해서 망치는 경우도 그렇다. 무엇이든 스스로 할 수 있다고 증명하고 싶은 것이다. 이런 경우에는 억지로 시킨다고 문제가 해결되지 않는다. 아이가 종이에 끄적거리게 만들 수는 있지만 아이의 마음을 움직이지는 못하기 때문이다. 그래서 남자아이들에게는 그리는 방법이 아니라 표현하는 즐거움을 알려주는 게 가장 효과적이다.
　일상 학습에서도 마찬가지다. 공부를 못하거나 안 하려고 하는 남자아이들을 보면 학습 능력이 부족한 것이 아니라, 엄마 혹은 선생님이 정해준 방식이 싫은 것이다. 우리는 그런 아이를 자기 주도 성향이 강한 아이라고도 표현을 하는데, 이런 아이들은 학습 방법을 바꿔주는 것만으로도 의욕을 키울 수 있다. 예를 들자면 "여기부터 여기까지 풀어!"라고 지시하는 것이 아니라, 공부하는 시간만 정해주고 그 시간 안에서는 아무거나 아이가 제일 좋아하는 공부를 골라서 할 수 있도록 존중해주는 것이다. 이보다 더 좋은 방법은 일상생활에서 아이가 관심을 가진 분야에 주의를 기울이며 조사해 볼 것이 나올 때마다 같이 찾아보고 탐구하는 생활형 공부를 습관화하는 것이다. 에디슨이 계란이 따뜻해야 부화한다는 사실을 알고서 하루 종일 계란을 품었듯이 불필요해 보이거나 실패가 뻔히 보이는 실험도 직접 해보고 깨달을 수 있도록 느긋하게 기다려주며 아이가 생활 속에서 궁금함을 갖고 궁금함이 학습으로 이어지도록 하는 것이 가장 좋은 방법이다.

아들은 아들답게 행동할 뿐이다

아들이 자기 이야기를 잘 하지 않는 것은 엄마 탓이 아니다. 어떤 엄마들은 아들의 이런 성향을 자신의 문제라고 여겨 괴로워하기도 하는데, 일반적으로 아들이 보이는 바람직하지 않은(혹은 바람직하지 않아 보이는) 행동의 절반은 그냥 아들이기 때문에 나타나는 특성들이다. 아들이 엄마에게 학교에서 있었던 일을 시시콜콜 이야기하지 않는 것은 아빠의 '나쁜' 유전자를 물려받았거나, 엄마와 사이가 좋지 않아서가 아니다.

어머님들을 상대로 한 강의에서 이런 이야기를 할 때 이해를 돕기 위해 하는 이야기가 하나 있다. 바로 남편 이야기다. 엄마들은 이해하기 어렵겠지만 남편들이 어려워하는 이야기 중 하나가 바로 퇴근하고 집에 돌아왔을 때 아내가 하는 "오늘은 기분이 좀 어때?"라는 질문이다.

남편들은 이런 질문을 받으면 여러 가지 생각을 한다. 빠른 시간 안에 "좋아!" 혹은 "힘들어"라는 상투적인 대답으로 대화를 마무리지을 것인지 아니면 "밥은 먹었어?" 등의 역질문으로 대화 주제를 돌릴 것인지. 절대로 '오늘 내 기분이 어떻지? 음……' 하고 자신의 기분에 대해 진지하게 생각하지 않는다. 기분이나 느낌을 묻는 것에 답하는 것만큼 힘든 일은 없기 때문이다. 남자들에게 있어 대화는 문제를 효과적으로 해결하는 데 필요한 효과적인 의사소통 수단일 뿐이다. 아내의 질문 아래 깔린 뜻이 실은 대화하고 싶다는 것임을 남편은 결코 파악하지 못한다. 또 아내가 남편과 대화를 하기 위해 소소한 일상을 이야기하면 남편은 본인이 해결할 수 있는 것이 무엇인지 찾아내고 답해 주거나 찾아내지 못한다면 '도무지 이런 이야기를 왜 하는 것일까?'라는 생각을 하며 어색하게 침묵한다.

아들에게 하는 "오늘 유치원 어땠어?" "학교 어땠어?" 같은 질문도 별반 다르지 않다.

몰라. 좋았어. 이처럼 성의 없게 대답하는 아들의 마음속엔 '도무지 무슨 말을 하라는 거야?'라는 심리가 깔려 있는 것이다. 조금 더 아들의 눈높이에 맞춰 대화하고 싶다면 앞으로는 아들의 일상에 대해 "어땠어?" "재밌었어?" 하는 모호한 질문보다는 "오늘 반찬은 뭐가 나왔어?" 같은 명확한 사실을 묻는 질문으로 바꿔 보자. 아들에게는 자신의 기분을 헤아리는 일보다 어떤 반찬이 나왔는지 떠올리는 일이 훨씬 쉽기 때문이다.

아들의 '네'는 궁정이 아니다

아들은 듣지 못한다

엄마 : 학교 다녀왔으면 손부터 씻어야지~

아들 : 네~

대답은 정말 잘한다. 아니, 대답만 잘한다.

이게 남자아이들이 가장 많이 듣는 말 중 하나가 아닐까? 사실 내가 많이 들었던 말이기도 하다. 나는 이제 어른이 되었는데도 불구하고 뭔가에 집중하고 있을 땐 어머니의 이야기가 들리지 않는다. 예를 들어 컴퓨터로 뭔가를 작성하고 있을 때 옆에서 어머니가 "아들, 은행 업무 하나 부탁한다"라고 말씀하셨다고 치자. 재미난 사실은 제대로 못 들었을 때에도 뭔가 질문이 오면 반사적으로 입에서 "네"라는 대답이 튀어나온다는 것이다. 내가 건성으로 대답하면 어머니는 한 번 더 물어보신다.

"아들, 확실하게 해줘야 한다!"

"네, 알았어요."

한참이 흐른 후 어머니가 "아까 그거 했어?"라고 다시 확인할 때에야 비로소 정신이 들고, 사정없이 등짝을 두드려 맞고 나서야 조금 전의 일이 생각난다. 흡사 최면에서 깨어나는 기분이랄까?

학교에서도 마찬가지다. 아들은 선생님이 말씀하시는 것의 3분의 1은 기억하지 못한다. 엄마는 남들은 다 아는 수행평가 항목을 다른 엄마들과 점심을 먹다가 알게 된다. 급하게 아들에게 물어보지만 아들은 처음 듣는 듯한 표정을 짓는다. 공부를 기가 막히게 잘하는 아들이 전교 1등에 진입하지 못하는 이유는 대부분 수행평가 때문이다. 아이가 전달해 주는 준비물을 꼬박꼬박 챙겼는데도 불구하고 학교에 가서 선생님을 만나면 준비물을 잘 안 챙겨 온다고 지적하기도 하고 학교 가방을 열어 보면 꼬깃꼬깃 구겨진 보름 전 가정통신문이 나오기도 한다.

"한 번만 더 말 안 들으면 엄마 화낼 거야!"
"네? 엄마, 못 들었어요."

이야기를 듣다 보니 당신을 분노하게 하는 또 한 사람이 생각나지 않는가? 아들은 남편과 참 많이 닮았다. 둘 다 엄마가 이해하기 힘든 남자이기 때문이다. 많은 엄마들이 자신의 말을 대충 듣고 넘기는 아들과 남편에게 분노하고 그들이 자기에게 관심이 없거나 애정이 부족하다고도 생각하지만 이것은 선천적인 남녀의 기질 차이 중 하나일 뿐이다.

뇌에는 좌뇌와 우뇌를 잇는 뇌량이라는 부분이 있는데 남성의 경우 그 부분이 여성들에 비해 좁다. 이 때문에 한 번에 여러 가지 일을 할 수가 없다. 게다가 언어를 주관하는 뇌 부위가 여자아이들보다 느리게 발달하기 때문에, 양쪽 귀에 서로 다른 두 단어를 들려준다면 한 단어도 못 맞추는 경우가 대부분이다. 예전에 EBS의 〈아이의 사생활〉이라는 프로그램에서 남녀 아이들을 대상으로 남녀의 청각 차이를 실험한 적이 있었다. 아이들 귀에 분필, 의자 하는 식으로 두 가지 단어를 한 번에 들려줬는데, 여자아이 10명 중 9명은 두 단어를 한 번에 맞췄지만 남자아이들 중에선 한 단어를 맞춘 아이는 있어도 두 단어를 다 맞춘 아이는 아무도 없었다. 심지어 두 단어를 모두 못 맞춘 아이도 있었다.

아들에게 말할 때는 눈을 맞춰라

미술학원에서도 다르지 않다.

"승관아, 글루건은 이렇게 사용하는 거야."
"……"
"승관아, 잘 알겠지? 어떻게 사용하라고?"
"……"
"승관아~"
"네?"

평소에 그러지 않던 아이가 갑자기 대답을 안 하면, 그것도 가까운 위치에서 대답을 안 하면 혹시 일부러 그러는 게 아닐까 의심이 들고 속이 상하기도 한다. 아마 내가 남자아이들의 특성에 대해서 몰랐다면 기분 상하는 일이 많았을 것이다.

나는 아이에게 중요하게 전달할 이야기가 있으면 허공에 대고 소리치지 않는다. 아이의 얼굴을 양손으로 똑바로 잡고 눈을 마주 보며 이야기한다. 시선을 마주하고 있으면 이야기를 듣는 동안 다른 잡념이 끼어들 틈이 없기 때문에 아이를 집중시키기 좋다.

"어휴, 정말. 엄마가 하지 말랬지!"

오늘 아침에도 아들에게 이렇게 소리를 질렀다면 당신의 외침은 빈 메아리일 수도 있다. 아들에게 중요한 이야기를 할 때는 하던 설거지를 멈추고, 고무장갑을 벗고, 아이 눈을 똑바로 보면서 이야기하자. 지지리도 말 안 듣는 아들과의 전쟁에서 지치지 않고 우아하게 사는 방법은 아들의 특성을 인정하고 이에 맞게 교육하는 길뿐이다. 아들에게 말하기 전에 시선을 맞추는 일은 번거롭지만 소리 지르며 스트레스 받는 것보다 인생을 훨씬 부드럽게 만들어 줄 것이다.

말 안 듣는 아들이
창의적이다

아들은 뻔한 것을 시시하게 여긴다

한 번도 사람 얼굴을 그려본 적이 없는 아이들에게 얼굴을 그리게 유도하는 가장 쉬운 방법은 무엇일까? 그것은 바로 얼굴의 구성 요소를 하나하나 짚어주는 것이다.

"자, 얼굴에는 뭐가 있지? 이야, 눈이 두 개 있네."
"네, 코도 있어요."
"이야~ 그럼 입술은 몇 개지?"

처음에는 이렇게 시작해서 점점 자세히 짚어 간다.

"눈에는 눈동자가 몇 개지?"
"두 개요!"
"코에는 콧구멍이 있네? 몇 개나 있을까?"
"그것도 두 개요!"

"입술 안에는 뭐가 있지? 이는 몇 개나 있을까?"
"엄청 많아요. 하나, 둘, 셋……"

막막하게만 느껴지던 사람 얼굴이었지만 선생님 이야기를 따라가다 보니 어느새 도화지를 꽉 채울 수 있다. 이런 방식은 관찰력도 키울 수 있고 자신의 신체 구조에 대해서도 더 관심을 가지게 할 수 있으니 훌륭한 아동미술교육법이다. 이렇게 따라오다 보면 어느 순간 표현력도 풍부해진다. 어떤 학원에서는 아이가 혼자 그린 그림과 선생님이 말로 짚어줘 가며 다시 그린 그림을 나란히 놓고 비교해 그 차이점을 내세우기도 한다. 이것을 본 사람들은 역시 실력 있는 학원이라며 고개를 끄덕인다.

이게 우리가 알고 있는 일반적인 아동미술 이론이다. 그런데 남자아이들은 이런 시나리오와는 조금 다르게 반응한다. "선생님 얼굴이 몇 개지?"라고 물으면 "하나요~"라는 모범 답안 대신에 키득키득 웃으면서 "세 개요~!"라고 외치는 식이다.

"엥? 선생님 얼굴이 세 개야?"
"네, 세 개예요!"
"그럼 눈은 몇 개야?"
"눈은…… 음…… 열 개?" (키득키득)

물론 모든 남자아이들이 이런 반응을 보이는 것은 아니다. 하지만 일반적으로 조금만 틈이 보이면 남자아이들은 웃기 위해 틀을 깨버린다. 선생님이 원하는 대답을 다 알면서도 선생님을 곤란하게 만드는 대답을 한다. 빤하고 시시한 것을 병적일 정도로 지루해 한다. 가끔은 나를 보기 좋게 골려주려고 단단히 벼르고 있는 것 같기도 하다.

재미는 창의력과 친하다

남자아이들의 이런 돌발 행동은 선생님을 당황하게 한다. 어떤 선생님들은 이런 아이들을 문제아라 부르기도 하고 수업을 엉망으로 만든다고 싫어하지만 보는 시각을 바꾸면 꼭 그렇지만은 않다. 정해진 대답을 뒤트는 것, 거부하는 것, 웃기 위해 다른 생각을 해보는 것…… 남자아이들의 가장 큰 가능성은 바로 이 빤한 것을 거부하려 하는 본능에 있다. 이 거부 본능은 새로운 발견의 첫걸음이고, 거부 본능의 부재는 곧 창의적인 사고의 부재다.

우리는 아이가 창의적이기를 바라면서도 우리가 받아들일 수 있는 범주의 것만을 창의적이라고 말한다. 틀을 깨야 한다고 말하면서도 우리가 받아들일 수 있는 만큼만 틀을 깨기를 바란다. 예를 들어 "어항을 창의적으로 꾸며 봐"라고 말하고는 어항에 인어공주나 자동차, 공룡이 등장하는 정도까지는 받아주지만 주어진 재료가 아닌 다른 것을 사용해서 어항을 만들었다든가 혹은 아예 어항을 그리지 않는 경우에는 제재를 가하는 경우가 그렇다.

주어진 것을 거부하지 않고 순종한다는 조건하에서 길러지는 창의력이 과연 얼마나 창조적일까? 아이가 하고 싶은 것이 아닌 커리큘럼을 좇도록 몰아간다면 아이가 얼마나 흥미를 느끼게 될까?

창의력은 재미와 아주 거리가 가깝다. 자신이 창조하려는 영역에

👀
수동적인 창의력, 반쪽짜리 창의력이 아닌, '진짜' 창의력은 주어진 틀을 거부하는 재미에서 나온다.

재미를 느끼지 못하는 상태에서 창의적인 활동이 가능할까? 스스로 하고 싶은 것을 결정하는 것이 아니라, 선생님이 정해준 주제 안에서 발휘하는 창의력이 과연 진짜 창의력일까? 물론 아니라고 단정할 수는 없다. 다만 나는 이것을 '수동적' 창의력, '반쪽짜리' 창의력이라고 부른다.

창의력은 능동적이어야 한다. 수업이 끝나고 집에 간 아이가 '다음엔 선생님이 무엇을 준비해 주실까?'가 아니라, '다음엔 내가 뭘 해볼까?'라는 생각이 들 때 비로소 제대로 된 창의 활동을 하고 있다고 할 수 있다. '내가' 무언가를 창조할 수 있다는 생각이 들었을 때, 사물을 바라보는 아이의 시각이 달라진다. 그래야 무엇을 봐도 '어떻게 하면 저런 것을 만들 수 있을까?' '어떻게 하면 더 멋지게 만들 수 있을까?' 하고 고민하게 된다. 창의적인 활동을 할 때에만 발휘되는 창의력이란 진정한 창의력이 아니다. 이후 아이가 생활하면서 활동을 통해서 스스로 해내는 것들이야말로 진정한 창의력이라고 할 수 있다.

수동적 창의력 수업의 경우, 10명의 아이들을 데리고 수업을 진행하면 10명 모두의 결과물이 비슷할 가능성이 높다. '우와~ 오늘 우리 아이 창의력이 많이 자랐겠는데?'라는 생각은 들지 몰라도 정말 그 안에서 기발하고 새로운 무언가가 나타나기는 어렵다. 선생님이 의도한 대로 시작해서 의도한 대로 끝나기 때문이다.

남자아이들에게 창의력은 본능이다. 없는 창의력을 훈련시켜서 끌어낸다는 생각으로 접근하기보다는 원래 아이가 창조적인 능력을 갖고 있다고 믿는 것이 중요하다.

우리가 할 일은 아이가 재미를 느끼게끔 해주는 것이다. 그리고 아이들에게 내재된 창의력을 최대한 끌어내기 위해 노력하는 것이다.

쓸데없는 일이
아들을 크게 만든다

매일 한눈파는 아들들

어느 날, 은행에서 나오는 길에 가방을 메고 길바닥에 쪼그려 앉아 있는 남자아이를 보았다. 하교 시간이었고 많은 사람들이 오가는 길목이었는데도 아이는 한참을 쪼그리고 앉아 바닥을 내려다보았다. 궁금해서 몰래 다가가려 했더니 아이는 벌떡 일어나 손에 움켜진 것을 차도로 횡 하니 던졌다. 그러고는 손을 툭툭 털고 일어나 아무 일도 없었다는듯 힘차게 걸어갔다. 나는 아이가 한참 동안 머물렀던 그 바닥에 쪼그리고 앉아 보았다. 바닥에 있는 무늬가 좀 특이하기도 하고 개미들이 몇 마리 지나가기도 했지만 딱히 별다른 것은 없었다. 아이는 도대체 무엇을 본 것일까?

작업실에서도 이런 일이 많다. 한 녀석은 선생님이 내준 주제와는 전혀 상관없이 찰흙을 바닥에 '떡' 소리가 나도록 붙이는 일에 몰두한다. 그러더니 망치를 꺼내 와서 열심히 찰흙을 두드린다. 잠깐 그러다 말겠지 했는데 30분이 넘도록 똑같은 작업을 반복한다. 다른 작품으로 유도해 보기 위해 아이에게 다가갔으나 아이의 표정을 보니 무척 진지하다. 아이는 한 시간이 넘게 찰흙과 각종 흙들을 괴롭히고 나서야 외계인이 타고 있는 우주선을 만들기 시작한다.

집에서도 마찬가지다. 집에 오면 해야 할 일이 한가득 쌓여 있는데도 가방을 내팽개쳐 두고 밖으로 나가 개미굴을 하염없이 바라보고 있다. 시간을 낭비하는 것처럼 보이는 행동에 엄마는 잔소리를 안 할 수 없지만 아들은 엄마의 잔소리가 여러 차례 계속된 후 한바탕 소리를 지르고 나서야 마지못해 자리에서 일어난다. 그리고 어느 날 예상치 못한 자리에서 아들은 개미의 특성과 역할을 줄줄 왼다.

어머니 말씀에 의하면 나는 학교에 매일 지각하는 아이였다고 한다. 제시간에 도착하고도 남을 시각에 출발하는데도 매번 지각하는 아들을 수상하게 여긴 어머니가 하루는 등굣길에 몰래 따라오셨다. 그랬더니 내가 학교 가는 길에 있는 시장 골목에 쪼그리고 앉아 시장 가게 아줌마가 돈 세는 것을 같이 세고 오늘은 무얼 파나 하나하나 참견하면서 가더란다. 그날 나는 어머니께 꽤나 혼이 났다. 어머니가 보기에 정말 쓸데없는 일에 시간을 버리고 있었으니까. 해야 할 일은 안 하고 안 해도 되는 쓸데없는 일로 집에서 등짝을 맞는 아들은, 세상에 존재하는 아들 수만큼 존재한다. 하지만 쓸데없는 일처럼 보이는 이런 행동들이 모여 새로운 것을 만들어 내는 원동력이 된다는 것을 알아채는 엄마는 많지 않다.

쓸데없는 일에 관대하라

내가 가르치는 아이 가운데 한 명은 하루 종일 나무를 들고 다니며 바닥을 두들겨대더니 그날 깡통과 나뭇가지를 이용해 드럼을 만들었다. 공원에 버려진 나뭇가지와 솔방울을 상자에 모으던 녀석은 미니 생태공원을 만들었고, 구슬을 가지고 아무 데나 굴려 보던 녀석은 오랜 시간을 들여 구슬이 재미있게 떨어지도록 장치한 구슬판을 만들었다.

많은 엄마들이 아이들이 만든 작품을 보고 어떻게 이런 생각을 했는지 대단하다며 혀를 내두르지만, "아이가 수업 시간 내내 책상을 두들겼습니다"라는 이야기에는 불편한 표정을 감추지 못한다. 아쉽게도 엄마들은 수업 시간 내내 책상을 두들기는 쓸데없는 일을 거치지 않고는 우리를 놀라게 할 만한 새로운 작품이 절대로 나올 수 없다는 것을 이해하지 못한다.

어른들의 눈에 쓸데없는 일이라고 보이는 행동들은 아이들의 상상력을 통해 새로운 작품으로 탄생하기도 한다.

남자아이들은 미숙하더라도 자신이 직접 겪어보는 것을 좋아한다. 스스로 환경을 주도하고 싶어하는 자기 주도 성향이 강하고 창의력이 넘치는 아이일수록 어른들이 가르치는 것을 배우기에 최적화된 뇌를 가지고 있지는 않지만, 자신이 느끼는 관심사를 실험하고 스스로 깨닫는 데에는 최적화된 행동 패턴을 가지고 있다.

쓸데없는 일에 관대하기란 쉽지 않다. 엄마들은 쓸데없는 행동을 통해 배워 나가는 남자아이들 특유의 학습 방식을 본능적으로 이해하지 못하기 때문에 아들의 호기심을 그냥 쓸데없는 일로 치부해 버리기 쉽다.

만일 아이가 창의적이고 자유롭게 표현하는 아이로 자라길 바라는 엄마라면, 아이가 하는 쓸데없어 보이는 일들에 관대해지자. 아이가 어떤 것에 손을 대도 위험하거나 남에게 피해주는 일이 아니라면 편견을 갖지 말고 마음껏 해볼 수 있는 기회를 주자. 우리가 보기에 필요하다고 생각하는 것만 하는 아이는 결국 예측 범위를 벗어나지 못할 테니까!

골고루 먹는 것보다 맛있게 먹는 것이 중요하다

하나에 빠지면 끝장을 보는 아들

남자아이들이 좋아하는 것들에는 뭐가 있을까? 아들을 키워본 엄마들이라면 머릿속에 떠오르는 것들이 있을 것이다. 토머스 기차, 공룡, 자동차, 포켓몬스터, 파워레인저 등…… 그럼 남자아이들이 좋아하는 것들의 공통점은 무엇일까? 바로 시리즈로 모아야 하는 것들이라는 점이다. 낱개로 사면 살 만한 제품들도 시리즈로 갖춰 주려고 하면 돈이 만만찮게 든다. 그럼에도 불구하고 한번 빠져들면 시리즈로 구매하게 되는 이유는 남자아이들의 독특한 학습 습관 때문이다.

남자아이들은 어떤 이유에서인지 한 가지에 빠지면 끝을 보려고 한다. 예를 들어 한 가지 음식만을 지나치게 좋아하는 아들이 있다 치자. 세 끼 모두 그것만 먹겠다고 고집한다. 아이의 영양 상태를 걱정하는 엄마는 음식을 골고루 주려고 한다. 하지만 '골고루'에 집착하면 아들의 식습관은 오히려 더욱 나빠진다. 그렇다면 어떻게 해야 할까? 골고루 음식을 주기보다 한 가지 음식을 '맛있게' 먹는 방법을 알려주는 것이 더 낫지 않을까.

남자아이들이 좋아하는 것은 범위가 좁고 깊다. 공룡에 한번 빠진 아이는 어른도 외우기 힘든 공룡 이름부터 특성까지 그림을 그려가며 설명할 수 있을 정도로 공룡에 대해 자세히 안다. 말도 잘 못하는 녀석들이 어려운 공룡 이름은 척척 맞추는 것을 보면 경이롭기까지 하다. 또 어떤 아이는 사람 얼굴은 못 그려도 사슴벌레와 장수풍뎅이만큼은 발톱의 개수까지 곤충도감처럼 그려내기도 한다.

까무잡잡한 피부의 승훈이를 처음 만난 건 연구소 문을 연 첫해 초봄쯤이었다. 승훈이는 나를 처음 본 날 사슴벌레와 장수풍뎅이를 좋아한다고 했다. 사슴벌레, 장수풍뎅이를 아무 자료도 보지 않고 발톱의 개수까지 완벽하게 그려낼 수 있을 정도로 곤충을 좋아하는 아이었다. 뿔의 모양이 제대로인 건 물론이고 눈의 위치와 발톱의 개수, 발톱에 달린 털까지 도감에 있는 그대로였다. 승훈이는 생물뿐만 아니라 건축물이라든가 움직이는 기계류에도 상당히 관심이 많아, 박스로 자신이 들어갈 만한 크기의 피뢰침까지 달린 집을 만들기도 하고, 스프링이 달려 있어 진짜로 미사일이 튀어나가는 무기를 만들기도 했다. 나중에는 최첨단 무기를 갖춘 아이언맨 갑옷을 만들어보겠다며 나무조각으로 공작을 하기도 했다.

지금은 승훈이의 자연 사랑과 호기심을 자랑스럽게 생각하시는 승훈이 어머니도 아이가 초등학교 1학년 때까지는 승훈이의 성향을 이해하는 데 어려움을 겪었다. 학교에서는 한창 수학과 받아쓰기를 배울 시기인데 승훈이 관심의 초점은 온통 학교 밖 연못으로 가 있었기 때문이다. 연못에 떠 있는 소금쟁이, 연못의 자라, 연못 주위의 신기한 돌멩이들…… 안 그래도 자연물을 좋아하는 승훈이에게 얼마나 재미난 공간이었겠는가. 하지만 선생님에게 아이가 집중하지 못한다는 소식을 듣는 것은 어머니에게 심하게 걱정스러운 일이었을 것이다.

하나를 먹어도 맛있게 먹을 수 있도록

엄마들의 걱정거리가 되기도 하는 아들만의 독특한 성질은 단점이 아니라 엄연한 장점이다. 이상하게 어렸을 때는 학습 능력이 부진하다가 갑자기 눈에 띌 만한 성적 향상을 보이는 경우는 남자아이들에게 많이 나타난다. 초등학교 때까지 열심히 놀던 남자아이가 중학교 때부터 마음먹고 한 번에 전교 1등을 탈환하는 경우도 바로 남자아이들이 가진 고유의 탐구력이 작용한 결과다.

7세 남자아이의 평균 집중 시간은 얼마나 될까? 30분? 많은 학자들이 연구한 결과에 의하면 7세 남자아이의 집중 가능 시간은 길게 잡아서 40분도 채 안된다고 한다. 그렇기 때문에 유치원의 수업 시간이 길지 않은 것이다.

하지만 내가 가르치는 남자아이들의 평균 집중시간은 한 시간을 훌쩍 넘긴다. 두 시간을 수업해도 아이들이 지치지 않는다. 물론 길게 집중하지 못하는 아이도 분명히 있다. 그런 아이조차도 남자아이 고유의 탐구력이 작동하기 시작하면 우리가 생각하는 일반적인 남자아이들의 집중 시간은 가볍게 넘겨버린다. 이것은 좋아하는 특정 주제에 대한 남자아이들 특유의 광적인 집중력과 연관이 있다.

자신이 좋아하는 특정한 주제에 깊은 탐구력을 보이는 아들에게 여러 과목을 골고루 공부하기를 기대하는 것은 심심치 않은 부작용을 낳는다. 엄마들 입장에서야 식사 습관으로 치면 심하게 편식하는 아이를 보는 기분이겠지만 초등 저학년 때까지는 다양한 음식을 골고루 먹는 법보다는 음식을 맛있게 먹는 방법을 알려주는 편이 낫다. 아이에게 여러 가지 지식을 안겨주기 전에 배우는 재미를 알려주는 것이 먼저라는 얘기다. 나는 버스의 앞바퀴보다 뒷바퀴가 약간 더 크다는 사실을 자동차를 엄청나게 좋아하는 아홉 살짜리 남자아이에게 듣고서야 알게 되었다.

남자아이의 탐구력은 어른이 예상치 못하는 곳에서 발현된다. 그리고 예상을 뛰어넘는 가능성으로 자라날 것이다.

산만한 아들은
큰 에너지를 갖고 있다

산만함은 단점이 아니다

내가 가끔 사적인 자리에서 다른 미술 교사들이나 아들 가진 어머니들께 남자아이들만 가르친다고 말씀드리면 어떤 분은 불쌍하다는 눈빛으로 나를 쳐다본다.

"반만 섞어 놔도 힘들 남자애들을 무더기로…… 힘들지 않으세요?"
"어휴~ 말만 들어도 끔찍해요~"

사실 남자아이들을 모아놓고 교육하는 일은 쉽지 않다. 바로 산만함과 과도한 에너지 때문이다. 여자아이 셋이 모이면 접시를 깬다지만, 남자아이 셋이 모이면 옆 건물에서 민원이 들어온다. 남자아이들 그룹을 잘 다루지 못하면 상상 이상으로 힘들어진다. 특히 억압적으로 가르치지 않으면서 남자아이들을 집중시키기란 코끼리에게 점프를 가르치는 것만큼 어려운 일이다. 남자아이들에게 미술을 가르치는 일만큼은 대한민국 최고라 자부하며 그 누구에게도 지지 않을 자신이 있는 나이지만, 처음 보는 남자아이들이 무더기로 모여 있는 교실에 들어갈 때는 여전히 긴장된다.

방문 미술 수업을 하던 시절의 일이다. 나는 학부모님들이 홈페이지나 블로그를 통해 방문 미술 수업 신청을 하면 일주일에 한 번씩 가정 방문 수업을 했었다. 열정만 넘치는 초짜 선생님이었던 나는 남자아이 그룹을 가르치는 것이 그렇게 어려운 일인지 미처 몰랐다.

한번은 아이들과 공룡 나라를 만들기로 했다. 커다란 판을 놓고 해야 하는 작업인지라 에너지 소모가 많고 그 어느 때보다 집중력을 요하는 수업이었다. 아이들의 열기는 수업이 진행되면서 점점 뜨거워져 갔고, 수업이 끝나갈 때쯤 한 아이가 손에 물감을 묻히더니 눈을 까뒤집으면서 좀비 흉내를 내기 시작했다. 그리고 약속이나 한 듯, 새초롬하니 얌전하던 얼굴들이 순식간에 익살맞은 개구쟁이 표정으로 변했다.

아들을 둔 엄마들은 대부분 공감하겠지만 남자아이들은 굳이 정서에 문제가 있지 않아도 괴물, 좀비, 죽음 등의 자극적인 소재를 엄청나게 좋아한다. 다리에 쥐가 나도록 가만히 앉아서 공룡을 만들고 색칠을 하던 아이들의 에너지가 순식간에 다른 방향으로 폭발하더니 온몸에 물감을 묻히면서 좀비로 변신하기 시작했고 방 안의 커튼과 벽지는 빨간색 물감으로 범벅이 되었다. 방에 들어와서 경악한 엄마의 얼굴과 엄마 얼굴보다 더 경악한 내 얼굴. 그때부터 나는 남자아이들의 심리와 산만함에 대해 공부하는 미술 교사가 되었다.

내가 남자아이들을 가르치면서 느낀 점은 명백하게 단점처럼 보이는 '산만함'이라는 특성이 그저 단점만은 아니라는 것이다. 남자아이들의 에너지는 때로 산만함으로 나타난다. 그리고 이 과정에서 아이들은 자신만의 방식으로 새로운 사실을 학습한다. 산만하다고 해서 무조건 학습 능력이 부족한 것은 아니라는 뜻이다.

오랫동안 관찰한 바에 따르면 남자아이들이 산만해지는 이유는 자신이 받고 있는 자극에 만족하지 못하고 있기 때문이다. 나는 유치원부터 초등학교까지, 선생님의 평가란에 매번 '산만함'이라는 단어가 적혀 있던, 잠시도 가만히 있지 못하는 아이였다. 지금 같으면 주의력결핍 과잉행동장애, 즉 ADHD로 분류되어 치료를 요한다는 처방이 내려졌을지도 모른다. 내가 잠시도 가만히 있지 못했던 것은 수업 중에 과제가 주어질 때마다 머릿속에 여러 가지 관심사들, 재미있는 것들이 계속 생겨나는데 정작 선생님이 하라고 하는 것들은 재미없게 느껴졌기 때문이었다. 나는 스스로 찾아낸 새로운 자극에 설렜다. 그리고 그것으로 새로운 사실들을 알아내는 게 정말 즐거웠다. 우리가 흔히 산만하다고 부르는 성향은 무언가를 거부하는 동시에 다른 것을 받아들이고 싶은 욕구이기도 하다는 것을, 나 자신의 경험을 통해 알게 되었다.

산만한 남자아이들은 배우고 표현하는 에너지가 큰 아이들이다. 하지만 일반적인 공교육에서는 그런 산만함을 배우고 표현하는 에너지로 전환하기 어렵다. 남자아이들은 선생님이 정해준 활동이 아니라, 자신이 선택한 주제를 자신이 선택한 방법으로 표현하고자 하지만 공교육에서는 예상대로 반응하지 않는 아이들을 버거워한다. 한 명, 한 명 아이들을 챙기기에는 선생님 한 명당 맡아야 하는 아이들의 수가 너무 많기 때문이다. 그래서 수십 년간 산만한 아이들에게 맞춘 교육 방식을 찾기보다는 그것을 지적하고 아이들을 교정할 수밖에 없었다.

발명왕 토머스 에디슨의 어머니는 에디슨이 학교에서 뛰쳐나왔을 때 학교에 맞게 아이를 교정하려 하지 않았다. 학교가 아이를 이해할 수 없는 환경임을 인정하고 직접 에디슨의 교육을 맡았다. 지하에 실험실을 만들어 주고 아이가 마음껏 놀고 탐구하도록 했다. 산만하지만 번뜩이는 능력을 가진 아이는 어디에나 있다. 하지만 산만한 아이를 이해하는 부모님, 선생님을 만나기는 어렵다.

산만한 아이는 모두 문제아?

어느 날, 여자 조카아이가 ADHD 약물을 복용하고 있다며 나를 찾아온 분이 있었다. 나는 남자아이를 전문으로 가르치는 사람이지 치료하는 사람이 아니기 때문에 심리 상담, 특히 여자아이 심리 상담은 하지 않는다. 미술심리치료를 공부하기는 했지만, 아동심리는 나보다 전문적인 지식을 갖춘 분들이 훨씬 많기 때문에 정중히 거절한다. 섣불리 했다가 한 아이의 인생이 바뀔 수도 있는 문제이기 때문이다.

하지만 그날은 예외였다. 멀리서 오신 데에다가 며칠 전부터 시간을 내서 기다리셨고, 어머니와 친분이 있는 분이라 거절하기가 쉽지 않았다. 게다가 그 당시 나는 ADHD 약물을 처방 받고 있는 아이들 치료에 관심이 있었다. 남자아이가 아닌, 산만하다고 평가 받는 여자아이들이 어떤 성향을 보이는지도 궁금했다.

결국 나는 상담 후 아무런 소득이 없을 수도 있다는 말을 전제로 아이를 만나러 갔다. 초등학교 5학년인 여자아이는 ADHD 약물을 일곱 살 때부터 복용해 왔다고 했다. 아이의 어머니는 아이가 약을 먹었을 때는 잠시 괜찮지만 이내 다루기 힘든 상태로 변한다고 말씀하셨다. 하지만 아이는 우려했던 것보다 훨씬 밝았다.

"안녕하세요!"
"응, 안녕? 뭐하고 있었니?"
"TV 보고 있었어요. 아저씨는 뭐 하는 사람이에요?"

첫인상은 해맑고 활동적인 아이로 보였다. 빨간 머리 앤 같다고나 할까? 아이는 빨간 머리 앤만큼 호기심이 왕성했다. 나는 아이가 집에서 쓰는 스케치북 한 권과 색연필 몇 자루를 받아 아이 방으로 들어갔다. 방을 휙 둘러보니 전반적으로 안락한 느낌이 들었는데 그중에 눈에 띄는 물건이 하나 있었다. 새장 같아 보이는 물건이 수건으로 덮여 있었다.

"저건 뭐야?"
"제가 기르는 고슴도치예요."
"우와, 너 고슴도치에 관심 많구나?"

고슴도치를 키운다는 아이는 고슴도치의 습성부터 키우는 방법, 다루는 방법까지 나에게 자세히 설명해 주었다. 그 외에도 자신만의 케이크 만드는 방법을 알려주며 케이크가 맛있는 상태가 되게 하려면 냉장고에 얼마 동안 보관해야 하는지도 아주 자세히 이야기했다. 그림을 그리게 했더니 자신이 발명한 선풍기의 설계도를 그려서 보여준다. 대개의 여자아이들은 기계 원리를 이용한 선풍기 같은 발명품에 관심이 없다. 고슴도치를 좋아한다 하더라도 고슴도치 종류부터 습성까지 줄줄이 외고 있는 경우는 드물다. 전반적으로 봤을 때, 남자아이의 성향을 상당히 많이 내포하고 있는 여자아이였다.

나는 이 '빨간 머리 앤'과 나눈 이야기를 이모님께 상세히 말씀드렸다. 남자아이의 성향을 다소 가지고 있는 아이라는 견해와 이런 기질을 충분히 살려주면 열정 넘치는 아이가 될 것 같다는 이야기도 했다. 그러면서 왜 ADHD라는 진단을 받게 되었는지 그 계기와 아이의 현재 상태를 물어보았다.

"일곱 살 때까지는 전혀 이상하지 않았어요. ADHD라고는 전혀 의심도 못했죠. 다만 조금 별난 아이였어요. 남들이 외우지 못하는 것들을 잘 외우고 아주 똑똑했죠. 그런데 어느 날 유치원에서 ADHD 진단을 한번 받아보라는 거예요. 진단 결과 ADHD라고 하더군요."
"혹시 어떻게 검사 받았는지 기억나시나요?"
"네, 질문지에 체크하는 방식이었어요. 생각보다 간단하더라고요."

레너드 삭스 박사가 남자아이에 관해 쓴 책 『알파걸들에게 주눅 든 내 아들을 지켜라』와 『남자아이 여자아이』를 읽어 보면 ADHD에 대한 내용이 상세히 나온다. 그 책들에서 내가 관심 있게 본 내용은 ADHD 약물의 부작용 연구가 장기적으로 진행된 것이 아니라는 점과, 의사들이 너무나도 쉽게 ADHD 진단을 내린다는 이야기였다. ADHD는 검사지와 의사의 소견으로 판단한다. 심지어 어떤 병원에서는 일단 약을 먹이고 나서 효과가 있다 싶으면 ADHD라고 판명을 내리기도 한다고 들었다. 물론 ADHD로 분류해야 하는 아이들이 분명히 존재한다고 생각한다. 그러나 정상적인 남자아이들과 ADHD인 아이들의 분류 방법이 과연 명확한 차이를 바탕으로 하는지에 관해서는 여전히 의문을 제기하는 학자들이 있는 것으로 알고 있다. 나 역시 ADHD 판정에 좀 더 신중해야 한다는 학자들의 관점에 적잖이 동의한다.

내가 보기에 ADHD 검사지에서 ADHD 성향이 있다고 판정하는 항목들은 일반적인 남자아이의 성향과 상당수 일치한다. 내 기억이 틀리지 않다면 에디슨처럼 발명가 기질을 보이는 아이가 체크하는 항목과도 거의 일치할 것이다. 만일 당신의 아들이 남성적인 기질이 다분하고 창의적인 이야기를 많이 한다면 ADHD 검사에서 양성 판정이 나올지도 모른다는 말이다. 아들 키우는 엄마라면 특히 ADHD 검사에 신중해야 한다. 의사는 엄마만큼 아들을 모르기 때문이다.

나는 이모님께 ADHD라는 질병은 아직 원인이 정확하게 규명되지 않았기에 판단 기준이 모호하다는 이야기와 ADHD 치료 약물의 부작용이 계속 보고되고 있다는 점을 말씀드렸다.

"6년간 복용한 지금 상태는 어떤가요?"
"모르겠어요. 학교를 다니면서 자꾸 문제가 일어나요. 약물을 강하게 해야 할지, 나중에 완치는 되는 건지⋯⋯ 오늘 오전에는 마트에서 기분이 갑자기 이상한지 드러누워 버리더라고요.
"그래서 혼내주셨나요?"

"아뇨. 이 아이는 병이 있어서 그런 걸요. 약 기운이 빨리 떨어졌구나 생각했어요. 아이도 아까 집에 와서 사과하더라고요. 오늘 약을 안 먹어서 그런가 봐요, 하고."

내가 생각하는 ADHD 치료 약물의 가장 큰 부작용은 바로 이것이다. 아이가 혼나야 할 짓을 저질렀을 때 엄마가 아이를 훈육하지 않고 약을 먹인다는 것. 아이가 감정의 동요를 느낄 때 조절하기를 아예 포기해 버리고 병이라서 그렇다고 생각해 버리는 것. 스스로 절제하는 방법을 배우지 못하면 어떻게 될까? 마트에서 눕는 것보다 더한 행동도 하게 될 것이다.

가끔 ADHD로 인해 고생하는 아이와 엄마를 보면 그들의 불행이 ADHD 약물을 복용하면서부터 본격화되는 경우를 종종 볼 때가 있다. ADHD 진단은 일종의 낙인이고 선생님과 다른 아이들에게 일종의 편견을 제공하기 때문이다. 물론 치료를 요하는 아이도 있을 수 있다. 그러나 그 수치는 현재 ADHD로 진단받는 아이들의 수치보다 훨씬 낮을 것이다. 우리는 어쩌면 멀쩡한 아이들을 ADHD라는 틀에 가둬버리고는 아이의 가능성을 잘라버리는 실수를 저지르고 있는지도 모른다.

산만함은 병이 아니다. 나는 에너지가 넘쳐 가만히 있지 못하는 아이를 보면 어떻게 방향을 잡느냐에 따라 세상을 바꿀 위인이 될 수도 있다는 믿음을 버리지 않는다. 실제로 세상에 알려진 많은 발명가, 선동가, 정치가 들은 어려서 엄청나게 산만한 아이들이었던 경우가 많다. 세상 사람들 모두가 아는 발명왕 에디슨을 포함해서 말이다. 톰 하트만은 산만하고 에너지가 넘치며 엉뚱한 아이들을 두고 '에디슨 유전자'를 타고났다고 한다. 나는 이 이름이 좋다. 나 역시 어린 시절, 산만했지만 스스로 에디슨 유전자를 갖고 있다고 믿어 의심치 않던 긍정적인 아이였기 때문이다.

2장

아들의 성향에 따른 맞춤형 미술교육

"내 마음대로 할래요!" _ 자기 주도 성향이 강한 아들
"이런 건 하기 싫어요!" _ 반항하는 아들
"내가 더 잘할 수 있어요!" _ 경쟁심이 강한 아들
"우당탕쿵쾅!" _ 산만한 아들
"방금 뭐라고 하셨어요?" _ 목표 집중력이 약한 아들
"별로 하고 싶지 않아요……" _ 의욕이 없는 아들
"와하하! 진짜 신 나요!" _ 에너지가 넘치는 아들
"저는 이런 거 못 해요" _ 소극적인 아들
"어…… 아직 다 못 했는데요" _ 너무 굼뜬 아들
"선생님, 다 했는데요?" _ 너무 빨리 하는 아들
"순서를 지켜야 해요" _ 규칙적인 것을 좋아하는 아들

"내 마음대로 할래요!"
자기 주도 성향이 강한 아들

남자아이 미술교육법에 대해 이야기할 때, 나는 항상 남자아이들의 자기 주도 성향으로 이야기를 시작한다. 자기 주도 성향은 남자아이들의 특성을 함축적으로 설명할 수 있는 기질임과 동시에 자칫 반항심으로 받아들이기 쉬워서 부모와 교사 들이 가장 난감해하는 속성이기도 하다. 그래서 남자아이들을 교육하는 모든 교육자들은 남자아이들 특유의 스스로 하고자 하는 욕구, 즉 자기 주도 성향에 대해 이해하는 것이 중요하다. 자기 주도 성향은 남자아이들 특유의 인정받고자 하는 욕구를 바탕으로 한다.

어느 날, 어떤 어머니께서 나에게 이런 쪽지를 보내 왔다.

"아이가 시종일관 엄마를 가르치려 들어요. 성적이 좋지는 않지만 동물하고 곤충에 대해서는 자세히 아는 편이거든요. 이번에도 계곡에 놀러 갔다가 자꾸 엄마에게 가르치려는 말투로 말해서 혼을 냈는데 어찌해야 할지 모르겠어요. 왜 그런 걸까요?"

뭐든 스스로 하고 싶어 하는 남자아이들

이것은 비단 남자아이들만의 문제는 아니다. 이 세상에 존재하는 남자들 대부분이 이렇다. 남성들은 자신의 능력을 인정받는 것에서 큰 보람과 기쁨을 느끼기 때문이다. 문제는 이런 성향 때문에 남자들은 다른 사람에게 배우기보다는 스스로 터득하기를 원한다는 것이다. 누군가에게 조언을 얻고 배우기보다 혼자 고민하고 스스로 생각해서 결정하고 스스로 내린 결정대로 행동하려 한다. 누군가에게 배운다는 것은 곧, 자신이 그 사람보다 능력이 모자란다는 것을 인정하는 꼴이 되기 때문이다. 예를 들어 내비게이션이 없는 차를 타고 처음 가는 길을 헤매는 남편의 경우를 떠올려 보자. 다른 사람에게 물어보면 금방 해결되는 일인 줄 알면서도 쉽사리 자신의 '감'을 포기하지 못한다. 다른 사람들에게 물어 보자는 아내의 말도 무시하기 일쑤다. 그에게 아내의 조언은 "당신이 능력이 없어서 우린 지금 이렇게 시간을 허비하고 있는 거야"라는 뜻으로 들리기 때문이다.

이런 성향 때문에 남자아이들 또한 무언가를 배울 때 선생님과 부딪히는 경우가 많다. 남성 호르몬이 폭발하는 시기인 사춘기 남자아이들은 누군가가 자신을 가르치려 하면 먼저 방어하려 든다. 맹목적인 반항심이라기보다는 설교를 싫어하는 남자아이들의 마음에는 이런 심리가 깔려 있다.

'나도 다 컸는데 알아달란 말이야!'

꼭 사춘기가 아니라도 어렸을 때부터 자신의 작품을 선생님의 능력을 빌리지 않고 스스로 하고자 하는 욕구가 강한 아이들이 있다. 이런 아이들은 선생님이 손을 대는 것만으로도 의욕이 꺾이기도 하며 오히려 가르치지 않을 때, 훨씬 더 많은 것을 가르칠 수 있다. 이런 아이들을 우리는 자기 주도 성향이 강하다고 한다.

차분하면서도 자기 주도 성향이 강한 아들

자기 주도 성향이 강하다고 해서 꼭 반항적인 모습을 보이는 것은 아니다. 성격이 차분하고 꼼꼼하지만 스스로 하고자 하는 바가 뚜렷한 남자아이들도 있다. 세웅이가 그런 경우였다. 세웅이의 첫인상은 남자아이치고는 조용하고 차분한 느낌이었다. 연구소에 오자마자 주위를 휘휘 둘러보며 슬며시 미소 짓는 세웅이에게 연구소의 규칙을 간단히 설명해주고 몇 가지 그림 테스트를 진행했다. 별다른 특징이 안 보여서 조금 더 아이를 관찰하기 위해 하고 싶은 것을 마음껏 해보라며 사용할 수 있는 재료를 간략하게 설명해주었다. 내 설명이 끝나자마자 세웅이는 무언가 골똘히 생각하더니 종이와 연필을 가져다가 휘휘 그리기 시작했다. 순간 이때를 기다렸다는 듯이 눈빛이 바뀌었다.

세웅이가 그린 그림은 평범해 보이는 비행기였는데 자를 대고 똑바로 그리지도 않고 세밀하게 스케치를 하지도 않았지만, 앞코 모양만큼은 자세히 확대해서 그렸다. 또한 도면에 치수도 등장했다. 오, 이놈 봐라.

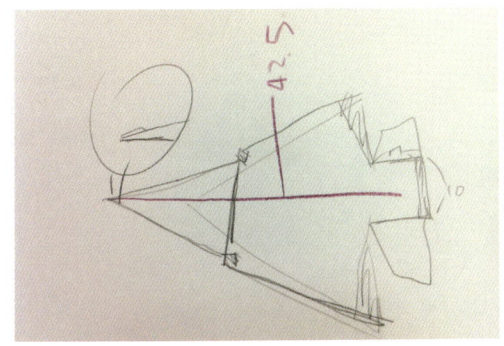 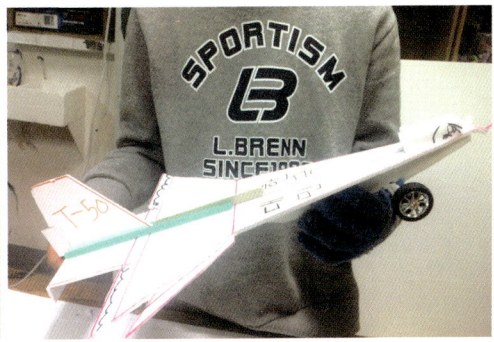

왼쪽 도면에 치수까지 등장한 세웅이의 설계도.
오른쪽 설계도를 바탕으로 세웅이가 만든 비행기.

"세웅아. 설계도 그려본 적 있니?"
"집에서 가끔 그려요."

세웅이의 말에 의하면 재료는 부족해도 일주일에 한두 번 정도 스스로 도면을 그려 종종 작품으로 만든다고 한다. 자기 주도 성향이 강한 남자아이들은 스스로 환경을 만들어 자신이 하고자 하는 일을 하려는 특징이 있다. 고집이 세다고 할 수도 있고 쓸데없는 일을 많이 한다고도 볼 수 있으나, 새로운 일을 기획하거나 수정할 때 이런 성향은 큰 도움이 된다.

처음 설계도를 봤을 때까지만 해도 그러려니 했는데 설계도를 바탕으로 작품을 만드는 과정을 유심히 보니 세웅이의 진지한 태도에 사뭇 놀랄 수밖에 없었다. 몰입하는 능력도 그렇지만 특히 작업에 임하는 눈빛은 전문 디자이너 저리 가라였다. 쓱쓱 대강 그렸던 설계도와는 달리 자와 몇 가지 도구를 이용해 각도까지 완벽하게 재어가며 한 치의 오차도 없이 만든 세웅이의 작품은 정교하고 섬세했다. 문제가 생겨도 좀체 선생님에게 묻지 않고 조용히 주위를 둘러보며 스스군함을 만드는 세웅이의 모습. 세종대왕 군함 사진을 보고 작업에 대한 영감을 얻은 듯하다. 이날 역시 막히는 부분에 대해 선생님이 준 몇 가지 힌트나 아이디어만 참고했을 뿐, 모든 수업 과정을 스스로 주도했다.

세웅이가 만든 투석기. 자세히 보면 아주 정교하게 제작되어 있다. 돌멩이를 멀리 날리기 위해 지지대의 각도와 고무줄의 위치까지 몇 십 번의 실험을 통해 완성했다. 이 작품은 다른 아이들에게 많은 영감을 주었다.

로 해결했다. 다 만들어진 비행기를 보니 설계도를 그릴 때부터 이미 세웅이 머릿속에는 만들어진 비행기의 이미지가 존재한 듯했다. 세웅이가 사진 속 비행기를 홀로 만들면서 나에게 물어본 것은 딱 한가지뿐이었다.

"선생님. 네모난 주사위 같은 거 있어요?"

나는 주사위가 왜 필요한지도 모른 채 주사위를 찾았지만 세웅이는 이내, 주사위를 대신할 무언가를 찾았다.

"선생님, 괜찮아요. 다른 거 찾았어요."
"오, 그렇구나. 근데 뭐 때문에 주사위를 찾은 거야?"
"이걸 90도로 세워야 하거든요."

세로로 된 꼬리 날개를 다는 데 90도 각도를 유지하기 위해 주사위를 찾을 정도로 세밀한 아이였다. 세웅이처럼 무언가를 알려주지 않아도 스스로 하고자 하는 욕구가 있다면 자기 주도 성향이 강하다고 볼 수 있다. 자기 주도 성향이 강한 아이는 스스로 자신의 것을 모두 쏟아내기 전까지는 그저 옆에서 조용히 지켜봐주는 것이 최선이다.

자기 주도 성향이 고집으로 나타나는 아들

경준이는 우리 연구소에 3개월째 다니고 있다. 작품 세계도 독특하고 재미난 데에다 유머 감각도 있어 아이들에게 인기 만점이지만, 이상하게 수업 시간만 되면 이해하기 힘든 부분에서 심통과 고집을 부린다. 다른 아이들은 선생님이 새로운 아이디어를 주거나 잘 안 되는 부분을 도와주면 기뻐하는데 경준이는 다르다. 분명 자신이 하고 싶었던 것임에도 불구하고 선생님이 뭔가를 제안하거나 도와주고 나면 오히려 심통을 부린다. 그렇다고 미술을 싫어하는 것은 아니다. 오히려 좋아하는 쪽에 가깝다. 오늘도 경준이는 한걸음에 달려와서 수업 시간이 시작되기를 기다리지만 선생님의 제안이나 가르침에는 심통을 부린다.

"자, 애들아. 오늘은 액자 만들기를 하는 날이야. 액자는 뭐에 쓰는 물건이지? 맞았어. 찍어둔 사진을 잘 볼 수 있게 전시하기 위한 거지. 자, 하나씩 따라해보자. 이렇게 해서 이렇게……"

사실 이날의 액자 만들기 수업은 전 시간에 경준이가 하고 싶다고 해서 특별히 경준이를 위해 준비한 것이었다. 그런데 엉뚱하게도 경준이는 액자 만들기를 거부했다.

"선생님, 액자 말고 다른 거 해도 돼요? 저는 다른 거 할래요."
"음, 경준아. 다음 시간에 선생님이 또 재미있는 거 준비해 올게. 오늘은 액자 만들기 하는 날이니까 액자 만들자. 선생님이 경준이를 위해 준비한 수업이야."
"에이…… 재미없어."
"무슨 소리야. 전에는 액자 만들고 싶다 그랬잖니."
"오늘은 액자 만들기 싫어요."

남자아이들 중에서는 유독 자신의 의지로 모든 것을 결정하고 싶어하는 아이들이 있다. 경준이가 바로 그런 경우다. 이래라저래라 참견하

아이들이 스스로 선택할 수 있는 환경을 만들어 주는 것이 중요하다.

는 것을 좋아하는 사람은 없겠지만, 경준이는 자신이 하려고 했던 것임에도 불구하고 선생님이 시키는 어조로 말하거나 도와주는 것만으로도 의욕이 뚝 떨어진다. 이거 하자고 하면 저거 한다고 하고, 저거하자고 하면 이거 한다고 하고, 도무지 종잡을 수가 없다. 아들을 힘들어하는 엄마들이 상담을 요청하는 것 중 가장 많은 경우가 바로 이럴 때다.
"왜 자기가 한다고 했으면서 하라고 하면 싫다고 하는 거죠?"

무엇을 좋아하는지 정확하게 파악하고 제안해도 거절하기 일쑤다. 이쯤 되면 이 녀석이 일부러 선생님한테 반항하나, 선생님을 싫어하나 하는 생각이 들기도 한다. 경준이는 왜 재미없다는 말을 하는 걸까?

사실 액자 만들기가 재미없다는 경준이의 말은 진심이 아니다. 경준이의 진짜 메시지는 '내가 선택하게 해주세요'다. 경준이의 문제는 주제 선정이 아니라 자신이 스스로 선택할 수 있는 환경이 갖춰지는가에 있다. 자신이 환경을 주도하고 싶어하는 남자아이들 특유의 권력의지가 발동된 것이다. 아무리 재미있는 주제를 정해 줘도 툴툴거리던 경준이가, "그럼 오늘은 네가 하고 싶은 거 한번 해보자. 선생님이 놀랄 만한 작품을 한번 보여 줄래?"라는 말로 두 시간이 모자라도록 땀을 뻘뻘 흘리며 무언가를 만드는 모습을 보여 주는 것처럼 말이다.

성현이는 그림 그리기를 좋아하지만 선생님이랑 같이 그리는 것은 싫어하는 아이다. 선생님이 손을 대서 그려주는 것은 물론이고 무엇을 그려보자고 제안하는 것도 아주 싫어한다. 예를 들면 이런 식이다.

"자, 여기에 구름을 그리는 건 어때?"
"싫어요. 저는 새를 그릴 거예요."
"그래, 새를 그려보자. 그럼 어떤 새를 그려볼 거야?"
"음…… 내 마음대로 새."

위 대화에서 성현이가 선생님에게 전하고자 하는 메시지는 '내가 알아서 하고 싶어요. 아이처럼 대하지 말아주세요'다. 실제로 성현이에게 말을 걸지 않고 스스로 하도록 두었더니, 비로소 집중력을 발휘하기 시작했다.

우리는 흔히 남자아이들 특유의 스스로 하고자 하는 심리를 반항심리, 혹은 선생님을 우습게 보는 태도라고 오해하기도 한다. 하지만 조금만 자세히 살피면 이는 '정말로' 오해다. 단지 인정받고 싶은 욕구가 강해 작품을 만드는 목표가 여느 아이들과 다른 것이다. 보통 아이들이 자신의 감정을 표현하거나 선생님과 공감하며 새로운 것을 배워나가는 것에 수업의 목표를 둔다면 자기 주도 성향이 강한 남자아이는 자신의 능력으로 사람들을 감동시키거나 모두를 놀라게 할 만한 것을 만들어 주목받고 싶어한다. 경준이나 성현이에게 필요한 것은 자신이 좋아하는 주제로 진행되는 수업이 아니라 자신의 아이디어에 감동해줄 사람이므로 아무리 그 아이들이 하고 싶다는 수업을 준비해줘도 욕구를 채울 수가 없는 것이다.

이런 아이들에게는 가르치기보다 아이가 가지고 있는 것을 끌어낸다는 생각으로 수업을 진행할 필요가 있다. 자기 주도 성향이 강한 남자아이들에게는 교정보다 인정이 필요하다. 누군가는 스스로 하고자 하는 의욕이 강한 남자아이들을 보며 "저렇게 제 멋대로 구는 것은 고쳐줘야 할 부분"이라고 말하지만 이는 무언가 하고 싶어하는 학습 욕구의 반증이다. 만일 이런 욕구를 무시하고 무작정 아이를 교정하고자 한다면 설사 말을 잘 듣는 아이가 된다 하더라도 만족할 만한 성과를 얻기는 어렵다.

자기 주도 성향이 강한 남자아이들은 선생님이 주제를 미리 정해주는 것만으로도 흥미가 떨어지므로 무엇을 그리고 어떻게 만들 것인가에 대해서 구체적으로 미리 생각해서 수업을 짜면 효과가 없다. 완성품을 갖다 놓고 그대로 만드는 방법을 가르치는 수업은 반드시 피해야 한다. 그러면 구체적으로 어떻게 수업을 진행해야 할까?

주제가 아닌 재료를 정해주어라

이런 성향의 아들에게는 주제가 아닌 재료로 다가가야 한다. 하

> 자기 주도 성향이 강한 아들에게는 주제가 아닌 재료를 정해주고 그 안에서 마음껏 놀아보도록 하는 게 좋다.

루는 폼보드나 우드락 등 판재만 이용해서 마음껏 해보는 수업을 진행하도록 하고, 하루는 목재만을 이용해서 자신이 할 수 있는 것을 해보라고 하는 식이다. 아이들이 아무리 좋아하는 것이라 하더라도 자동차를 만들어 보자거나 비행기를 그려보자고 하는 것은 아이의 의욕을 떨어뜨릴 수 있다. 어른들은 '네가 만들고 싶은 자동차를 만드는 거니까 이건 네 마음대로 하는 거야'라고 생각할 수 있지만 아들 입장에서는 '왜 내가 하고 싶은 게 아니라 선생님이 하고 싶은 것, 엄마가 하고 싶은 것을 하라고 할까? 재미없어'가 되어버린다.

그렇다면 재료를 정해 주거나 바꿔서 수업하는 것은 무슨 의미가 있을까? 이는 재료를 통해 자극을 주고 여러 가지를 시도할 수 있는 여건을 열어 줄 수 있다.

"선생님, 오늘은 뭐 해요? 제 맘대로 해도 돼요?"
"네가 하고 싶은 걸 하되, 이 재료만 가지고 하는 것이 규칙이야. 만일 다른 재료가 필요하면 선생님한테 달라고 할 수 있어."

이런 말에는 이런 마음이 전제가 된다.

'너는 능력 있는 사람이야. 나는 너를 학생이 아닌 작가로 생각하고 있어. 너의 세계를 보여줘.'

남자아이들에게 자신의 의견이 인정받고 존중받는다는 느낌은 아주 중요하다. 특히 자기 주도 성향이 강한 남자아이들의 심리에는 인정받고 싶다는 욕구가 깊게 내재되어 있다. 그러므로 '특정 재료만 가지고 만들기'라는 한계 속에서 작가의 가능성을 마음껏 펼치도록 하는 것이 자기 주도 성향이 강한 아들에게 가장 효과적인 교육 방법일 수 있다.

그렇다면 아이를 '언제' 가르쳐야 할까. 재료를 달리하며 수업을 진행하다 보면 분명 아이에게 한계가 올 때가 있다. 자신이 표현하고 싶은데 잘 안 되거나 하고자 하는 바에 재료가 맞지 않는다고 생각하는 시점이 온다. 이때가 바로 가르칠 타이밍이다. 가르치는 일은 이때 해도 늦지 않다. 이런 경우에도 아이가 하고자 하는 것을 표현할 수 있는 다른 재료를 주거나 갖고 있는 재료를 가지고 할 수 있는 팁을 주는 정도여야 한다. 그러면 아이는 또 그에 맞게 자신의 작품을 만들어 나간다. 가르칠 타이밍이 아니라면 아이가 가진 것을 전부 쏟아내게 하는 일에 초점을 맞추자.

어머니들과 대기실에서 차 한잔 마시면서 이야기를 하다 보면 이런 이야기를 자주 듣는다.

"남아미술연구소 다니고부터 말을 임칭 잘 듣게 됐어요. 호호."

"하하, 정말요? 신기한 일인데요?"
"네, 말 안 들으면 연구소 안 데려간다고 협박하거든요. 그럼 직방이에요."
"하하, 이거 영광인데요? 정말 힘이 납니다."

내가 가장 좋아하는 소리다. 이런 이야기를 듣고 나면 그간 힘들었던 모든 것을 보상받는 기분이다. 이래서 이 일을 그만두고 싶지 않다.

"도대체 여기가 왜 좋은 거니? 전엔 미술학원 싫어했잖아."
"응, 전에 다니던 곳은 선생님이 하라는 걸 해야 되는 곳이고, 여기는 내가 하고 싶은 걸 하는 곳이야."

스스로 하고 싶어하고 기존에 주어진 것을 거스르고 싶어하는 남자아이들의 본능은 시각만 달리하면 엄청난 재능이다. 누군가 남자아이들의 창의력을 키워주기 위해서 끙끙거리고 있다면 살며시 다가가서 말해주고 싶다. 남자아이들의 창의력은 만들어주는 것이 아니라 끄집어내는 것이라고.

"이런 건 하기 싫어요!"
반항하는 아들

　아들 가진 엄마들의 말 못할 고민들 중 하나가 바로 아들의 반항심이다. 말을 하기 시작하면서부터 "시져!(싫어)"라면서 반항을 시작하더니 다섯 살을 넘어서면서는 본격적으로 엄마가 시키는 일을 반대로만 하는 청개구리가 되어 속을 썩인다. 좀 크고 나면 나아질까 기대해 보건만 사춘기가 돼서는 더 심각해져 엄마가 하는 말은 전부 다 싫다고 한다. 심지어 어떤 아이는 엄마가 다가오는 것조차도 거부한다. '내가 이놈을 어떻게 키웠는데……'

　수업 시간에도 다르지 않다. 수업을 받는 동안 선생님이 하는 이야기를 잘 못 들은 척하거나 물렁한 선생님에게는 드러내놓고 반항을 해서 선생님들, 특히 남자아이들을 대한 지 얼마 되지 않은 여자 선생님들을 힘들게 한다. 자신이 원하는 바를 선생님이 알지 못한다고 판단하는 경우, 즉 첫 단추를 잘못 끼운 경우에는 이런 성향이 더욱 강화되어 선생님의 수업 진행을 방해할 뿐만 아니라 자기 자신은 물론 다른 아이들의 배울 기회까지 빼앗아 버리곤 한다. 때문에 아들을 키우는 엄마들은 남자아이들의 반항심에 대해서 제대로 이해해야 할 필요가 있다. 그것도 부정적인 것이 아닌 긍정적으로 방향으로.

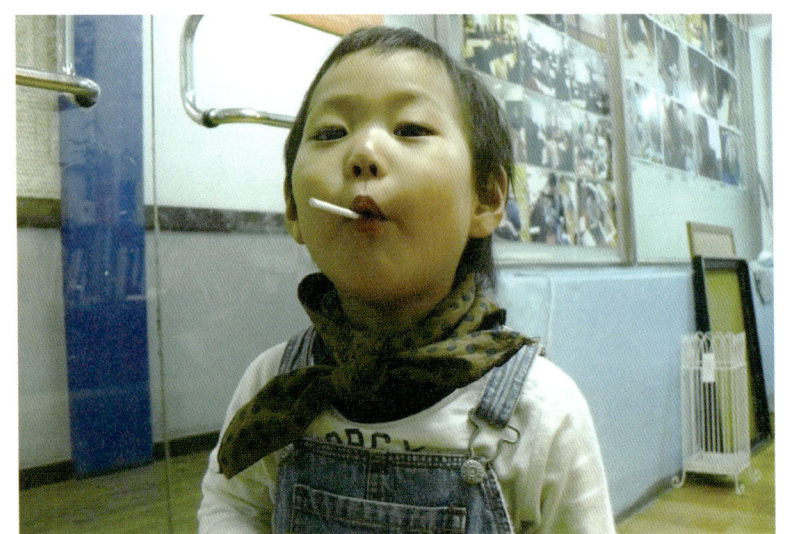

선생님의 말을 그대로 따르지 않겠다며 반항적인 포스를 풍기는 아들에게서 깜짝 놀랄 만한 아이디어가 나오는 경우도 많다.

아들의 본능적인 "싫어!"에 대처하기

그렇다면 반항심을 어떻게 긍정적으로 이해할 수 있을까. 연구소에서 수업을 진행하다 보면 선생님이 시키는 것만 그대로 좇아오는 아이들에게는 기대할 것이 별로 없다. 일단 주어진 것만 익히는 아이들에게는 창작의 여지가 없기 때문이다. 주어진 환경에 그대로 순응해 버리므로 어떤 것을 깊게 탐구하고자 하는 의욕도, 날카로운 깨달음의 여지도 없다. 반대로 선생님이 주는 힌트는 절대로 따르지 않겠다며 날카로운 눈빛을 내뿜거나 반항하는 아이들에게서는 시간이 다소 걸리더라도 깜짝 놀랄 아이디어가 나올 가능성이 농후하다. 주어지는 것들을 거부하는 심리가 당연하게도 창의력과 밀접한 관련이 있기 때문이다.

남자아이들이 자신의 관심사와 관계가 없는 것을 대할 때 보이는 일종의 '무시하는 능력'은 같은 남자인 나조차 놀랄 정도다. 일종의 본능적인 반항심 표출이다. 남자아이들은 외부에서 주입되는 자극을 모두 받아들이는 것이 아니라 자신이 선택하고 선별해서 받아들인다. 어떠한 자극을 거부한다는 것은 다른 자극을 원한다는 것이고, 이는 장시간 몰입하는 능력이나 공룡이나 자동차 등 자신이 좋아하는 주제를 끝장을 볼 때까지 좋아하는 성미와도 연결된다. 또한 주어진 환경에 순응하는 능력이 아닌 외부의 것을 그대로 받아들이지 않고 자신의 의지대로 판단하고 평가하고자 하는 욕구가 반항심으로 나타난다고도 볼 수 있다. 때문에 반항적인 기질의 아이들은 대화를 해보면 자신이 원하는 바가 확실하고 그것을 적극적으로 표출하는 아이들인 경우가 많다.

또한 반항심은 아들에게 있어 '독립 선언'과도 같다. 아이가 "싫어"라는 말을 자주 하는 이유 중 하나는 엄마의 비위를 상하게 하려는 것이 아니라 '나는 이제 엄마와 다른 사람'이라는, 엄마에게서 독립을 선언한다는 메시지를 전달하려는 것이다. 아동심리학자들은 이것을 '엄마와의 분리기'라고도 표현한다. 또 학교에 엄마가 찾아오는 것을 싫어하는 것은 엄마가 싫은 것이 아니라 엄마가 자신을 어린아이 취급하는 것이 싫은 것이고 다른 아이들이 자신을 마마보이로 오해할까 봐 싫어하는 경우가 훨씬 많다. 아이가 공공장소에서 어른에게 바락바락 대든다면 그것은 분명히 고쳐줘야 하고 혼나 마땅한 일이지만, 그런 때에도 아이의 마음 깊은 곳에 숨어 있는, 같은 어른으로 인정해달라는 욕구를 먼저 파악하는 것이 중요하다.

아들의 반항심을 제어하는 '청소 교수법'

"안 될 가능성이 크지만 네가 해보고 싶다면 한번 해봐"는 어른들의 관점에서는 조언이지만 아이에게는 조롱일 수 있다.

그렇다면 구체적으로 반항적인 남자아이들을 가르칠 때에는 어떤 방법이 효율적일까? 나는 수업의 주체를 선생님이 아닌 아이들로 바꿈으로써 수업의 활기를 찾는다. 남자아이들 반항심의 깊은 내면에는 인정받고 싶은 욕구와 스스로에 대한 과시욕 등이 잠재하고 있으므로 참견하거나 가르치려는 행위 자체만으로도 반감을 키울 수 있다. 그러므로 이런 성향의 아이들에게는 가르침과 참견은 자제한다.

만일 아이가 불가능한 도전을 한다 해도 "그건 안 될 가능성이 크지만 네가 정말 해보고 싶다면 한번 해봐"라고 조언하지 않는다. 그것은 어른들의 관점에서는 조언이지만 아이에게는 조롱이기 때문이다. 그저 옆에서 지켜보는 것이 최선이다. 그럼 어떻게 지켜봐야 할까?

이런 아이들에게 사용하는 방법이 바로 '청소 교수법'이다. 항상 지켜야 하는 간단한 규칙을 설명해주고는 "지금 말한 규칙 말고는 네 마음대로 해도 돼" 하는 한마디를 툭 던져놓고 청소를 시작한다. 내가 청소를 시작하면 아이들 눈빛이 백화점에 쇼핑 나온 엄마들 눈빛

청소 교수법은 아이의 집중도를 평균 2시간까지 끌어올린다.

과 비슷해진다. 이곳저곳 돌아다니면서 뭐가 있나 궁금해 하고 여러 가지 재료를 만져본다. 여러 가지 재료를 만져보다 두드리기도 하고 뭉쳐보기도 하면서 그 자리에 주저앉아 한참을 집중한다. 선생님이 청소를 한다는 것은 아이들 입장에서는 부담스러운 선생님의 시선에서 벗어나 있다는 신호이기 때문이다.

물론 그냥 청소만 하는 것은 아니다. 청소를 하면서 아이의 눈이 어디에 가 닿는지, 아이가 무엇을 만져보는지 매의 눈으로 체크해 가며 가장 적절한 타이밍에 아이에게 정보를 준다. 예를 들어 아이가 다른 아이가 만든 자동차를 보며 만지작거린다면 "그건 일곱 살짜리 친구가 만든 건데, 저기 있는 우드락을 잘라서 만든 거야. 만일 우드락을 사용해보고 싶다면 저기서 꺼내서 사용하면 돼" 하고 무심하게 한마디 던지는 것이다. 아이가 점토를 뭉치다 긴 뱀 모양을 만들었다면 "오~ 그건 마치 용 같은데?" 하면서 힌트를 툭 던진다.

이런 수업은 과연 어떤 효과가 있을까? 초등학교 2학년 남자아이의 평균 집중 시간이 40분이라면 이런 방식의 수업은 아이의 집중도를 평균 2시간까지 끌어올릴 수 있다. 참 신기한 일이다. 선생님이 좇아가느냐, 아이들이 좇아오느냐 하는 작은 차이가 수업의 능률을 이렇게 바꾼다. 자신의 환경을 스스로 결정하고 싶은 의지가 높은 남자아이들에게 이 차이는 아주 큰 영향력을 행사한다.

수업을 흥미진진하게 이끌고 싶다면 아이가 숨 돌릴 틈도 없이 어떡하면 작품을 하게 만들까 하는 눈으로 아이를 바라보는 일은 자제해야 한다. 조금 더 정확히 말하자면 스스로 주도하고 싶은 욕구가 원초적으로 강한 남자아이들 미술교육에서만큼은 확실히 그렇다.

그렇다면 아이를 언제 가르쳐야 할까? 아이가 "그럼 이제 어떻게 해야 하나요?"라고 질문할 때가 바로 가르칠 타이밍이다. 처음부터 하나하나 꼼꼼히 짚어 가며 자세히 가르칠수록 아이는 더욱 지루해하고 그럴수록 학습에 대한 관심은 점점 멀어지기 마련이다.

또 하나 반항적인 아이들에게 내가 사용하는 효과적인 방법은 가장 말을 안 듣는 아이를 데려다가 대장을 시키는 것이다. 아이에게 권한을 주고 수업을 그 아이가 주도하게끔 하는 것이다. 이런 상황에서 아이들의 관계는 리더와 나머지 아이들의 구도로 바뀐다. 이렇게 하면 아이들 개개인의 참여도도 올라간다. 그리고 선생님은 조력자가 된다. 불복종하는 태도의 뿌리에는 또래 아이들을 의식하는 마음이 포함되어 있기 때문에 리더로 정하는 것이 참여도를 높이는 데 큰 도움을 준다. 하지만 한 아이가 지속적으로 대장이 되어서는 안 된다. 아이들 모두가 수업을 이끌어 보고 리더가 되어서 리더의 고충을 이해하게 만드는 것이 중요하다. 한 번이라도 리더의 자리에 올라본 아이들은 생각의 폭이 넓어진다. 리더의 자리에서 내려온다 하더라도 이전처럼 막무가내로 반항하는 일은 줄어들 것이다. 남자아이들은 감정이 아닌 규범으로 다스리는 것이 훨씬 효과적이다.

아들이 반항하는 이유를 파악하라

그런데 수업 시간이 아닌 평소 생활에서 반항하는 아들을 어떻게 대해야 할까? 아들과 자주 부딪히는 문제, 아이가 반복적으로 반항하는 지점을 찾아보는 것이 중요하다. 예를 들어 우리 연구소에는 가끔 미술을 죽어라 싫어하는 아들이 걱정된다며 아이 손을 끌고 오는 엄마들이 있다. 하지만 이 아이들은 금세 미술을 가장 좋아하는 아이들로 바뀐다.

사실 대부분의 남자아이들은 미술을 싫어하는 것이 아니라 사람 그리기와 색칠하기가 싫은 것이고 그것을 통해 자신이 평가받는 것이 싫은 것이다. 이런 아이에게 그림을 그리라고 시키거나 도대체 왜 그리는 것이 싫으냐며 다그치는 일은 무의미하다. 아이 입장에서는 사람 그리기와 색칠하기가 미술의 전부로 보이기 때문에 그냥 미술이 싫다고 대답할 수밖에 없다. 하지만 아이가 왜 미술을 싫어하게 되었는지 자세히 물어보고 관찰하는 자세로 접근하면 결과는 달라진다. 아이와 대화를 통해 미술이 왜 재미없는지 물어보고, 엄마에게 아이가 처음에 미술을 어떻게 접했는지 들어보고, 좋아하는 것이 무엇인지 물어보면서 여러 가지 신기한 재료들을 주면 자연스럽게 물꼬가 터진다. 절대 그림을 그리지 않으려던 아들들 100명 중 99명이 미술을 좋아하게 될 정도로 말이다. 조금만 자세히 아이를 관찰하고 여러 가지 새로운 것들을 제시해 보면 답이 나오는데 우리는 너무 표면적인 것으로 조급하게 아이를 판단하기 때문에 문제가 생기는 것이다.

반항심을 다룰 때도 마찬가지다. 엄마나 선생님의 말에 반항하는 아들의 심리에는 항상 이유가 있다. 어떤 아이는 산만하고 상대방의 말을 무시하는 성향이 강해 정신과에서 ADHD 약물까지 처방받았는데 나중에 알고 보니 모든 것이 중이염 때문에 귀가 잘 들리지 않아 일어난 일이었던 경우도 있다. 조금만 더 아이를 관찰했다면 어땠을까? 주의할 점은 관심과 관찰은 다르다는 것이다. 아들에게 관심을 가지면서도 아들의 행동을 관찰하고 그 이유를 알아내려는 노력은 부족한 경우가 허다하다. 관심을 가지는 것보다 행동을 관찰하는 것이 반항하는 아들을 이해하는 첫걸음이다.

아이의 반항심을 감정적으로 훈육해서는 안 되는 가장 큰 이유는 아무리 화를 내더라도 아들의 행동은 바뀌지 않기 때문이다. 아들의 경우 엄마가 아무리 화를 내도 자신의 행동을 고치지 않는다. 자신의 생각과는 상관없이 표정만 보고도 엄마의 마음을 읽고 행동을 고치는 딸과는 아예 다르다. 남자아이에게 반항 심리는 자라면 수염이 나는 것만큼이나 자연스러운 것이기 때문에 아이가 반항할 때 그런 본능을 나쁜 기질로 취급하고 그렇게 선언한다면, 아이는 스스로 못된 아이라고 여겨 자존감을 상실하거나 부모와의 관계가 상당히 악화될 수 있다. 반항심은 더 큰 화로 꺾어 버릴 대상이 아니라 이해하고 잘 다뤄야 할 대상이다.

나는 수업을 구상할 때 아이들에게 무엇을 시켜서 무엇을 만들게 해야겠다 하는 식의 계획은 조금 자제하는 편이다. 다만 '이런 상황을 열어주면 어떤 반응을 보일까?' '이런 재료를 주면 어떤 반응을 보일까?' '이 아이에게서는 어떤 것을 끌어낼 수 있을까?' '이 아이는 무엇을 가지고 있을까?' 등 아이가 가진 것을 끌어내는 데 더 초점을 맞춘다.

쇼핑할 때 매장에 들어가자마자 손님 옆에 찰싹 붙어서 부담스런 눈빛을 보내는 열의에 넘치는 점원 때문에 힘들었던 경험이 있을 것이다. 아이들에게 있어 선생님은 자신들에게 항상 무언가를 가르치려 드는 점원이나 마찬가지다. 훌륭한 점원은 고객이 들어왔을 때 간단히 인사를 건네고 자신이 할 일을 찾아서 고객의 부담을 덜어준다. 마찬가지로 훌륭한 미술 선생님은 모든 아이들은 배우고자 하는 의지가 있다고 믿으며 가르칠 타이밍을 아는 사람이다.

tip 아들 상대 노하우 1
아들을 움직이는 말은 따로 있다

"선생님, 제가 남자아이 둘을 키우고 있는데 도무지 이해할 수가 없어요."

인터넷에 아들에 관해서 올린 칼럼이 신문에 나가서 그런지 아니면 몇 번의 방송 출현 덕분인지 평범한 청년이었던 나는 매일 오전마다 많은 분들의 상담 전화를 받는다. 이들 중 상당수는 아들과 전쟁을 치르는 학부모나 미술학원 선생님으로, 다짜고짜 아이의 상태나 행동을 이야기하면서 어떡해야겠냐고 묻기도 하고 비법을 알려달라고도 한다. 어렵게 전화를 주셨으니 어떻게든 진땀을 빼가며 조언을 드리기는 하는데 내가 하는 말은 항상 비슷하다.

"남자아이들은 원래 그런 성향을 갖고 있어요. 바꾸려고 하지 마시고 그 안에서 해답을 찾아보세요."

사실 아이를 직접 보지 않고는 나도 뭐라고 드릴 말씀이 없다. 모든 아이들에게 통용되는 어떤 특별한 비법이 있는 것이 아니고 아이마다 해결책은 다 다르기 때문에 쉽게 말씀드릴 수도 없다. 게다가 내가 가지고 있는 노하우는 아이를 바꾸는 방법이 아니라 아이가 가지고 있는 기질을 여실히 끌어내는 방법이다. 하지만 전화하는 많은 분들은 남자아이를 단박에 바꾸는 기적의 노하우를 기대한다. 열심히 자기와의 싸움을 통해 살을 뺀 사람에게 뭔가 그 사람만이 알고 있는 기적의 노하우가 있으리라 기대하는 것처럼.

먹는 양을 줄이고 운동을 많이 하면 살이 빠지는 것이 다이어트 기본인 것처럼 나의 노하우 또한 단순하다. 남자아이들을 바꾸려고 하지 말고 아이가 갖고 있는 기질을 제대로 발휘하도록 도와주는 마음에서 시작하라! 물론 다이어트도 외배엽·중배엽·내배엽 등 체질에 따라, 허벅지·복부 등 부위에 따라 효과적인 방법을 알고 하는 것과 모르고 하는 것의 효과가 다르듯이, 남자아이들의 기질을 끌어내는 것도 여러 사례를 접해 보아 경험으로 알고 하는 것과 무턱대고 덤비는 것은 다르다.

남자아이를 바꾸지 말고 아이들이 가진 선천적인 가능성에 집중하라는 것이 일반론이라면, 각론은 남자아이들의 성향에 따라 어떻게 가능성을 끌어낼 것인가 하는 방법론이 되겠다.

재미있는 것은 아이를 바꾸지 않고 그대로 보려고 노력하면 할수록 아이는 변한다는 사실이다. 더 솔직해지고 표현 욕구가 높아지고 열정적으로 변하고 미술시간을 너무나 좋아하게 된다. 아이를 내 식대로 가르치는 것이 아니라, 아이를 투명한 눈으로 바라보고, 아이가 가진 고유의 기질을 끌어내기 위해 노력하다 보면 아이는 선생님을 믿게 될 것이고, 그렇게 되면 차츰 미술시간을 좋아하게 될 것이며, 더 많은 시도를 하려 할 것이고, 결국 미술을 잘하는 아이로 변할 것이다.

만일 아이와 신뢰를 쌓고 싶다면, 가르치는 아이를 변화시키고 싶다면, 앞으로 내가 할 이야기에 집중해 보자.

예전에 여섯 살 난 아들을 둔 어머님이 아들이 아주 작은 일에도 짜증을 내면서 울거나 화를 내는 경향이 있다며 상담을 요청한 적이 있었다. 아이의 상태를 직접 보지 못해 자세한 상황을 알 수는 없었지만, 작은 일에도 짜증을 내거나 화를 내는 남자아이들에 대해서라면 내가 좀 안다.

남자아이들은 스스로가 마음에 들지 않을 때 쉽게 짜증을 내는 성향이 있다. 가령 작은 블록 조각이 눈에 안 띄는 경우라고 치면 '나는 이런 것도 못 찾는 머저리야!'라는 자책으로 이어져 눈물을 쏟는 아이가 있을 정도다. 별다른 이유가 없는데도 아이가 쉽게 짜증을 낸다면 자존감을 높여주는 일에 초점을 맞춰 보라. 남자아이들의 경우 자존감을 불어넣어주는 것만으로 여러 가지 문제가 간단하게 해결되기도 한다. 스스로 만족하는 남자아이는 어떤 경우에도 여유로운 태도를 지닌다.

혹시 엄마가 아무리 언성을 높여도 꿈쩍하지 않던 아들의 태도가 아빠의 귓속말에 한 방으로 해결되는 것을 본 적이 있는가? 이것은 아들의 심리를 본능적으로 알고 있는 아빠의 한 방이다. 아들의 심리를 알고, 구체적인 방법을 알고 나면 아빠가 구사하는 귓속말 한 방의 위력, 엄마도 할 수 있다.

화창한 오후, 어디선가 아이의 울음소리가 들린다. 뛰어가 보니 우리 아들이 다른 아이를 때렸나 보다. 아들은 어쩔 줄 몰라 하고 옆의 아이는 얼굴이 벌개져서 엄마만 찾고 있다. 곧 아이 엄마가 나오고 아이를 달랜다. 미안한 마음에 얼른 사과하고 아이를 데리고 와 훈계한다. 얼마 전에 본 자녀 교육서를 떠올린다. 책에는 아이를 무턱대고 혼내지 말고 반대 상황을 가정해서 공감을 끌어내라고 적혀 있었다. 엄마는 마음을 가다듬고, 아이의 눈을 마주 보며 이렇게 말한다.

"민준아, 만약에 저 아이가 우리 민준이 얼굴을 꽉 때리면 어땠을까?"

자녀 교육서대로라면 대화는 이렇게 진행될 것이다.

"너무 속상할 거 같아요."
"그렇지? 그러니까 우리 민준이도 다른 친구 때리면 안 돼."
"네, 엄마."

이렇게만 된다면 아들 키우는 일도 그다지 어렵지만은 않다. 하지만 일반적인 남자아이들의 반응은 다르다.

"저는 더 세게 때려줄 거예요!"

내가 초보 미술 선생님 시절 애를 좀 먹었던 것이 이런 식의 대화였다. 나는 분명 교본에 나와 있는 대로 이야기를 건네는데 정작 아이들의 대답은 교본과는 전혀 딴판이었다. 특히 무언가를 지시할 때는 예외 없이 애를 먹인다. 서로 얘기도 많이 했고 공감대도 많이 형성되었다 싶어 친근하게 심부름을 시켰는데도 냉정하게 거절당한다.

"성현아, 물감 쓸 건데 물 좀 떠올래?"

"싫어요."

물론 모든 남자아이들이 이렇지는 않다. 많은 수의 남자아이들은 선생님이 원하는 바람직한 행동에 대해서 잘 알고 있다. 하지만 어떤 아이는 가끔, 어떤 아이는 상습적으로, 선생님과의 대화를 어렵게 만든다.

집에서도 마찬가지다. 딸은 엄마의 "안 돼!" 소리와 표정만 보고도 엄마가 싫어하니까 하지 말아야겠다는 생각을 하지만 아들은 그것이 불가능하다. 만약 하지 말아야 할 행동을 한 아들을 목격한 당신이 눈을 크게 부릅뜨고 위협적인 목소리로 "안 돼!"라고 말한다면 아들은 이렇게 대답할 것이다.

"왜요?"

도대체 왜 이렇게 말을 안 들을까? 선생님이나 어른을 만만하게 보는 것일까? 아니면 특별히 그럴만한 이유가 있는 것일까?

아까의 상황에서 성현이에게 물을 떠오게 만들고 싶다면 어떻게 말해야 할까? 생각보다 간단하다. 시키는 느낌을 최대한 빼고 자율성을 강조하며, 능력이 있는 사람만 할 수 있는 일이라는 냄새를 풍기면 끝이다.

"이 중에서 혼자 물 떠올 수 있는 사람?"
"저요! 선생님, 저요!"

정말 이상하게도 "성현아, 물 떠 와라"라고 말하면 거절하는 아이들이 "혼자 물 떠올 수 있는 사람?"이라고 말하면 손을 번쩍번쩍 치켜들면서 앞다퉈 물을 뜨러 나간다.

왜 남자아이들은 말 한마디에 다르게 반응할까?
남자아이들에게 동기를 부여하고 싶거나 무언가를 시킬 때에는 아이가 스스로 선택하는 기분이 들도록 배려할 필요가 있다. 특히 남자아이들은 '명령'과 '자극'의 효과가 확연히 차이가 난다. "○○야 □□해~"라고 말하면 그 명령에 불복종하고 반항함으로써 자신의 남자다움과 힘을 과시하고 싶은 마음이 들지만, "이거 잘할 수 있는 사람?"이라는 질문에는 다른 경쟁자들보다 빨리 과제를 수행함으로써 자신의 능력을 보여주고 싶어 난리가 난다. 우리가 보기엔 별것 아닌 것처럼 보이는 교실 문을 누가 닫느냐 하는 일에서조차 말이다.

엄마의 심각한 표정을 보고도 '하면 안 되겠다'는 생각보다는 '엄마는 왜 저러실까' 하는 의문이 먼저 드는 것도, 국어 시간에 주인공의 감정을 읽어내는 문항에 막히는 남자아이들이 유독 많은 것도 바로 이런 이유에서다. 여성이면서도 남자아이들을 잘 다루는 선생님들을 살펴보라. 분명 남성의 언어를 구사할 수 있는 사람일 것이다.

"내가 더 잘할 수 있어요!"
경쟁심이 강한 아들

　남자아이들은 유독 경쟁을 좋아한다. 무엇을 시켜도 너무 느려 걱정인 아이가 있다면, 누가 더 빠른가 시합하자는 제안을 해보자. 아이는 눈을 번뜩이며 일어나 자세를 잡을 것이다. 나는 남자아이들과 청소를 할 때면 쓰레기 더 많이 모으기 시합을 하기도 하는데 그렇게 효과가 좋을 수가 없다. 평소에는 청소를 시켜도 죽어라 하지 않던 녀석들이 시합만 하면 쓰레기가 없는 곳에서 쓰레기를 만들어 올 정도로 열성적이 된다. 남자아이들은 왜 이렇게 경쟁을 좋아할까?

　서로 친한 여자아이 두 명에게 경쟁을 붙이면 서로를 위해 져주는 것으로 우정을 지키지만 남자아이들은 경쟁에 최선을 다하는 것으로 우정을 표현한다. 여자아이들은 이기고 지는 것과 서로에 대한 감정을 분리하지 못하지만 남자아이들은 서로에 대한 감정과 이기고 지는 것은 별개라고 인식한다. 그래서 흔히 여자아이들은 한번 싸우면 화해하기까지 감정적으로 많은 단계를 거치는 데 반해서 남자아이들은 치고 박고 싸우다가도 언제 싸웠냐는 듯 다시 어깨동무를 하며 집에 갈 수 있는 것이다. 이렇기에 부모님이나 선생님 들은 남자아이들의 경쟁심을 학습에서도 이용하려고 하지만 그리 쉬운 문제는 아니다. 경쟁적인 성향은 조금만 왜곡되어도 여러 가지 문제를 일으킬 수 있기 때문이다.

지는 게 싫은 아이, 반드시 이기고 싶은 아이

"미술 싫다고! 재미없어. 안 할 거야!"

남자아이들의 미술 콤플렉스는 여러 가지 유형으로 나타나는데 그중 하나가 과도한 경쟁심 때문에 미술을 기피하는 사례다. 이런 경우는 대부분 유치원이나 미술학원에서 또래 여자아이들과 경쟁하면서 나타난다. 경쟁심이 강한 남자아이는 미술이 재미있고 없고를 떠나 내가 이것을 다른 사람보다 잘할 수 있을까가 중요하다. 그래서 자신이 두각을 나타낼 가능성을 타진해보고서 '이길 수 없다'는 생각이 들면 손을 놓거나 재미없다는 말로 자신을 방어한다.

"선생님, 모르고 그림을 찢었어요."

내가 가르친 한 아이는 한 달 내내 단 한 장의 그림도 그리지 않더니 한 달 만에 물감놀이를 하다 엉겁결에 집을 그렸다. 반색하며 칭찬하자 아이는 누군가 볼까봐 불안해 하더니 결국 실수인 양 웃으며 종이를 찢어버렸다. 아이는 그림을 찢기 전에 "선생님, 다른 형들이 못 그렸다고 놀리지 않을까요?"라고 내게 물었다. 자신이 생각하기에 못 그린 그림을 누군가가 볼까봐 두려웠던 것이다. 남자아이들은 생각보다 자신의 치부를 드러내는 것에 민감하다. 경쟁심이 강하고 인정받고자 하는 욕구가 큰 아이일수록 더 그렇다.

과도한 경쟁심이 아이에게 해가 되는 일은 일반적으로 유치원, 학원 같은 또래 집단이 모인 곳에서 일어나지만 형이나 누나가 있는 경우에도 나타난다. 특히 남자아이들일수록 누나나 형과 경쟁하려 든다. 사이좋게 수업 받으러 온 형제들을 만나면 내가 제일 먼저 하는 일은 아이들이 서로에게 어떤 영향을 끼치는지 확인하는 것이다. 형제끼리 서로를 의식하지 않고 담담하게 자신의 작품을 해나간다면 보기 좋으련만, 대부분의 동생은 형의 작품을 의식하고 따라 하거나 이기려고 한다. 서로 경쟁하는 사이의 형제들은 물론이고, 겉보기에는 우애가 좋아 보이는 형제들도 마찬가지다. 안 그런 듯 보여도 자세히 살펴보면 동생이 자신의 생각보다는 형을 따라가려는 흔적이 보인다.

두 살 터울의 사이좋은 현진이와 현민이도 그런 경우였다. 두 살 위인 현진이는 어떤 주제도 잘 받아들이고 주어지는 활동들을 재미있어 했으나, 동생인 현민이는 금방 재미없다는 표정으로 수업을 대충 마무리하고 집중하지 못했다. 드래곤을 만들자고 하면 현진이는 그것에 집중하느라 시간이 모자랄 정도인데 반해 현민이는 금세 재미없다며 옆에 있는 재료를 만지작거리며 딴청을 피웠다. 수업이 끝난 후 조심스레 물어보니 현민이는 형인 현진이보다 더 멋진 드래곤을 만들고 싶었지만 자신이 형보다 못 만드는 것 같아 포기하고 싶다고 했다.

경쟁심이 강한 아이들은 상대방과 경쟁하느라 자신의 것을 온전히 내놓기가 힘들다. 이럴 때 해법은 서로 다른 공간에서 다른 내용으로 수업을 진행하는 것이다. 또는 나이 차이를 인지시켜 경쟁 상대를 같은 나이대의 상대로 바꿔주거나 형은 공정한 경쟁 상대가 아님을 알려주는 것만으로도 상당히 도움이 된다. 현민이는 형과 다른 수업을 다른 장소에서 함으로써 수업 태도가 상당히 좋아졌다.

경쟁심이 강한 아이의 경우 상대에 대해 부정적인 태도를 보이는 것으로 경쟁심을 표출하기도 한다. 원종이는 다른 친구들이 멋진 작품을 만들면 먼저 비난조로 시비를 거는 아이였다.

"야, 그것보다는 내가 더 잘 만들겠다."

문제는 친구를 비난하는 것만이 아니라 자신의 작품을 끝까지 완성하지 않는다는 데 있었다. 시도해보다가 조금 어렵다 싶으면 금방 그만두려고 온갖 핑계를 대는 것이다. 이러한 태도의 기저에는 스스로 잘한다는 인식이 강해서 자신을 과대평가하거나 자기가 무조건 제일 뛰어나야 한다는 강박이 있다. 그러니 막상 해봐서 쉽지 않은 경우를 마주치면 상황을 회피하거나 부정적인 태도를 보이는 것이다. 이것 역시 왜곡된 경쟁의식의 예라고 볼 수 있다. 그렇다면 남자아이들 중 유독 경쟁심이 강한 아이는 어떻게 가르쳐야 할까?

'좋은' 경쟁을 이끌어내는 법

남자아이들의 경쟁심은 나쁜 기질일까, 좋은 기질일까? 이것은 상황에 따라 다르다. 어떤 때는 경쟁심이 의욕을 꺾기도 하지만 어떤 경우에는 선의의 경쟁이 긍정적인 영향을 미치기도 한다. 많은 사람들이 경쟁을 부정적으로 바라보지만, 다른 시각으로 보면 경쟁심은 장점으로 작용할 수도 있다. 특히 어떤 가시적인 성과를 만들어낼 때, 남자아이들에게는 선의의 경쟁만 한 동기부여가 없다. 그래서 우리는 무언가를 시킬 때 종종 경쟁심을 자극하는 말을 건네기도 한다. 예를 들어 박스를 쌓아 무언가를 만드는 수업을 하려고 하는데 아이들이 잘 따라오지 않을 때는 이렇게 말한다.

"자, 용민이랑 형준이랑 오늘 팀이 되어서 박스를 천장까지 쌓아보고 뭔가를 만들어보면 어때?"
"싫어요! 저 형준이랑 팀 안 할 거예요. 그리고 박스 쌓기 재미없어요."
"오호, 그래? 오전 반 아이들은 둘이서 박스를 천장까지 쌓았는데 진짜 빨리 했어. 지금까지 최고 기록이지. 몇 분 걸렸는지 알아?"
"몇 분이요?"
"놀라지 마. 6분 만에 쌓았어."
"에이, 저희는 3분이면 쌓을걸요?"

6분은 실상 남자아이들 둘이 박스를 천장 높이까지 쌓기에 꽤 넉넉한 시간이다. 그러니 당연히 두 아이는 최고 기록을 경신할 수밖에. 자신들이 최고 기록을 올렸다는 사실만으로도 수업은 활력을 띤다.

경쟁심을 잘 이용하면 남자아이들을 가르치는 데 활력 요소가 될 수도 있고 자연스럽게 화합할 수 있는 장을 만들 수도 있다. 아이가 만약 어떤 것을 아예 거부하려 할 때는 경쟁심을 자극하여 반감을 줄일 수 있다. 다만 경쟁이란 이기는 사람이 있으면 지는 사람도 있게

용민이와 형준이는 경쟁심 자극 요법을 적용하자 이내 흥미를 가지고 수업에 따라오기 시작했다.

마련이므로 인정받고자 하는 욕구가 강한 남자아이들의 경우에는 학습 의욕이 꺾이지 않도록 주의해야 한다. 그렇다면 경쟁으로 인해서 의욕이 꺾이는 것을 어떻게 막을 수 있을까?

먼저 경쟁심을 수업에 이용할 때는 수업 구성원들 간의 경쟁을 유도하기보다 제삼자를 등장시켜 경쟁하게 하는 것이 좋다. 예를 들어 "너희들은 같은 편이니까 서로 도와서 선생님을 이겨야 해. 쉽지 않을 걸?"이라고 말하면서 선생님을 제삼자로 등장시키는 것이다. 아이들과 선생님의 경쟁 구도는 선생님이 조절할 수 있기 때문에 위험하지 않다. 물론 아슬아슬하게 져주는 센스는 필수다. 이런저런 이유로 선생님과의 경쟁은 남자아이들에게 신선한 즐거움을 준다. 하지만 경쟁심 유발이 습관이 되거나 과도한 경쟁 구도가 형성되면 오히려 수업 진행이 어려워지므로 차후에는 주제에 대한 순수한 관심과 탐구를 이끌어내는 과정이 꼭 필요하다.

건강하게 지는 법

경쟁심을 수업에 이용하다 보면 지는 것을 못 참는 아이가 울분을 터트리는 경우도 있다. 이런 아이들에게는 경쟁을 통해서 서로 잘할 수 있는 것이 다르다는 것을 인지시켜주어 건강하게 지는 방법을 알려줄 필요가 있다. 예를 들어 색칠하기를 잘하는 누나와 혼자 경쟁하느라 아등바등하는 남자아이에게 "누나는 그림 그리기를 잘하는데 현수는 만들기를 잘하는구나"라고 말해줌으로써 서로 잘하는 분야가 다르다는 것을 인지시켜주는 것이다. 그럼 아이는 금방 누나보다 그리기를 못하는 자신을 인정하고 한결 마음을 편하게 먹게 된다.

자신보다 뛰어난 형과 경쟁하는 아이에게는 아이의 나이를 인지시켜주는 방법으로 대화를 풀어나가면 건강하게 지는 방법을 가르칠 수 있다. 예를 들어, 어려운 과제를 해내기 위해 짜증까지 내면서 스스로를 시험하는 아이에게 "너 정말 여덟 살 맞아? 이건 3학년 형들도 힘들어하는 건데? 안 힘들어?" 하고 격려해주는 것이다. 이런 식의 대화는 얼핏 유치하게 들릴 수 있지만 아이에게는 상당한 위로가 된다. 형들과 이길 수 없는 경쟁을 하는 아이에게 애초부터 불리한 경쟁임을 알려주고 경쟁 상대를 자신의 수준에 맞게 바꿔줌으로써 아이 마음을 편안하게 해주는 것이다. 자신의 능력에 비해 높은 수준의 무언가를 이루기 위해 노력하는 아이에게 아이의 나이와 수준을 인지시켜주는 일은 아이를 편안하게 하는 데 큰 도움이 된다.

우당탕쿵쾅!
산만한 아들

    가까운 영어 유치원 선생님이 고민을 상담해 왔다. 학예회를 준비하는데 자신이 운영하는 반의 몇몇 남자아이들이 너무 산만하다는 것이다. 그녀가 보여준 동영상에는 노래를 하며 쉴 새 없이 다리와 몸을 움직이는 너무나 귀여운 두 명의 남자아이가 있었다. 산만해서 그런지 구석자리를 차지한 녀석들의 옆으로는 예닐곱 명의 아이들이 멋지게 율동을 따라 하고 있었다. 중간 중간 공룡 흉내도 내며 수업을 따라 하는 이 아이들이 내 눈에는 아주 자연스럽고 귀엽게 보였지만 차질 없이 성공적으로 학예회를 진행해야 하는 선생님에게는 골칫덩이였을 것이다. 나는 그 선생님께 아마 그 아이들은 똑같은 안무를 박자에 맞춰 해내는 학예회 연습에서는 골칫거리일지 몰라도 다른 부분에서는 두각을 나타낼 거라는 상투적인 이야기밖에 해줄 수가 없었다. 사실 산만한 기질의 남자아이들을 정해진 규칙에 순응하는 아이로 바꾸는 노하우는 존재하지 않는다.

산만함이란 유전 인자를 타고 태어난 남자아이들.

사냥꾼 기질이 유전자에 남아 있는 남자아이들

『알파걸들에게 주눅 든 내 아들을 지켜라』의 저자 레너드 삭스에 의하면 산만함은 인류가 생존하기 위해 반드시 필요했던 행동 양식이라고 한다. 농경사회가 시작되기 전까지 인간은 아주 오랜 시간 동안 수렵과 채집을 통해 생활하는 사냥꾼으로 살아왔다. 농경사회가 시작되고 현재에 이르기까지의 시간과 비교해서 훨씬 더 긴 시간 동안 남자들은 사냥을 해야 했다. 사냥을 할 때에는 한 자리에 가만히 있으면 맹수에게 물려 죽거나 사냥감을 놓치기 십상이다. 바스락 소리가 나면 그곳을 향해 달려가야 했고 끊임없이 몸을 움직여야만 생존할 수 있었다. 지금이야 학교에서든 집에서든 산만한 성향은 교정 대상일 따름이지만 사냥꾼 사회에서는 달랐다. 맹수들 속에서 살아남기 위해 끊임없이 움직여야 했고 사냥감의 흔적을 찾기 위해 계속해서 주변을 살펴야 했으며 매순간 빠르게 판단해야 했으므로 충동적일 필요가 있었다.

더 이상 사냥해야 할 사냥터가 없는 현대사회에서도 여전히 사냥꾼 유전자는 남자아이를 새로운 것에 도전하게 하고 모험하게 만든다. 그렇다면 사냥꾼 유전자는 이제는 아무짝에 쓸모없는 구시대의 유물일까? 아니다. 남자아이들이 가진 사냥꾼 기질은 그 자체로 특별한 재능이기도 하다.

톰 하트만은 『산만한 아이들이 세상을 바꾼다』에서 산만한 남자아이들과 보통의 아이들을 상대로 기억력 테스트를 한다. 테스트 내용은 정해진 시간 내에 카드를 암기하고 맞추는 것이다. 실험 결과 산만하다고 평가받지 않은 아이들이 산만한 아이들보다 월등하게 많은 양의 카드를 맞췄다. 당연한 결과였다. 하지만 카드 이외의 것을 맞추는 테스트, 즉 방에 붙어 있던 포스터나 책상 모양을 기억하느냐는 질문에는 산만한 아이들이 단연 우세를 보였다.

이 이야기에서 나는 산만한 아이들도 산만하지 않은 아이들과 똑같은 양의 정보를 흡수하고 있다고 보았다. 다만, 정해진 틀에서 고분고분하게 정보를 흡수하는가, 아니면 자신의 욕구에 따라 전방위적으로 자유롭게 정보를 습득하느냐의 차이가 아닐까.

선생님이 준비해준 자료에서 찾아낸 정보로 무언가를 만들어 내는 데에는 한계가 있다. 하지만 자유분방하게 습득한 정보에서 나온 조합의 결과물은 예측하기가 힘들다. 예측하기 힘들기 때문에 망치는 경우도 있지만, 더욱 새로울 가능성도 많다. 새로운 창작물의 탄생을 위해, 실패는 언제나 가치가 있다.

선생님이나 엄마가 내준 과제를 할 때는 10분도 집중하지 못하는 아이가 스스로 선택한 주제와 관심 분야를 다룰 때엔 두 시간이 넘도록 집중하는 경향을 보인다. 이 작은 차이를 이해하고 못하고가 결과적으로 하늘과 땅만큼의 차이를 만들어낸다. 실제로 ADHD 검사를 권고 받았을 정도로 산만한 아이 권혁이는 내가 진행하는 수업 시간 동안에는 두 시간이 모자랄 정도로 집중한다. 다른 공부는 10분도 집중시키기 어렵다는 엄마의 호소가 무색하리만큼 말이다. 이런 아이들의 성향을 제대로 알지 못한 채로 산만하다, ADHD다, 문제 있는 아이다 하는 식으로 단정 짓는 것은 옳지 않다. 그렇다면 산만한 남자아이들의 가능성은 어떻게 끌어내야 할까?

효과적으로 질문하라

산만한 아들이 큰 가능성을 갖고 있다고 이야기했지만 그냥 놔두면 알아서 한다는 식의 무책임한 이야기를 하는 것은 아니다. 아이를 방치하면 수업 자체가 수렁으로 빠져버리고 만다. 에너지 넘치고 산만한 아이들이 흥분한 상태를 본 적이 있는가? 그야말로 아수라장이다.

"자, 이쪽으로 와봐. 빨리 시작해야지~!"
"잠깐만요! (우당탕쿵쾅) 이야호~!"
"자꾸 건드리지 마!"
"응? 뭐라고?"

찰흙은 산만한 아이들을 집중시키는 데 효과가 있다.

"이씨! 하지 말라고!"
"얘들아, 싸우면 안 돼!"

　에너지가 넘치는 상태에서 종이를 주고 차분하게 그림을 그리도록 하는 것은 배고픈 사자를 점프시키는 것만큼이나 어려운 일이다. 나 또한 초보 교사 시절에는 산만한 아이를 차분하게 만들겠다고 흥분한 아이들에게 종이를 들이밀고 애걸복걸해본 적도 있었다. 물론 결코 추천하고 싶지 않은 방법이지만. 아이들은 본능적으로 쫓아가면 도망가려고 한다. 만다라 그리기가 산만한 아이들에게 좋다는 이야기를 듣고 만다라를 그리게도 시켜보았지만 그 효과는 아직까지 확인하지 못했다. 에너지가 넘치는 아이들로 하여금 만다라를 그리게 하는 것 자체가 갈등의 시작이기 때문이다. 시도도 하지 않으려는 아이에게 결과를 요구할 수는 없는 법이다.

그리하여 내가 찾은 방법 중 가장 효율적인 수업은 흙 재료를 이용하는 것이다. 도예가들이 쓰는 청자토나 옹기토 등은 아이들의 에너지를 빼놓기에도 안성맞춤인 재료다. 또한 흙을 만지는 행위 자체가 산만한 아이들에게 순기능을 한다. 그렇다면 흙을 이용해 무엇을 할 수 있을까. 에너지가 넘치는 아이들에게 흙이 좋다는 말만으로는 감이 잘 안 잡힐 것이다. 수업을 한다 해도 선생님이 기대하는 완벽한 몰입과는 거리가 멀 수 있다. 일반적으로 아이들은 찰흙이라는 재료를 좋아하기 때문에 어느 정도 집중시킬 수는 있다. 그렇지만 마음대로 하게 두면 중간에 열정이 꺼지거나, 무언가를 만들라는 주문에 시시하다는 표정을 짓는 경우가 대부분이다. 내가 주로 사용하는 방법이자 성공 확률이 높았던 것은 다음과 같다.

"혹시, 너 힘세니?"

에너지가 넘치는 남자아이들의 귀에는 자신에게 필요한 정보 외에는 전부 잔소리로 흘려버리는 특수한 기능이 장착되어 있다. 만일 당신 앞에 있는 아이가 남자아이고 게다가 산만하다면, 보통의 아이들보다 선생님의 이야기를 두 배는 더 흘려들을 것이다. 집중도가 2분의 1인 셈이다. 이런 아이들에게 "자, 우리는 지금부터 ○○을 할 거야" 식의 따분한 말로 수업을 시작한다면 선생님의 말을 통째로 흘려버리는 당황스러운 상황이 연출될 수 있다.

그런데 "힘세니?"라는 질문은 경험상 남자아이들에게 큰 효과를 발휘한다. 남자아이들이 가장 흘려듣기 어려운 질문이 바로 아이의 능력을 묻는 질문이다. 특히 에너지가 넘치는 남자아이라면, 100명

중 99명은 반응할 수밖에 없는 질문이다. 그러므로 시작은 이러하다.

"너 힘세니?"
"네, 그럼요. 저 힘 엄청 세요. 아빠도 가끔 저한테 져요."
"에이, 정말? 그럼 너 이거 들 수 있어?"
"당연하죠!"
"저요! 저도 들 수 있어요!"
"와, 정말 들 수 있어? 이거 무거운 거야. 조심해."

그다음으로 내가 하는 일은 아이에게 5~10킬로그램짜리 청자토를 들 수 있느냐는 질문을 하는 것이다. 만일 주어진 과제가 너무 쉽다면 아이는 시시하게 느낄 것이다. 내 경험상으로는 아이 나이에 비례한 무게가 가장 적절하다. 6세 아이라면 5~6킬로그램 정도가 적당하다. 아이들마다 개인차는 있지만 대부분 여섯 살만 되어도 6킬로그램 정도는 양손과 가슴을 이용해 충분히 들 수 있다. 이렇게 양손으로 낑낑거리며 청자토를 들어보고 나면 아이는 자연스레 찰흙이라는 재료에 집중하게 된다.

"자, 이게 뭔지 아는 사람?"
"찰흙이요~!"
"맞았어. 혹시 이거 세게 때릴 수 있는 사람?"

여기서 중요한 것은 두 가지다. 첫 번째는 아이들에게 무언가를 시킬 때는 "○○야, 이것 좀 해"라고 말하지 말고 "이거 잘할 수 있는 사람?"이라고 묻는 것이 좋다. 특히 남자아이들은 같은 내용이라도 어법에 따라 스스로 느끼는 의욕의 정도가 확연히 다르다. 첫 번째 문장은 지시하는 것이고 두 번째 문장은 능력을 확인하는 것이기 때문이다. 남자아이들은 항상 인정받기 위해 혈안이 되어 있다. 그림을 그릴 때에도, 만들기를 할 때에도, 밥을 먹을 때에도 어떡하면 내가 최고라는 것을 알릴 수 있을까 하는 생각을 끊임없이 하기 때문에 지시하는 문장보다는 능력을 보여달라는 문장에 반응할 확률이 높다.

두 번째로 알아야 할 것은 무언가를 만들기 전에 재료에 대한 탐색을 충분히 시켜야 한다는 것이다. 그래서 나는 아이들에게 점토를 주먹으로 때리는 시범을 먼저 보여준다. 신나게 주먹으로 찰흙을 두드린 후 아이를 보고 다시 묻는다.

"여기 봐, 선생님 주먹 자국 났지? 이렇게 할 수 있어?"
"당연하죠! 선생님, 봐요!"
"오, 좋아. 그럼 이건 어때? 자, 이렇게 엉덩이로 반죽하는 거야!"
"아하하하! 저도 할 수 있어요."

스토리를 만들어라

남자아이들의 특성 중 하나는 일명 '웃음 안테나'가 발달해 있다는 것이다. 산만한 아이를 몰입시킬 때나 처음 보는 아이와 어색한 관계를 깰 때, 웃음 요소를 여기저기 넣어 주는 것은 약방의 감초 역할을 한다. 예를 들어 찰흙 덩어리를 들고서는 양손으로 마구 비벼 길게 빼면서 묻는다.

"자, 이게 뭘까? 으아~ 으아~"
"뭐예요? 뱀이죠!"
"아니야."
"음…… 총?"
"아니야."
"그럼 뭐예요!"
"이건…… 선생님 똥이야."
"으하하하!"

남자아이들은 정말이지 똥이라면 싫어하는 녀석이 없다. 똥이라는 말만 들어도 얼굴이 밝아지고 코딱지라는 말만 하면 폭소를 터트린다. 왠지 선생님이 이야기하는 똥은 더 재미있나 보다.

여기까지 오면 수업까지는 아니어도 아이와 함께 호흡하는 느낌이 든다. 이쯤 되면 대부분의 아이들은 만들고 싶은 것들을 이야기하기 시작한다. 이때 아이가 "선생님! 저 ○○ 만들 수 있어요!"라고 말하면 만들도록 내버려두는 것이 좋다. 수업의 궁극적인 목표도 선생님에게 의지하지 않고 스스로 생각하며 스토리를 만들어가도록 하는 것이기 때문이다. 한데 만일 아이가 이때까지도 몰입하지 못했다면 이런 방향으로 유도해도 좋다. 좀 전까지 똥 덩어리라고 부르던 찰흙 덩어리 한 귀퉁이를 쩍 벌린 악어 입 모양으로 만든 후, 이렇게 말하는 것이다.

직접 만든 것으로만 싸워야 한다는 규칙만으로도 아이들의 몰입도가 달라진다.

"얘들아, 이건 뭘까?"

"뱀이요! 악어인가?"

"이건 괴물 뱀이야. 지금부터 이 뱀은 자기보다 약한 동물들을 닥치는 대로 잡아먹을 거야. 으아~ 나는야 무서운 괴물 뱀이다!"

여기서 대부분의 남자아이들은 괴물을 물리치려고 할 것이다. 만일 아이가 머뭇거린다면 작은 동물들을 몇 개 만들어 잡아먹는 시늉을 하자. 그리고 아이에게로 가서 외친다.

"살려주세요! 살려주세요! 도와줘~ ○○야~!"

어떤 친구는 자신의 손을 써서 직접 부수려고 할 것이고, 어떤 친구는 "잠시만요!"라고 외치고는 더 큰 괴물을 만드는 일에 전념할 것이다. 또 어떤 친구는 작은 동물이 숨을 수 있을 만한 집을 만들어 줄 것이다. 집을 만들어 주는 친구는 공격적인 남성 성향보다는 보호 본능이 강한 친구고 직접 손을 써서 괴물을 부수는 친구는 남성 특유의 공격적 에너지, 혹은 흥분도가 높은 편으로 보면 된다. 이런 에너지는 대부분 7세 정도면 조절이 가능한데, 빠르면 6세 남아들도 조절을 하기 시작한다. 아이들은 각자의 성향에 맞게 반응할 텐데 직접 손을 사용하는 친구에게만 규칙을 한 번 더 알려준다.

"여기서는 직접 만든 걸로만 싸울 수 있어. 네 손을 쓰는 것은 반칙이야."
"그럼 조금만 기다려 주세요!"

아이가 이야기를 끌고 가려는 의지를 보인다면 언제든지 스토리텔링을 그만둬도 좋다. 아마 이쯤 되면 대부분의 아이들이 이야기에 푹 빠져 있을 것이다.

언제나 예외는 있다

경빈이는 나와 1년째 만나고 있는 친구다. 지금은 굉장히 수업을 잘 따라오지만 처음 경빈이를 만났을 때를 생각하면 지금도 절로 한숨이 나온다. 웬만큼 산만한 아이들을 구워삶는 데 이골이 난 나조차도 절로 머리에 손이 갈 정도였다.

첫날은 약간 에너지가 넘친다 싶은 정도였지 수업이 힘들지는 않앉다. 어머니께서 아이가 약간 산만하다고 귀띔을 해주셨지만 전혀 걱정하지 않았다. 남자아이들 치고 산만하지 않은 녀석들이 어디 있으랴. 에너지가 넘치는 다른 녀석들처럼 찰흙으로 에너지를 뺀 후 수업을 시작해서 한 시간 반 동안 훌륭하게 해냈다. 물론, 처음부터 몰입이 잘되었던 것은 아니지만 시간이 갈수록 몰입해, 마지막에는 찰흙으로 아주 멋진 제트기를 만들어냈다. 그날 옆에서 박스로 피뢰침이 달린 집을 만들던 승훈이라는 친구와도 친해졌고 여러모로 바람직한 수업이었다.

일은 다음 주에 터졌다. 사정이 생겨 원래 제 수업이 아니라 다른 친구들과 함께하게 되었는데 이날따라 밖에서 흥분한 일이 있었는지 연구실 가운데 있는 칸막이를 제멋대로 넘나드는 것이 아닌가? 그것도 제 키보다 높은 벽을 순식간에 기어올라 넘어가는 모습에 입이 다물어지지 않았다. 안에 있는 재료를 던지고 벽을 발로 차고 찰흙을 벽에 던져가며 온 건물이 쿵, 쿵 울릴 정도로 소란을 피우는 경빈이를 결국 밖으로 데리고 나갈 수밖에 없었다.

이날은 결국 밖에서 씨름 수업을 했다. 이제 갓 초등학교 2학년이 된 아이와 씨름을 하는데 그 녀석은 오뚝이처럼 절대로 넘어지지 않았다. 연구소 앞에서 앞치마를 입고 경빈이와 바닥을 뒹굴다가 서로 눈이 마주치는 순간, 웃음이 터져 나왔다.

"하하하! 경빈아, 앞으로 잘 해보자."
"선생님, 우리 매일 씨름할 거죠?"
"그래, 너는 수업하기 전에 씨름부터 한판 해야겠다."

경빈이는 새로운 작품을 만들어 나가고 또 새로운 재료를 사용하게 되면서 점차 만들기에 빠져 들었다.
경빈이가 각종 기계들을 엮어서 자기만의 로봇을 만드는 중이다. 키보드는 로봇을 조종할 수 있도록 명령을 넣는 도구다.

정말 다행이지만, 씨름은 그날을 포함해 다섯 번도 하지 않았다. 요즘 경빈이는 그리기에 빠져 있다. 그러면서 생각보다 빠르게 어른스러워져 갔다. 어릴 적 여자 선생님들을 울리고 다녔던 전직 개구쟁이 출신 선생님과 함께한 수업 덕분인 듯하다.

아들 상대 노하우 2 **tip**
아들의 수많은 단점, 어떻게 극복할까

대부분의 엄마들은 아들이 산만하다는 이야기를 들으면 어떻게 극복할 것인지를 궁금해한다. 내가 보기에는 산만하지만 호기심이 많고 창의적인 아이인데, 엄마는 산만하지만 않으면 괜찮은 아이라며 어떻게 하면 단점을 극복할 수 있는지 묻는다. 이와 반대로 아들이 차분하면 차분한 대로 남자아이답지 못해서 걱정이라며 불만을 토로하는 엄마들도 있다. 에너지가 넘치는 아들의 경우에는 넘치는 에너지를 감당할 수 없는 것이 또 불만이다. 세상에 어떤 아이도 장점만 있는 아이는 없고, 어떤 아이도 단점만 있는 게 아닌데 엄마들은 아들의 장점보다는 단점에 초점을 맞춰서 해결책을 찾는다. 한데 진짜 문제는 단점에 대한 해결책을 찾아 헤매는 동안 아이가 가진 고유의 장점이 사라진다는 점이다.

국어	수학	영어	사회	과학
80	40	80	85	100

어느 날 아들이 이런 성적표를 가져 왔다. 어떤 이야기를 해주겠는가? 대부분 엄마들이 같은 소리를 할 것이다. "다른 것은 두고 일단 수학

아들의 성향에 따른
맞춤형 미술교육

부터 어떻게 해보자. 수학이 기초가 부족한가? 큰일이네. 뭐가 문제니?" 그다음은 유명한 수학 전문 학원을 찾아가 문제점을 진단받고 거기에 맞게 수학 점수를 올리는 데 중점을 둘 것이다. 유치원에 다니는 아들에게도 마찬가지다. 유치원에서 선생님이 "아이가 만들기나 수 개념은 좋은데, 다른 아이들에 비해 영어가 많이 느려요. 내년이면 초등학교 가는데 어쩌죠?"라고 하면 엄마는 집에 돌아가서 아들이 영어를 배우는 데 무엇을 소홀히 했는지 A부터 Z까지 검사한 후, 더 잘 가르친다고 소문난 영어 유치원에 찾아간다. 물론 미술을 배울 때도 마찬가지다.

"아들이 만들기는 좋아하고 잘하거든요. 근데 그리기는 영 소질이 없어요. 특히 색칠하기를 못하고요. 내년이면 학교 가는데 어떡해야 할까요? 다른 건 몰라도 그리기만 좀 잡아주세요."

많은 엄마들이 본능적으로 아들의 단점에 주목한다. 아들 가진 엄마들의 최고 관심사는 '어떡하면 손쉽게 아들의 단점들을 해결할 수 있을까'라고 해도 과언이 아니다. 우리는 본능적으로 균형을 맞추려고 하고 만약 균형이 맞지 않으면 불안해한다. 그리고 이 균형 전략은 일반적으로 딸에게 잘 맞는다. 하지만 아들은 못하는 것이 없을 때가 아니라, 남들보다 자신의 능력이 뛰어나다고 느낄 때 비로소 안정감을 느낀다. 그러므로 아들에게는 못하는 것을 건강하게 인정하는 법을 알려주고 잘하는 것을 더 잘하게 도와주는 불균형 전략이 필요하다. 한글을 배울 때 여자아이들은 글자 하나하나를 통으로 배우는 경향이 강하지만 남자아이들은 한글의 원리부터 깨우치려는 경향이 강하다는 것만 봐도 알 수 있다. 남자아이들은 스스로 한 가지라도 잘하는 방법을 깨우치고 이를 통해 자존감이 높아지면 다른 것들도 수월하게 배우는 편이다.

내가 남자아이들에게 미술을 가르치는 방법도 이와 비슷하다. 그리기를 못하는 아이에게 억지로 그리기를 가르치면 점점 그리기를 싫어할 뿐이다. 그래서 나는 그리기를 억지로 가르치는 대신 아이가 가장 잘할 수 있는 것을 찾아내어 그것을 극대화시킨다. 그리고 아이가 스스로 자신감을 가졌을 때 천천히 그리기를 시도해본다. 그러면 무턱대고 그리기를 시켰던 아이와 확연한 차이를 보인다. 같은 것을 배워도 순서에 따라 효과가 달라질 수 있다는 말이다.

에너지가 넘쳐 학습이 어려워 보이는 아이도 마찬가지다. 나는 아이가 충동적인 성향을 보인다면 행동력이 강한 아이라고 얘기한다. 한 자리에 가만히 있질 못하면 여러 곳을 다니며 정보를 수집하는 아이라고 말한다. 보는 사람이 정신없을 정도로 끊임없이 움직이는 아이에게는 에너지가 많고 열정적인 아이라고 말해 주고, 관심사가 생기면 그밖의 것에는 눈 돌리지 않는 아이에게는 한 가지에 몰입하는 능력이 뛰어나다고 칭찬한다. 인내심을 갖고 기다리지 못하는 아이는 의욕이 넘치고 세상에 하고 싶은 일이 많은 아이라 말하며, 정답을 알면서도 일부러 다른 답을 이야기하는 아이에게는 창의력이 넘친다고 말해준다.

우리 아들에게 부족한 것이 무엇일까 생각하며 부족함을 채우려는 순간, 모든 것이 문제로 보인다. 반대로 우리 아들이 다른 아이들보다 잘할 수 있는 것은 무엇일까를 생각하면 문제는 가능성이 된다. 어떤 문제가 고쳐야 할 성향일지 아니면 가능성일지는 온전히 그것을 바라보는 우리의 시각과 아이 스스로 갖는 자부심에 달려 있다.

"방금 뭐라고 하셨어요?"
목표 집중력이 약한 아들

"준혁아, 하던 것 마저 하고 다른 거 해야지."
"……."
"준혁아, 선생님 말 안 들려?"
"……네?"

연구소에 온 준혁이 엄마의 고민은 아이의 집중력이 낮다는 것이었다. 우리는 흔히 아이들을 두고 집중력이 높다, 혹은 낮다고 이야기하지만 정확하게 말하면 목표 집중력이 높거나 낮다고 해야 한다. 목표 집중력이 낮은 아이도 '순간 집중력'은 높을 수 있다. 순간 집중력이란 준혁이의 경우처럼 무언가에 몰두하면 다른 말들은 귀에 들리지 않을 정도로 몰입하는 능력을 말한다. 일반적으로 집중력이 낮아 고민이라는 아이들을 자세히 들여다보면 한 가지에 몰입하는 목표 집중력은 낮지만 순간 집중력은 높은 경우가 많다.

의욕은 강하지만 목표가 달성될 때까지 이를 유지하지 못하는 것을 목표 집중력이 약하다고 한다. 산만한 아들에게 나타나는 현상이고 미술을 가르칠 때 가장 방해가 되는 요소이기도 하다. 일반적으로 산만한 아들도 자신이 좋아하고 원하는 것을 할 때는 높은 집중력을 보이게 마련이지만 그런 아이들 중에서도 유독 목표 집중력이 약한 아이들이 있다. 목표 집중력이 약한 아이는 일반적인 산만한 아이처럼 원하는 주제나 재료를 준다고 해서 쉽게 몰입하지 못한다. 지속적인 관심이 더욱 요구되는 셈이다. 그러므로 산만한 아이와 목표 집중력이 약한 아이는 가르치는 방식에서도 차이를 둬야 한다.

주위 모든 것에 관심을 갖는 아이

목표 집중력이 약한 아이는 수업하는 내내 주제가 자주 바뀐다. 종이를 자르기 위해 가위를 가지러 갔다가 구슬을 발견해 구슬치기를 하고 구슬치기를 하다가 떨어트린 구슬을 찾으려고 몸을 구부린 순간 새로운 재료를 발견하면 결국 처음에 자르려고 꺼내놓은 종이는 까맣게 잊어버린다. 이런 친구들은 수업 시간 내내 시도만 할 뿐 뭐 하나 완성하는 경우가 드물다. 집이나 학교에서도 이런 문제는 고스란히 드러난다. 호기심이 너무 많아 정신이 없고 주위에 무언가 움직이기만 해도 바로 관심을 가진다. 공부에 집중하다가도 창밖으로 새가 날아가면 바로 고개를 들어 새가 날아가는 모습을 지켜본다.

목표 집중력이 약한 아이들은 남자아이들 중 유독 많은데 그 이유는 정확히 밝혀지지 않았다. 다만 사냥꾼으로 살았던 원시시대부터 살아남기 위해서 자극에 민감하게 반응해야 했던 남자들의 생존 본능을 이야기한 톰 하트만의 이론이 이를 설명해 주지 않을까.

그렇다면 목표 집중력이 약한 친구들의 장점은 뭘까. 한 가지 목적을 향해 꾸준히 나아가는 능력은 부족하지만 순간순간 새로운 것에 몰입하는 능력은 뛰어나다는 점이다. 집중력이 약하다고 표현할 수도 있지만 반면에 집중력이 너무 강해서 원래 목적이 흐트러지는 셈이라고 볼 수도 있다. 순간적으로 특정한 것에 집중하다 보니 기존의 목표를 자꾸 잊게 되는 것이다.

목표 집중력이 약한 아들에게는 일반적인 남자아이들에게 적용하는 방식을 고수하면 안 된다. 몰입도가 약한 아이에게 창의력을 키워준다면서 주도적으로 하고 싶은 것을 하라면 어려움을 느낀다. 이런 친구들에게는 집중력이 흩어지지 않도록 어려움을 느낄 만한 부분은 적당한 선에서 도와줄 필요가 있다. 어떤 사람들은 '아이 작품에는 무조건 손대지 않는 것이 원칙'이라고 말하지만 목표 집중력이 약한 아이들은 선생님의 도움이 필요하다. 오랫동안 집중해서 무언가를 성취해본 경험이 적기 때문에 목표 자체보다는 성취에 대한 욕구를 갖도록 하는 게 우선이다. 원칙보다는 아이에게 맞는 방법을 찾는 것이 먼저다. 아이들을 가르치는 데 고정불변의 원칙이란 없다.

작은 성취감을 맛보게 하라

아이가 집중을 잘할 수 있게 하려면 어떻게 해야 할까. 우선 아이가 가장 관심 있는 분야, 가장 오랫동안 집중할 수 있는 대상을 찾아내는 것부터 시작한다. 다음으로는 다른 대상으로 집중력이 흩어지지 않도록 환경을 정리해줘야 한다. 그다음엔 아이의 집중력이 이어지도록 끊임없이 신경 써주는 것이 포인트다.

희관이가 좋아하는 캐릭터인 '앵그리버드'를 선생님과 함께 입체로 제작해 보았다.

　희관이는 목표 집중력이 약한 아이였다. 첫날 진행한 성향 파악 수업에서 아이는 행복한 표정으로 연구소 곳곳에 널린 재료들을 이것저것 만져보았지만 하나에 관심을 두고 무언가를 하려고 하지는 않았다. 그래서 처음에는 여러 가지 재료들을 주고 끊임없이 주제를 바꿔가며 수업을 진행했다. 한 가지에 집중하지 못한다면 주제를 바꿔가며 진행하는 것이 바람직하다. 그런 다음 요즘 아이들 사이에서 유행하는, 희관이도 관심을 갖고 있던 '앵그리 버드'를 선생님과 함께 입체로 만들어 보았다. 아이가 조금 힘들어할 때마다 옆에서 함께해주었다. 1차 목표는 집중하는 시간을 늘리는 것이었기 때문이다. 그다음 수업에서는 짧은 시간 동안 할 수 있는 재료와 주제를 주었다. 10여 분 남짓 꼼지락거리더니 작품 하나가 완성되었다. 아이에게 또 다른 재료와 주제를 권했다. 조금씩 집중하는 시간이 길어졌다. 이런 과정이 반복되면서 희관이는 혼자서 또래 아이들 다섯 명이 들어갈 만한 큰 집을 만드는 데 성공했다. 이처럼 목표 집중력은 충분히 노력 여하에 따라 강화시킬 수 있다.

　희관이의 경우처럼 목표 집중력이 약한 아이에게는 하나의 긴 프로젝트보다 짧고 쉬운 프로젝트 여러 개를 준비해 주는 것이 도움이 된다. 간단한 프로젝트를 통해 작은 성취감을 맛보게 하고 조금씩 난이도를 높여가면서 계속해서 성취감을 느낄 수 있도록 유도하는 것이다. 경우에 따라서는 5분, 10분 안에 끝날 만한 짧은 프로젝트를 주고 아이가 완성의 기쁨을 빠르게, 여러 번 맛보게 하는 것도 좋다. 만일 프로젝트 도중 다른 쪽으로 주의가 흐트러진다고 하더라도 강제로 흐름을 끊는 것은 좋지 않다. 아이의 관심사를 따라가며 다시 수업을 이어 나가자. 다만 다른 관심사로 넘어가며 전에 하던 작품을 떠날 때에는, "우리 이건 잠시 쉬고 저거 좀 하다가 다시 마무리하자"라는 말로 작품을 완성해야 한다는 것을 인지시키도록 한다. 조금 하다가 다른 것을 하는 일이 자주 반복되면 쉽게 그만두는 습관이 생기거나 작품에 대한 애착 형성이 어려워지기 때문이다.

무엇이 되었든 아이가 집중하는 시간을 늘리는 것이 먼저다. 아이의 집중력이 다른 쪽으로 흐르는 것을 강제로 막는 일이 빈번해지면 수업의 흐름이 끊길 수 있다. 선생님이나 부모 또한 목표를 공유해야 한다. 멋진 작품을 만들어 보겠다, 다양한 재료를 탐색하도록 하겠다 등 너무 많은 목표를 아이에게 강요하면 안 된다. 아이가 지루하지 않게, 재미있게 최대한 오래 집중하도록 하는 것만 생각해야 한다.

아이에게 너무 시시하지도, 너무 어렵지도 않은 과제를 정확하게 파악해서 아이가 계속해서 집중할 수 있는 지점을 찾아 주는 것을 '스위트 포인트(sweet point)를 찾아준다'라고 한다. 너무 어려우면 좌절하여 포기할 수도 있고, 너무 쉬우면 시시하다고 포기하기 쉬워 이 포인트를 찾아 유지하는 것이 쉽지 않다. 스위트 포인트를 찾아 집중하도록 만드는 것에만 신경을 쓰다 보면 작품이 잘 안 만들어질 수도 있지만 중요한 것은 작품을 완성하는 것이 아니라 과정이다. 아이가 수업 시간 내내 얼마나 고민했는지가 목표 집중력이 약한 아들을 위한 수업의 핵심이다.

"별로 하고 싶지 않아요……"
의욕이 없는 아들

산만한 아이가 문제라지만 진짜 문제는 아무 의욕이 없는 아이다. 이런 성향의 아이는 시키는 대로 따라올지언정 자신의 목소리를 내지는 않는다. 아이를 파악하고 아이가 원하는 것이 무엇인가를 찾아야 하는데 일단 그것을 찾는 것부터가 쉽지 않은 것이다. 내 미술 교육법의 가장 기본은 '모든 아이는 배우고 싶어한다'는 것을 믿는 것인데, 이런 아이들은 실제로 배우고 싶은 욕구가 없는 상태이므로 가르치기에 앞서 배우고 싶은 의욕을 회복시키는 일부터 시작해야 한다.

그렇다면 의욕이 없는 남자아이들의 공통점은 무엇일까? 컴퓨터 게임이나 TV 중독 증상을 보인다는 것이다. 나는 의욕 없는 남자아이를 만나면 먼저 컴퓨터와 TV 접촉 정도부터 판단한다. 남자아이들은 스스로 환경을 관장하고 싶어 하는 권력의지가 강하다. 마우스를 살짝 움직이는 것만으로 모든 것이 사용자의 마음대로 움직이는 컴퓨터 게임에 남자아이들이 빠지기 쉬운 이유가 바로 이 때문이다. 새로운 자극을 요구하는 산만한 남자아이들도 TV 앞에만 가면 차분하고 조용해진다. 산만한 남자아이를 둔 엄마들이 TV 보여주기의 유혹에 빠져드는 것도 이 때문이다.

의욕 없는 아들의 독, TV와 컴퓨터 게임

그럼 TV를 많이 보거나 컴퓨터 게임을 많이 하면 어떻게 될까? 많은 엄마들이 이미 TV나 컴퓨터 게임이 아이에게 나쁘다는 것은 너무나도 잘 알고 있지만 왜 산만한 아들에게 TV를 보여 주면 안 되는지, 구체적으로 어떤 영향을 미치는지 그 이유를 자세히 알고 있는 분들은 드물다.

TV의 가장 큰 폐해는 의욕 상실이다. 앉은 자리에서 드라마 세 편 이상을 본 적이 있는가? 나 또한 가끔 스트레스를 풀기 위해 드라마를 한 번에 세 편씩 연달아 보는 경우가 있는데, 그때마다 스트레스가 풀려 활기를 띠는 것이 아니라, 더 나른해지고 멍해진다. 톰 하트만의 『산만한 아이들이 세상을 바꾼다』에 따르면 이는 코르티솔(cortisol)이라는 호르몬 때문인데 급성 스트레스를 받았을 때 나오는 이 호르몬은 TV를 볼 때에도 분비된다. 코르티솔은 아이들에게 더 치명적이다. 레너드 삭스 박사는 『알파걸에게 주눅 든 내 아들을 지켜라』에서 미시건 대학에서 실시한 한 연구 결과를 소개하고 있다. 이 내용을 보면 TV와 컴퓨터에 장시간 노출되면 측위신경핵에 손상이 올 수 있다는 것이다. 측위신경핵에 손상을 입는다는 것은 식욕이나 성욕 등 일반적인 욕구는 느낄 수 있으나 그것을 해결하기 위해 행동으로 옮기는 데 문제가 생긴다는 뜻이다. 산만한 아이들의 가장 큰 장점은 왕성한 표현 욕구와 새로운 것을 찾아내고 남들이 보지 못한 것을 찾아내는 탐구력과 창의력에 있다. 그런데 컴퓨터 게임이나 TV에 몰두하면 할수록 이런 장점은 점점 사라진다.

운동과 놀이로 활력을 되찾기

예전에 집집마다 방문해서 미술을 가르치던 시절의 이야기다. 당시 일곱 살이던 준희는 미술이 너무 재미있다며 항상 수업 시간을 손꼽아 기다리던 녀석이었다. 그런데 어느 날부터인가 힘이 쭉 빠져서는 수업 내내 의욕을 보이지 않게 되었다. '내 수업에 벌써 질렸나? 뭐가 문제지?' 당시 아이들을 가르친 지 얼마 되지 않은 초보 시절이라 내가 뭔가 잘못하고 있구나 싶어 애써 다양한 주제를 고안해내 수업을 진행했는데도 해결될 기미가 보이질 않았다.

그러던 어느 날, 보충 수업이 있어 우연히 평소와 다른 요일에 수업을 하게 되었는데 준희가 예전처럼 재미있게 수업에 참여하는 것이 아닌가? 알고 보니 준희의 의욕상실 증세는 항상 수업 전에 보는 만화영화에서 오는 것이었다. 보충 수업을 했던 날은 다행히 만화영화를 하는 날이 아니어서 팔팔한 상태에서 수업을 받을 수 있었지만, 평소에는 만화영화를 보고 난 직후에 수업을 받아 기운이 쭉 빠져 있었던 것이다. 그날 이후, 준희가 만화영화를 본 후 수업을 하는 날에는 먼저 아이와 쿵쾅거리며 몸 쓰는 놀이를 10분 정도 꼭 하곤 했다. TV로 인해 빠진 기운을 회복시키는 과정을 거쳤던 것이다. 그리고 나면 아이의 눈빛에 생기가 돌고 몸에는 다시 활력이 넘쳤다.

가끔 우리 연구소에 오는 남자아이들 중에 한없이 늘어져서 엄마 뒤를 졸졸 따라오는 녀석들이 있다. 엄마는 아들이 너무 기운이 없고 매사에 심드렁해서 미술을 통해서 뭔가 즐거운 일을 만들어주고 싶다고 이야기한다. 아이의 성향을 파악하기 위한 수업을 하면서 아이와 이야기를 나누다 보면 대부분 컴퓨터나 텔레비전에 빠져 있는 아이들

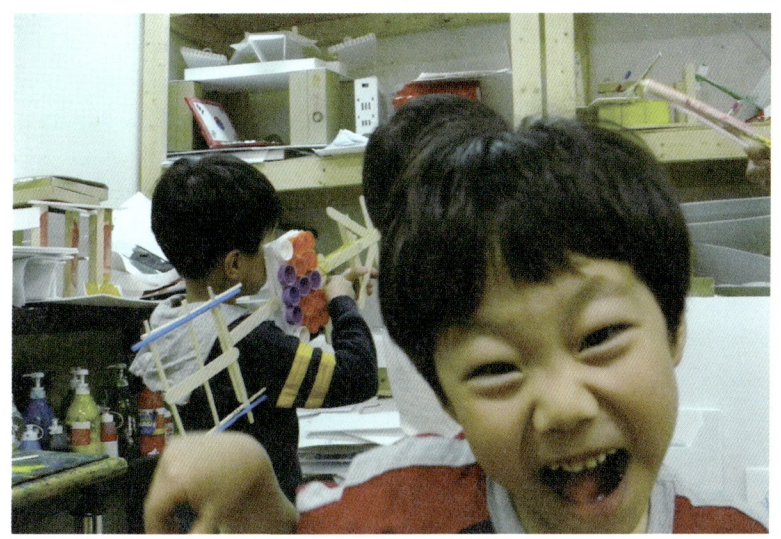

무엇을 가르치는 일만큼 중요한 것은 '아들의 본래 에너지'를 지켜주는 것이다.

이 많다. 그럴 때 나는 아이와 수업 대신 놀이를 한다. 남자아이들이 좋아하는 축구나 씨름 등 몸 쓰는 놀이를 하는 것이다. 그러면 아이의 에너지가 조금씩 돌아오는 것을 느낀다.

무엇을 가르치는 일만큼 중요한 것은 '아들의 본래 에너지'를 지켜주는 것이다. 산만한 아이가 의욕을 상실한 무기력한 아이가 되지 않도록, 적극적으로 에너지를 표출하는 아이가 아무것도 하지 않는 아이가 되지 않도록, 아이의 학습욕구를 지키는 것에서 교육은 시작된다.

"와하하! 진짜 신 나요!"
에너지가 넘치는 아들

남자아이들 중에는 기질적으로 에너지가 넘치는 아이들이 있다. 하루 종일 뛰어다녔는데도 집에 돌아와서 부산하게 이리저리 움직인다거나, 움직임이 적은 날이면 유난히 밤에 잠을 못 자는 아이들이 그런 기질의 소유자다. 에너지를 충분히 쓰고 쓰러지듯 자야 하는데 낮 동안에 에너지 발산을 충분히 하지 못한 것이다. 그런 아이는 미술에서도 기질이 고스란히 드러난다.

에너지 넘치는 아들을 만났다면?

"와! 선생님, 여기 진짜 마음대로 해도 돼요?"

첫 만남부터 연구소를 휘젓고 다니던 승준이는 보통 남자아이들 이상으로 에너지가 넘쳤다. 얼굴에는 장난기 가득한 미소를 머금고 무언가를 말할 때나 새로운 것을 발견하면 한껏 소리를 지르는데, 목소리가 얼마나 우렁찬지 밖에서 아이를 기다리는 엄마들이 깜짝 깜

에너지가 넘치는 아이들과 수업하기 전에는 찰흙을 이용해 일단 힘을 좀 빼고 시작한다.

짝 놀랄 정도다. 언젠가는 길을 가다 우연히 마주친 적이 있었는데, 얌전히 걸어가는 옆 친구에 비해 두 배 세 배 큰 동작으로 제자리에서 깡충깡충 뛰면서 걷는 모습을 보니 영락없이 손오공이 환생한 듯했다. 달리기를 너무 좋아해 수업을 하기 전 쉬는 시간에 복도 끝에서 복도 끝까지 달리기를 하고 수업을 진행해 땀을 빼지만, 선생님들은 승준이를 각별히 아낀다.

  승준이의 첫 수업은 찰흙으로 시작되었다. 원래 처음 만나는 아이들에게는 으레 종이를 주며 가장 좋아하는 것을 그려보게 하지만 승준이는 종이를 거들떠보지도 않았다. 종이보다 이리저리 널린 작품들에 더 관심이 많은 것 같아 종이 대신 넘치는 에너지를 뺄 수 있도록 15분간은 찰흙을 주먹으로 때리고 팔꿈치로 찍고 엉덩이로 깔아 뭉개며 같이 웃었다. 15분을 웃고 놀아도 힘이 빠지지 않는 것을 보니 승준이는 손오공이 분명했다.

한참을 웃고 놀다가 나는 슬그머니 찰흙으로 똥을 만들기 시작했다. 남자아이들에게 똥, 방구, 오줌 이야기는 시대를 막론하고 여전히 최고로 잘 먹히는 웃음소재이기 때문이다. 승준이의 환호를 얻어낸 후에는 슬슬 찰흙 덩어리에 괴물이라는 이름을 붙여가며 무엇인가를 만들어냈고, 선생님이 만든 괴물을 본 승준이 스스로도 무언가를 만들어내길 기대했다. 결과는 성공! 승준이는 이날 찰흙을 이용해 신나게 수업하고 싱글벙글한 표정으로 집에 돌아갔다.

몸으로 먼저 배우는 아이들

다음 주 승준이를 만나는 시간에 나는 나무조각과 톱, 망치 같은 것들을 준비했다. 흔히 나무에 대해서 배운다고 하면 나무의 이름부터 어떤 생태 습성을 가지고 어디서 자라는지, 또 어떤 공정을 거쳐 목재가 되는지를 배운다고 생각하겠지만, 내가 남자아이들에게 나무를 가르치는 방식은 나무를 만져보고 볼에 비벼보고 냄새를 맡는 것부터 시작한다. 먼저 몸으로 경험하고 배우려고 하는 남자아이들에게 이론을 알려주는 것은 관심이 생긴 후에 해도 충분하기 때문이다.

처음에는 나무를 만지고 촉감을 이야기해보게 하고 서로 두드려 소리를 내다 슬슬 망치질을 시켜본다. 서툰 손짓으로 하는 망치질이 어려워 보였으나 승준이는 꽤 끈질기게 망치질을 했다. 많은 어머니들이 망치나 톱을 위험한 물건이라 생각하고 금지하지만 사용 방법과 안전 수칙만 제대로 가르치면 에너지가 넘치는 아이들의 집중도를 올

글루건 사용법까지 익힌 승준이(왼쪽)와 승준이가 만든 작품(오른쪽).

려주는 데 이만한 도구가 없다. 작은 못을 나무에 박아 넣으려면 엄청난 집중력을 가지고 망치 끝으로 못대가리를 때려야 하는데, 일반적으로 이만큼 집중력을 요하는 일은 남자아이들에게 외면받기 십상이다. 하지만 망치질과 톱질은 남자아이들의 묘한 호기심과 성취욕을 자극한다. 이것은 대개 어른들이 하는 일이기 때문이다. 그것이 아이 스스로 끝까지 해보겠다는 오기를 만들어낸다. 망치질과 톱질만 잘 배워도 남자아이들은 자신감과 성취감을 키울 수 있고 집중하는 자세를 배울 수 있다. 그래서 나는 보통 에너지가 넘치는 남자아이들의 수업을 진행할 때에는 먼저 찰흙 수업을 진행하고 그다음에는 목재 수업을 진행한다. 만일 당신의 아이가 에너지가 너무 넘쳐난다면 다른 것은 몰라도 찰흙 수업과 못질, 톱질은 집에서라도 꼭 도전해보기를 바란다.

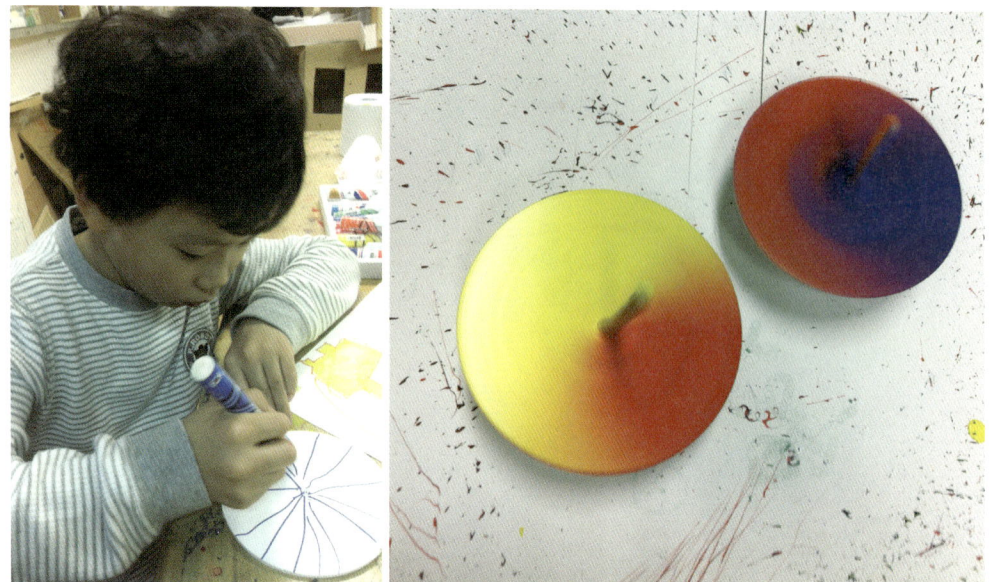

승준이가 폼보드를 잘라 직접 색을 칠해 만든 팽이.

톱질과 못질을 완벽하게 해내지는 못했지만 승준이는 나름 성취감을 느끼는 듯했다. 이내 글루건 사용법까지 배운 승준이는 만들 수 있는 작품의 폭이 훨씬 넓어졌다. 자른 목재를 붙여가며 무언가 만들어보려는 노력을 시작한 것이다. 처음에는 단순한 형태를 만드는 정도였지만 계속해서 목재를 다루는 동안 나중에는 정말로 앉을 수 있는 작은 의자를 만드는 경지에 이르렀다.

이렇게 아이를 알아가다보면 기대하지 못했던 기질을 찾아내기도 한다. 승준이는 평면에 그림을 그리는 일에는 관심이 없지만 그러면서도 채색에는 관심이 많고 나름대로 성격도 꼼꼼해서 색을 칠할 때에는 작은 빈틈도 없이 깔끔하게 칠하고자 한다. 그런 승준이가 어느 날 폼보드를 팽이 형태로 잘라 공간을 나누어 색칠하고 그것을 바닥에 돌려보았다. 돌아가는 팽이를 보며 스스로 감격한 아이가 아래층

에까지 들릴 정도로 소리를 지르는 모습은 곁에서 지켜만 봐도 흐뭇했다.

"승준아, 왜 이렇게 꼼꼼하게 칠하는 거야?"
"저는 이렇게 하는 게 좋아요!"
"승준이 힘들지 않아?"
(연구소가 떠나갈 듯한 목소리로) "네!"

"저는 이런 거 못해요"
소극적인 아들

　산만한 아들만큼이나 소극적인 아들 때문에 걱정하는 어머니들이 많다. 외향적이고 자신의 생각을 잘 표현하는 성격이 좋다 혹은 그런 아이가 성공한다는 인식 때문인 것 같다.

　"아이가 너무 소극적이고 여성스러워요. 여기는 남자아이들만 가르치는 곳이니 함께 있다 보면 남자다워지지 않을까요?"

　소극적인 아들을 둔 어머니들의 이야기다. 그러나 이런 친구들은 미술을 접하기에 앞서 남자 어른들과 친하게 지내면서 역할 모델을 만들어 주는 것이 도움이 될 수 있다. 딸에게 여성으로서 역할 모델이 필요하듯 아들에게도 마찬가지다. 그러나 아이의 성향과 맞지 않는 남성상, 즉 소극적인 아들에게 강하고 거친 것을 강요하면 스트레스를 받기 쉽다. 이런 아이들에게는 자상하거나 부드러운 면을 가진 남성상이 적합한 역할 모델일 수 있다. 아이와 너무 동떨어지지 않은 남성상을 제시해 아이가 스트레스를 받지 않고 건강한 남성상을 세울 수 있도록 도와줄 필요가 있다.

소극적인 아들에게는 자상한 남성상의 역할 모델을 제시해 주는 것이 도움이 된다.

먼저 아이의 자존감을 높여라

다만 차분한 것과 소극적인 태도는 조금 다르다. 차분하더라도 자신의 관심사나 생각을 정확하게 이야기하는 아이라면 문제될 것이 없다. 문제는 소극적인 아이의 경우 자존감이 낮을 수 있다는 것이다. 미술을 통해 아들의 소극적인 태도를 적극적으로 바꾸려고 한다면, 아이의 수행 능력과 관심사를 정확하게 파악하고 작은 성공을 통해 아이의 자존감을 높여주는 일이 우선이다.

아이들은 생각보다 민감하다. 말이 안 통하는 갓난아이도 자신을 안고 있는 사람의 기분이 좋지 않으면 울음을 터트린다. 상대방의 기분을 잘 파악하지 못하는 외향적인 남자아이들은 예외일 수 있으나, 상대방의 감정을 의식하는 예민한 성격의 내성적인 남자아이들은 아이에게서 무엇을 끌어내고자 하느냐가 수업 내용에서 변수로 작용한다. 그러므로 아이가 소극적인 이유를 먼저 알아야 한다. 소극적인 아이라고 다 같지는 않다. 소극적인 아이는 성향에 따라 크게 세 가지로 나눌 수 있다.

탐색전을 하는 소극적인 아이

첫째는 탐색전을 하는 아이다. 수업하는 환경이나 친구, 처음 만난 선생님이 낯설어 일시적으로 경계하는 경우다. 이런 경우는 처음에는 조금 힘들지만 시간이 흐를수록 좋아진다. 그렇다고 '놔두면 언젠가 알아서 잘 하겠지' 하고 방치하면 아이가 매번 첫 경험을 힘들게 인식하고 피하려고 할 수 있다.

먼저 공간에 대한 부담감을 최대한 줄여주는 것이 좋다. 이런 아이들은 처음에는 무조건 신나는 놀이로 시작해야 한다. 풍선을 불어 농구 골대에 넣는 풍선 농구나, 종이를 마음껏 찢는 수업, 칼과 총을 만들어 하는 칼싸움, 총싸움 등도 괜찮다. 아니면 아예 미술과 상관없는 야구를 하면서 같이 놀아보는 것도 좋다. 아마 놀이가 끝날 때쯤이면 아이는 입가에 미소를 씨익 띄우며 진짜 모습을 드러낼 것이다. 이런 경우는 원래 소극적인 것이 아니라 낯섦으로 인해 생기는 일시적인 소극성이기 때문에 해결하기도 어렵지 않다.

진우는 유독 자신의 관심사를 드러내거나 적극적으로 표현하려고 하지 않는 아이였다.

"진우야. 여기는 마음대로 할 수 있는 곳이야. 앞으로 한 시간 동안 진우는 하고 싶은 거 뭐든지 만들 수 있어. 진우는 좋아하는 게 뭐야?"

"음…… 모르겠어요."

"그럼 이 중에서 골라보자. 진우는 자동차가 좋아? 아니면 공룡이 좋아?"

"……자동차요."

"와~! 선생님도 자동차 엄청 좋아하는데! 진우 자동차 한번 그려볼까?"

"……못 그려요."

"그럼 아무거나 그려보자. 아무거나 상관없어."

"……"

"……진우야?"

남자아이들 교육이라면 이골이 난 나도 이런 유형의 남자아이, 즉 자신의 생각을 표현하지 않는 아이를 만나면 긴장된다. 우리는 이런 친구를 '탐색전을 하는 친구'라고 부른다. 스스로 마음 놓고 지낼 수 있는 곳이라는 생각이 들기 전까지 경계심을 풀지 않고 일종의 탐색을 하는 것이다. 그 기간 동안에는 어떤 것도 적극적으로 하지 않는다. 아이들 성향에 따라 이 기간이 한 달이 넘는 경우도 있다. 정말 한 달이 넘게 말을 안 하는 친구와 수업을 한 적이 있다. 이런 경우에는 한 시간 이상 수업을 진행해도 아이에 대해 많은 것을 알아낼 수 없기 때문에 몰입시키기가 어렵다. 아이를 알면 수업의 방향이 보인다. 그러므로 이런 경우 아이를 빨리 파악하는 것이 무엇보다 중요하다.

어떻게 하면 최대한 빨리 아이의 이야기를 끌어낼 수 있을까? 정답은 없다. 아이가 가진 마음의 부담감을 최대한 줄이고 미술이 재미있는 것이라는 점만 느끼게 하면 된다. 물론 말은 쉽다.

"여기서는 꼭 해야 하는 것은 없어. 혹시라도 그냥 놀고 싶으면 놀아도 돼."

내가 이런 아이들에게 처음 던지는 말이다. 진우와 만난 첫날, 제대로 된 대화를 나누지 못한 채 40분이 흘렀다. 자동차에 관심이 있는지 아니면 공룡에 관심이 있는지, 그리기를 좋아하는지 아니면 조형에 관심이 많은지, 온갖 질문을 다 던져봤지만 진우의 눈을 반짝이게 하는 데에는 실패했다. 첫날은 아이가 공간에 대한 부담감을 덜게 하는 것으로 만족하자고 생각할 즈음, 다른 형들이 만들어놓은 칼을 만지작거리는 진우를 발견했다.

"진우, 칼 좋아하니? 선생님이랑 칼싸움 해볼까?"

다섯 살배기 진우에게 작은 칼을 주었지만 고개를 절레절레 흔들 뿐이다. 큰 칼을 달라는 건가?

"진우, 이만한 칼이 좋아?"

이번에는 손잡이가 없는 칼을 보여주었더니 손잡이가 없어서 싫다고 하며 한쪽 구석에 있는 자기 키만 한 큰 칼을 잡는다. 진우는 또래에 비해 시각적 욕구가 강한 아이인가 보다. 나도 진우 칼만 한 번개 모양의 창을 하나 들고 진우 앞에 선다.

"진우, 선생님의 공격을 받아라!"

칼을 잡은 진우의 눈이 빛난다. 간간히 웃음도 나오고 입에서 '슈슉' 하는 의성어도 튀어나온다. 10분가량 신나게 칼싸움을 하고 나서 그다음엔 다른 형들이 만든 총을 쥐여주었다.

"이번에는 총싸움 어때?"
"총 좋아요. 두두두두!"
"으악~ 선생님을 쏘다니……"

진우 입에서 '두두두' 총 쏘는 소리가 나자 나는 죽는 시늉을 한다. 겨우 벽을 허문 느낌이다. 이 기세를 몰아 진우에게 묻는다.

"진우야, 진우가 직접 총을 만들어보는 건 어때? 여기서 만든 건 모두 집에 가져갈 수 있어."
"네, 만들어볼래요."
"자, 여기 있는 재료 중 어떤 걸 이용할까?"

아무리 말을 시키고 재미난 것들을 보여줘도 꼼짝 않던 진우가 이제는 직접 연구소를 돌아다니며 각종 나무와 폼보드 조각들을 이어서 자기 키를 훌쩍 넘는 크기의 총을 만든다. 다섯 살 아이가 만들었을 것이라고는 상상하기 힘든 크기의 총이다. 작은 총으로는 만족할 수 없다며 자신이 원하는 크기로 만든 총을 들고 있는 진우의 눈이 빛난다. 간신히 벽을 허물었다. 지금 진우의 눈빛은 좋아하는 것에 빠져 있는, 세상 어느 것과도 바꿀 수 없는, 내가 가장 사랑하는 남자아이들 특유의 눈빛이다.

자존감이 낮은 소극적인 아이

소극적인 아이의 두 번째 유형은 자존감이 낮은 아이들이다. 이런 경우는 놀이 수업만으로는 한계가 있다. 이 아이들은 마음속으로 강한 남성상을 원하지만 자기 확신이 없는 것이 문제이기 때문이다. 자존감이 낮은 아이에게는 장갑을 끼게 하고 톱질을 시켜본다. 5,6세 남자아이라도 상관없다. 거의 선생님이 도와준다고 해도 괜찮다. 그저 아이가 '어른들만 할 수 있는, 내 나이 또래에는 할 수 없는 무언가를 해냈어!'라는 마음만 갖게 하면 된다.

톱질 한 번이 얼마나 효과가 있을까 생각할 수도 있겠지만 또래 아이들이 좀체 경험해보지 못한 톱질을 할 기회가 생겼다는 것은 아이에겐 상당한 의미가 있다. 남자아이들이 모인 자리에서 높은 곳에서 뛰어내린 경험이 있는지, 혹은 자신의 몸에 얼마나 큰 상처가 있는지 물어보라. 아마 처음 보는 사람 앞에서 허벅지에 난 상처를 보여주기 위해 바지를 벗을지도 모른다. 남자아이들에게는 특수한 경험, 혹은 위험을 감수함으로써 또래 세계에서 인정받거나 자신의 남성성을 시험하려는 기질이 있다. 지름이 1센티미터 정도 되는 작은 각목이

자존감이 낮은 아들에게는 또래의 아이가 하기 힘든 일을 해낼 수 있도록 도와주는 것이 도움이 된다.

라도 좋다. 자신의 힘으로 자르고 나면 단 한 번의 경험으로도 상당한 자신감을 얻게 될 것이다. 그러고 나서 한마디 해주자.

"이야, 너 진짜 여섯 살 맞아? 네 나이 또래에서 이거 해본 녀석들은 거의 없을걸? 끝까지 해내다니, 대단한데?"

아마 아이의 콧구멍이 두 배쯤 커지고 있는 것을 발견할 것이다.

기질이 내성적인 아이

세 번째는 기질이 내성적인 아이다. 이런 친구들은 외향적으로 바꾸기가 쉽지 않다. 아이가 갖고 있는 것을 끌어내는 것이야 원인을 알고 거기에 대처하는 방법을 알면 얼마든지 가능한데, 아이에게 없는 것을 끌어내는 것은 어렵다. 솔직히 말해서 나도 방법을 모른다. 그보다는 이 질문에 먼저 대답해보자.

"왜 아이를 바꾸려 하는가?"

오늘날 한국 사회에서 내성적이라는 것은 이상하게도 일종의 뒤처짐, 혹은 고쳐야 할 성향으로 인식되고 있다. 많은 엄마들이 아이의 내성적인 성격을 일종의 미발달 상태나 고쳐야 할 성향으로 인식해서 이를 교정하려 하지만, 외향적인 아이와 내성적인 아이 중 어느 쪽이 낫고 어느 쪽이 못하다고 할 수는 없다. 내성적인 아이들은 외향적인 아이들만큼 시원하게 자기표현을 하지는 못하지만 대신 섬세하고 신중하다.

내성적인 아이에게는 그 아이만의 강점이 있고 그런 성향의 아이들만 피워낼 수 있는 거대한 꽃이 있다. 거듭 강조하지만 아이에게 없는 것을 만들어내고 갖추는 것에 집중하지 말자. 아이가 잘할 수 있는 것, 아이가 갖고 있는 것에 초점을 맞추자. 그래도 아이를 바꾸겠다면 말리진 못하겠지만 아이를 억지로 바꿔놓고 나서 생기는 나머지 문제들을 과연 책임질 수 있을까?

아들 상대 노하우 3 **tip**

남자아이를 변화시키는 주문

남자아이들을 가르치는 일은 즐겁다. 특히 의욕이 넘치는 남자아이들과 소통하고 가르치는 일은 아주 행복한 일이다. 의욕이 넘치는 녀석들은 가끔 산만하고 비학습적이라고 오해받기도 하지만 나는 항상 아이들이 배우기 위한 존재임을 믿는다. 아이들이 나를 좋아하는 이유는 내가 먼저 그들을 인정해 주기 때문이라고 생각한다. 그렇지만 남자아이들을 가르치는 일이 즐겁다고 해서 쉬운 것은 아니다. 아무리 아이들을 많이 만나도 만날 때마다 새로운 점이 발견된다. 내 경험상으로는 도저히 해결이 안 되는 녀석들도 있다. 그럴 때마다 나는 주문을 외운다.

'이 아이는 분명 잘하는 것이 있다.'
'이 아이에게는 분명 가능성의 샘이 있다.'

이 주문은 아주 식상해 보이지만 꽤 쓸모가 있다. 아무리 미술을 싫어하는 사내 녀석들을 만나도 주문을 열 번쯤 외우고 나면 결국 해결의 실마리가 풀린다. 주문대로 아이들은 누구나 잘하는 것이 있고 잘할 수 있는 것이 있다. 한쪽 분야가 좀 뒤처진다 싶으면 다른 한쪽 분야가 발달해 있다. 자폐 증상을 앓고 있는 남자아이가 미술에서 천재적인 두각을 나타냈다는 내용이나 도저히 암산으로 계산할 수 없는 어려운 문제를 컴퓨터처럼 계산해냈다는 내용의 기사를 본 적이 있지 않은가?

우리 뇌는 아주 신비해서 한쪽 부위를 사용하지 않으면 그만큼 다른 부위가 발달한다. 이를 뇌의 보상작용이라고도 한다. 선천적으로 남자들은 뇌와 뇌 사이를 잇는 뇌량이 좁아 한 번에 여러 가지를 수행하는 능력은 낮지만, 한 가지에 집중하면 몰입도가 상당하다. 매일 숙제를 까먹고 알림장도 안 챙기고 하나부터 열까지 챙겨줘야 하는 못난 아들에게도 한번 물꼬를 터주면 쏟아지는 재능의 샘이 있다. 일종의 서번트 신드롬(Savant syndrome)이다. 지금까지 내 경험으로 이 이론이 빗나간 적이 없다. 다만 그것이 어른들이 원하는 바람직한 모습이 아닐 수는 있다.

예를 들어 「포켓몬스터」같이 어른들 눈에 비학습적으로 보이는 대상에 집중하고 탐구하는 아들을 볼 때 마음이 편할 수만은 없을 것이다. 하지만 어른들이 원하는 바람직한 모습만이 좋은 것은 아니다. 「포켓몬스터」에 나오는 다양한 캐릭터의 이름을 외우는 것도 불·물·식물 등 물질의 속성을 이해하고 탐구하는 방법을 배우는 데 도움이 된다. 또 어떤 아이는 그리기를 싫어하면서도 포켓몬스터 그리기만큼은 예외로 좋아한다. 여기서 착안해 처음에 포켓몬스터를 그리게 해주면 나중에는 상어, 독수리 등 여러 가지 동물 그리기로 넘어갈 수도 있다.

어떤 남자아이는 말도 잘 못하면서 발음하기도 힘든 공룡 이름을 줄줄 외운다. 숫자 공부는 싫어하면서 공룡의 특성과 키, 무게 외우기는 곧잘 한다. 또 어떤 아이는 지나가는 차 종류를 전부 다 줄줄 읊는다. 주위에 이런 남자아이 한 명쯤은 본 적이 있을 것이다. 사실 주위에서 흔히 볼 수 있는 평범한 아이들이다. 하지만 무언가 한 가지에 빠져 다른 책은

읽지도 않고 다른 공부는 등한시하는 아들을 보면 엄마들은 걱정이 앞선다. 그것 때문에 배워야 할 것들을 못 배우는 것 같고 뒤처지는 것 같아 조급하다.

한데 이러면 과연 뒤처지는 것일까?

아이가 공룡에만 빠져 있다는 것은 다른 공부를 등한시하는 것이 아니라 몰입 능력과 탐구력이 뛰어난 것일 수 있다. 골고루 배우는 것보다 한 가지만 파고드는 성향을 꼭 좋다고 말할 수는 없지만 그렇다고 나쁘다고만 볼 수도 없다. 좋은 교육은 아이가 가진 고유의 성향에 최적화된 것이라 할 수 있다.

우리는 아이와 눈을 마주치고 교감해야 좋은 것이라 생각하지만 남자아이들은 엄마와 눈을 오랫동안 맞추지 못하고 시선이 쉽게 주위로 분산된다. 아이가 엄마 눈을 잘 마주 보지 못하면 엄마 입장에서 갑갑할 수 있지만, 이것은 남자아이들의 자연스러운 행동이다. 또 여자아이들은 자신이 못하는 과목을 더 잘하려고 노력하고 골고루 배우려고 하는 등 어른들이 보기에 아주 바람직한 학습 태도를 보이지만, 남자아이들은 자신이 못하는 것은 감추려 하고 자신이 잘할 수 있는 것만을 깊게 파고드는 성향이 있다. 이런 이유로 남자아이들이 재미있어 하는 그 무언가는 여자아이들이 배우려고 하는 것들보다 훨씬 폭이 좁고 다양하지 못하다. 때문에 우리는 흔히 남자아이들을 산만하고 학업에 문제 있는 아이로 오해하는 경우가 많다.

남자아이들이 배우는 방식을 자세히 보면, 자신이 좋아하는 주제와 밀접하고 스스로 선택한 것일수록 강하게 동기부여가 된다. 그리고 잘하던 것도 강요를 받거나 기대를 받게 되면 부담스러워 한다. 남자아이들은 선천적으로 강요받기를 정말 진절머리 나도록 싫어한다. 나에게 남자아이들 교육은 재미있는 놀이고 즐거운 일이다. 하지만 세상에는 나같이 남자아이들을 가르치는 일을 좋아하는 사람만큼 어려워하는 사람들도 많다. 그리고 이런 차이는 아주 작고 사소한 것에서 생긴다. 바로 남자아이들이 배우기 위해 존재한다는 것에 대한 의심을 버려야 한다는 것이다. 장담하건데 그 어떤 말썽꾸러기 남자아이들도 뭐든 배우고 싶어한다. 남자아이들과 늘 전쟁을 치르거나 사이가 원만하지 못한 엄마, 혹은 선생님이라면 아이가 혹시라도 배우지 않을까봐 아이를 닦달하고 있지는 않은지 돌이켜보자.

"어…… 아직 다 못 했는데요"
너무 굼뜬 아들

　남자아이들은 매번 늦는다. 야무진 딸과는 비교할 수 없을 정도로 느리다. 아침밥을 느릿느릿 먹어 유치원이나 학교에 늦는 일이 다반사고 제시간에 끝내지 못해 집으로 과제를 들고 오는 경우가 잦다. 미술 시간에도 다르지 않다. 그림을 그리라고 하면 생각하는 시간이 너무 길어 시작이 늦고, 선 하나 그으면서도 옆 친구가 하는 일에 사사건건 참견하거나, 한 시간 수업 중에도 그림 그리는 데는 겨우 5분만 쓰고 나머지 55분 동안은 마치 닌자처럼 돌아다니며 논다. 적당한 시간을 써서 적당히 배우는 법이 없다. 빠르지 않아도 될 순간에는 빠르고 정작 급한 순간에는 굼벵이가 되니 엄마의 잔소리를 등 뒤에 달고 살기 일쑤다.

　어렸을 적, 나도 굼뜬 남자아이 중에 하나였다. 얼마나 행동이 느린지 거북이나 아기 코끼리라는 별명이 붙었을 정도였다. 숙제를 할라치면 책가방에서 공책과 교과서와 필통을 꺼내 공부할 준비를 마치는 데에만 5분이 걸렸다. 지우개를 꺼내다 떨어트리면 땅바닥에 엎드려 찾고, 찾다 보면 예전에 잃어버렸던 샤프가 서랍장 아래에 보인다. 언젠가 집에서 600~700미터가량 떨어져 있는 학교까지 등교하는 데

한 시간이 걸린 적도 있다. 친구와 함께 그날의 준비물인 두꺼운 도화지를 문방구에서 사서 팔에 끼우고 로봇 흉내를 내며 천천히 걸어가다 보니 주위에 아무도 없었다. 준비물 때문에 한 시간이나 집에서 일찍 나왔는데도 결국 나는 그날 지각을 했다.

완벽을 추구해서 느린 아이

어느 날 어머님 한 분이 초등학교 3학년인 아들을 데리고 찾아오셨다. 어머님의 걱정은 아이가 다 잘 하는데 손이 너무 느려 미술 시간에 작품을 완성시키지 못한다는 것이었다. 아이는 지나치게 완벽주의적인 성향을 갖고 있었다. 완벽주의 성향이 있는 아이들은 결과물뿐 아니라 각각의 과정에 있어서도 지나치게 완벽을 추구하기 때문에 시간 분배가 어려워 작품을 완성시키지 못하는 경우가 잦다. 이 경우에는 작품을 '완성하는 과정'을 가르쳐야 한다. 그렇다면 어떻게 그 과정을 가르칠 수 있을까.

가장 쉽고 효과적인 방법은 정해진 시간 안에 빠르게 그려야 하는 크로키를 시키는 것이다. 처음에는 5분의 시간을 주고 앞에 있는 사물이나 친구를 그리게 한다. 그리고 점차 1분씩 줄여가며 더 짧은 시간 안에 그림을 그리게 한다. 물론 삐뚤빼뚤, 제대로 된 그림이 나올 리가 없다. 하지만 크로키를 통해서 배워야 할 것은 잘 그리는 것이 아니라 전체적으로 균형을 맞춰 가며 완성하는 법이다. 미술뿐만 아니라 어떤 일도 한 번에 한 부분씩 완성해가는 방법으로는 속도를 조절하기가 어렵다.

처음 5분의 시간을 주면 아이는 다리를 그렸다가 지우고 또 얼굴도 그렸다가 지우고 다시 그리는 등 대개 그림을 완성하지 못한다. 그러다 시간을 점점 줄이면 아이는 어떻게든 완성하는 방법으로 전술을 바꾼다. 먼저 실루엣을 그리고 그 안의 것들을 하나씩 그려나가는 것이다. 지우개를 사용하지 않고 최대한 빨리 그려내는 방법을 배우고 나면 다른 작품을 할 때에도, 혹은 다른 일을 할 때에도 일을 전체적이고 빠르고 효율적으로 마무리하는 방법을 익힐 수 있다.

손이 느린 친구들은 대부분 완벽주의적인 성향을 갖고 있는 경우가 많다. 너무 신중해서 함부로 진행한다는 것에 대한 거부감이 있는 것이다. 그런 경우에는 억지로라도 무언가를 빠르게 진행한 후에 다시 천천히 다듬을 수 있다는 것을 알려주는 것이 좋다. 처음엔 어려워 하겠지만 아이는 금방 배운다. 그리고 그 편이 더 정확하게 그려진다는 것까지 알려주면 금상첨화다.

느린 것 또한 어떤 관점으로 보느냐에 따라 엄청난 장점이 되기도 한다. 여유가 있어 일을 그르치지 않을 수 있으니 성격이 급한 것보다 나을 수 있다.

순간 집중력이 강해서 느린 아이

또 다른 경우는 순간 집중력이 강해서 한 가지에 집중하느라 전체적인 시간 분배가 어려운 유형이 있다. 시간관념이 모호하거나 매번 늦는 남자아이들을 자세히 살펴봐도 평소 집중하는 습관과 연계되어 있음을 알 수 있다. 이 아이들의 경우에는 시험을 보다가 어려운 문제가 나오면 이에 집중하느라 다른 문제들을 풀지 못하는 경우도 많고 공부를 하다가 벽지의 무늬나 책상의 얼룩에 정신이 팔리는 경우도 잦다. 재미있는 사실은 아무리 느리다고 정평이 난 아이들도 엄청나게 빠른 것은 꼭 하나씩 있다는 사실이다. 이 아이들의 경우는 순간 집중력을 목표 집중력으로 전환시켜줄 필요가 있다. 앞서 목표 집중력이 약한 아이의 경우와 같은 유형이기 때문이다.

또한 자기 주도 성향이 강해서 자신의 관심사가 아닌 경우 집중이 잘 안 되는 유형의 아이들도 굼뜬 아들로 생각되기 쉽다. 이러한 아이들의 경우에도 아이의 관심사를 통해서 먼저 집중하는 방법과 습관을 형성하고 주제를 확장해가는 것이 필요하다.

"선생님, 다 했는데요?"
너무 빨리 하는 아들

　느린 아이들에 비해 너무 빨라서 문제가 되는 아이들도 있다. 시작한 지 5분도 안 돼서 엄청난 속도로 후다닥 끝내버리는 아이. 물론 해놓은 결과물을 보면 개판이다. 이렇게 그림을 지나치게 빨리 그리는 아이들은 크게 두 가지 유형으로 구분할 수 있다. 하나는 머릿속에서 쏟아져 나오는 이야기를 그림에 담느라 빨리 그리는 경우, 또 하나는 그림이 재미없어서 빨리 그리는 경우다.

할 이야기가 넘쳐나서 빠른 아이

　전자의 경우는 그림은 대충 그리는 듯하지만 스토리가 끝날 때까지 방대한 양의 이야기가 쉼 없이 흘러나온다. 이런 경우는 빠르다고 해서 딱히 문제 성향이라고 보기 어렵다. 대개 책을 좋아하거나 이야기를 꾸며내는 능력이 좋은 아이들이 이런 성향을 보이며, 이런 아이들의 머릿속에서는 한 가지 그림을 주제로 수만 가지 생각과 동작들이 애니메이션처럼 펼쳐진다. 또 사람을 '졸라맨'으로 그리는 등 대상을 간소화해서 그리는 특성이 있는데 사람 그리기에 자신이 없어서라기보다는 자신의 머릿속에서 이뤄지는 스토리 전개 속도에 비해 손이 못 따라가기 때문에 간략하고 상징적인 그림을 그리는 것이다. 3장에서 살펴볼 '그림을 작게 그리는 아이'와도 겹치는 성향이다. 이런 경우에는 알아볼 수 없는 그림을 그린다고 해도 공감해주고, 이야기가 끊어지지 않도록 간간히 이야기에 맞는 질문을 던져주면 좋다. 만일 이 능력을 조금 더 좋은 작품으로 승화시키고자 한다면 종이를 책 모양으로 엮어서 아이가 이야기를 담아낼 수 있도록 도와주면 더할 나위 없다. 처음에는 남의 눈에 상관없이 그림을 그리던 아이도 그림을 책으로 묶어주면 남들도 알아볼 수 있도록 그림을 수정하려 할 것이다.

재미가 없어서 빨리 해치우려는 아이

문제는 그림이 재미없어서 빨리 끝내는 경우다. 진득하게 앉아서 꼼꼼하게 음미하면서 그리면 좋으련만 뭐가 그리 바쁜지 쓱싹쓱싹 대충 그린 그림으로 종이를 메우고는 다 했다고 말한다. 이 아이들은 입에 "선생님, 다 했는데요?"를 달고 다닌다. "음, 여기를 좀 더 다듬어보면 어떨까?" "여기는 공간이 좀 비어 있는데 뭘 그려볼까?"라는 말로 '조금 더'를 이야기해도 그때뿐이다. 말하는 족족 엄청난 스피드로 그려버린 후 또다시 "다 했는데요"를 내뱉는다. 이런 남자아이들에게 미술은 최대한 빨리 끝마쳐야 하는 미션이다. 그림 그리기보다는 옆에 있는 친구와 노는 것이 목적이니 가능한 빨리 끝내려고 할 밖에.

미술이 재미없어 빨리 끝내는 아이들에게는 어떻게 해야 할까. 미

남자아이들이 자주 하는 "다 그렸는데요"라는 말의 반복은 "이거 좀 시시한데?"라는 메시지와 같다.

술 시간을 즐기도록 만드는 것부터 시작해야 한다. 미술은 즐기는 법을 먼저 배우지 않고는 도무지 배울 수 없는 학문이다. 재미없어 하는 아이에게 "너무 빨리 그렸잖아! 조금 더 천천히 신중하게 그려봐"라고 지시한다 해도 아이는 그저 '아차차, 조금 더 시간을 끌어야 되는구나' 하고 생각할 뿐이다. 이것은 자신의 관심사를 제외하고는 모든 것을 철저히 차단하는 남자아이들 특유의 성향과도 관련이 있다. 그래서 남아미술연구소에서는 먼저 아이의 성향을 파악하고 아이가 잘하는 것, 아이의 관심사 등을 파악해 그것을 미술로 연결 짓는 방법을 쓴다. 아이를 관찰하고 아이의 관심사를 찾아 그에 맞게 작업을 이끌어 가면 재미없다는 표정으로 대충 끝내버리는 녀석들은 없다. 때문에 나는 남자아이들의 "다 그렸는데요?"라는 말을 "이거 좀 시시한데?"라는 메시지로 생각한다.

재미를 느끼게 하는 것이 출발점

아이의 관심사를 끌어내는 데 성공해도 집중력이 흐트러지는 순간은 계속해서 온다. 이런 경우 "또 집중 안 하네? 우리 조금만 더 집중해보자"라는 말을 나는 하지 않는다. 이런 말을 들은 아이들이 고개를 들어 시계를 보고는 "아싸! 이제 15분 남았다"라고 작게 외친다는 것을 잘 알기 때문이다. 무엇을 배우든 그것이 인내의 시간이 되어서는 안 된다. 그래서 나는 조금만 더 집중해보자는 말 대신, "자, 집중이 안 되면 조금 놀면서 해도 돼. 미술은 원래 너희들 마음대로 하는 거야. 단, 시간은 이제 딱 15분 남았어. 15분 동안 이 안에 있는 재료 마음대로 쓰고 다 만든 것은 가져 가"라고 말한다. 참아야 할 시간이 아니라, 맛있게 즐겨야 하는 시간이라고 은연중에 돌려 말하는 것이다. 이런 말을 들으면 아이들은 어떻게 반응할까. 고개를 들어 시계를 보고는 "아~ 벌써요? 선생님, 조금만 시간 더 주세요"라고 외친다. 이때 나의 대답은 이렇다. "글쎄, 너희들 하는 거 봐서 조금 더 줄게."

미술 시간에 집중하게 만드는 일은 이 시간이 재미있는 시간이라고 생각하게 하는 것부터 출발한다. 내가 아이들을 처음 가르쳤을 때 저질렀던 가장 큰 실수 중 하나는 입시미술 학원에서 미술을 가르치듯, 미술은 원래 어렵고 힘든 과정을 거쳐야 한다는 것을 먼저 알려주었다는 것이다. 미술 시간을 헛되이 보내기 아까운 시간으로 만들어보자. 시간을 아이들 것으로 만들어주는 마법의 말을 사용해보자. 미술을 즐길 줄 아는 아이들은 절대로 아무렇게나 빨리 그리지 않는다.

"순서를 지켜야 해요"
규칙적인 것을 좋아하는 아들

"오늘은 아파트 정문으로 가면 안 될까?"
"안 돼, 뒷문으로 라디오 들으면서 갈 거야."

혹시 아이가 규칙 속에서 안정을 느끼는가? 시작과 끝이 분명해야 하고 감정을 표현하는 일에 서투르며, 집에 갈 때도 늘 같은 길, 같은 방법으로 흐트러짐 없이 가기를 원하는가?

감정 처리 능력이 여자아이들에 비해 일곱 배가량 느리고 대신 논리지능이 발달한 것은 남자아이들의 전형적인 특징이긴 하지만 이렇게 규칙적인 것에 집착하는 남자아이는 그렇게 흔하지 않다. 이런 아이들의 경우 수학에 강점을 보일 가능성이 높다.

이런 유형의 아이들은 수학 선생님의 관점에서는 훌륭하지만, 미술 전문가의 관점으로 볼 때는 남자아이들 중에서도 가장 가르치기 어려운 유형에 속한다. 나는 규칙과 틀을 버려야 자유로운 미술의 참맛을 알 수 있다고 생각하는 편인데 이런 녀석들에게 함부로 규칙과 틀을 버리게 했다간 미술 자체에 대한 흥미를 잃기 쉽다. 그렇다면 규칙적인 것을 좋아하는 남자아이들에게는 어떻게 접근해야 할까.

규칙을 잘 지키는 아이들의 평균적인(예외는 있다는 얘기다) 특성을 보자면 추상적인 감정 표현에 약하고 논리나 숫자 개념에 강한 경우가 많다. 그림을 그릴 때에도 자신의 생각을 그리기보다는 정형화된 개념을 그리는 경우가 많고, 종이를 주면 그림보다는 숫자나 문자를 쓰는 경우가 많다. 처음과 끝이 명확해야 편안함을 느끼고 손이나 옷에 뭔가 묻는 것을 못 참기도 한다.

규칙이 있어야 편안함을 느끼는 친구들에게 색에 대한 감정을 묻거나 아무 제약 없이 마음껏 놀라고 하는 것은 어렵고 힘든 주문일 수 있다. 그렇다면 이런 아이들에게는 어떤 수업이 좋을까.

눈높이 수업 1 – 패턴 만들기

효과적인 수업의 첫 단계는 아이의 성향, 그 눈높이에서 출발해야 한다는 것이다. 아들이 규칙을 벗어나는 것을 싫어한다면 규칙을 벗어나지 않아도 되는 규칙적인 수업을 하면 된다.

집에서도 할 수 있는 것으로는 패턴 만들기가 좋다. 패턴이란 불규칙한 선, 면들이 연속성을 띠며 규칙적으로 나타나는 것을 말하며, 규칙을 따라가다 보면 자신도 의도하지 않은 새로운 시각적인 자극이 생기는 오묘한 수업이다. 물론 어른들의 눈으로 보면 너무나도 당연한 개념이지만 자유롭게 그림 그리기가 어려운 남자아이들에게는 신선한 자극이 될 수 있다.

규칙을 좋아하는 아이에게 처음 패턴을 접하게 할 때는 어려운 설명보다는 이해하기 쉬운 규칙만 제시하는 것이 좋다. 예를 들어 종이에 바둑판 모양의 선을 그린 후 그림과 그림이 서로 닿지 않게 한 칸씩 떨어뜨려 그려야 한다는 식의 규칙만 정해주면 아이는 부담 없이 그림을 그리기 시작할 것이다. 처음에는 부담 가지 않도록 바둑판을 작게 해주는 것이 좋으며(점차적으로 크기를 키운다) 색깔 있는 점을 돌아가면서 찍는 것으로 시작해서 그다음에는 동그라미, 세모, 네모 등의 아주 기초적인 도형을 가지고 반복적으로 표현하게 하면서 단계를 끌어올리면 된다. 만약 도형을 어려워 한다면 숫자나 문자를 이용해 패턴을 만들어보는 것도 좋다.

여기까지 아이의 흥미를 끄는 데 성공했다면 패턴이 다 만들어진 후 뒷면에 도형이나 간단한 그림을 그려서 그 모양대로 잘라보게 한다. 그다음으로는 다른 종이를 펼쳐놓고 잘라낸 패턴들을 마음대로 이어붙이게 한 후 직관적으로 느낀 것들을 이야기하도록 한다.

눈높이 수업 2 – 미로 만들기

패턴 수업에 흥미를 보이면 다음은 조금 난이도를 높여 미로 수업을 시작해본다. 아이에게 간단한 평면 미로를 만들어 길을 찾게 해보고 점점 난이도를 높여 어려운 모양의 미로를 만들어 제시하면서 미로 찾기 게임을 진행한다. 규칙에 익숙하고 논리에 강한 남자아이들에게는 퀴즈 형식의 문제를 내고 맞히게 하는 게임이야말로 가장 흥미진진한 놀이이기 때문이다.

그다음엔 미로 모양을 만들어보는 것에 도전해보도록 한다. 마지막으로는 폼보드와 우드락을 이용해 입체 미로를 만들어보게 한

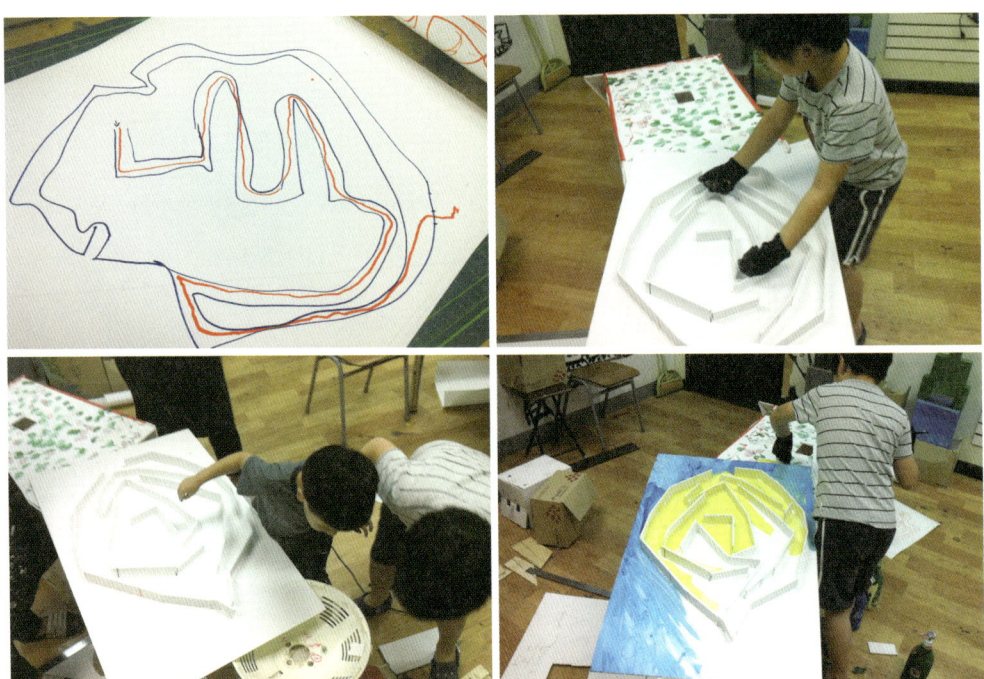

윤재와 나는 서로 미로 문제를 주고받다가 실제로 미로를 만들기 시작했다. 미로를 입체로 만들어 안에 구슬을 넣고 흔들면서 길을 찾아가는 게임이 흥미진진하다. 만들어진 판에 구슬을 넣고 판을 이리저리 움직이면서 미로를 찾아갈 수 있게끔 도와주는 것도 좋다.

아들 상대 노하우 4 **tip**

아들은 끊임없이 "왜요?"라고 묻는다

아들은 별 게 다 궁금하다. 엄마가 화났을 때는 엄마의 기분이 좋지 않다는 이유만으로 얌전히 있어야겠다고 생각하는 딸과 달리 왜 화나셨을까 하고 이유를 먼저 궁금해하는 것이 남자아이들이다. 한글을 배울 때에도 그냥 가르쳐 주는 대로 외우는 것이 아니라 어떻게 글자가 만들어지는지 원리를 먼저 배우려고 하고, 하다못해 횡단보도에서 왜 빨간불이 아니라 파란불에 건너야 하는지도 궁금해한다. 감성과 공감 능력 대신 원리와 논리에 강한 뇌를 가졌기 때문이다. 이 외에도 남자아이들은 궁금한 것투성이다. "왜 저 사람은 저런 일을 해?"라고 모르는 사람 면전에서 실례되는 질문을 해서 엄마를 당황하게 만들기도 하고 은행에 있는 분쇄기를 보고 왜 종이를 잡아먹느냐는 질문을 해 웃음보가 터지게도 한다. 심지어 나는 어렸을 때 가게 이름까지도 궁금해했다.

"엄마, 왜 저 슈퍼 이름이 대영 슈퍼야?"
"······너는 왜 민준이니?"
"······!?!?!?"

남자아이들이 무언가를 배울 수 있는 가장 좋은 시기가 바로 이때다. 만약 당신의 아들이 왜라는 질문을 부쩍 많이 하기 시작했다면 배우고 싶은 욕구가 폭발적으로 증가하고 있다고 봐도 무관하다. 이 시기의 남자아이들은 정말 뭐든지 궁금해하고 배우고 싶어한다. 본능적으로 원인과 결과의 상관관계를 증명해내려고 한다. 많은 엄마들이 아무리 귀찮아도 아이를 위해 아들의 물음에 뭐든지 시시콜콜 답변해주려고 노력하지만 실제로는 그것이 아들의 호기심과 탐구하고자 하는 욕구를 단절시키기도 한다. 예를 들면 이런 식이다.

"엄마, 고모 언제 와?"
"응, 열 밤은 더 자야 올 수 있대."

여기서 호기심이 강한 아들은 한마디를 더 덧붙인다. 열 밤 자고 오는데 무슨 이유가 있겠냐만은 그것이 아들은 궁금하다.

"왜? 왜 열 밤 자고 와야 돼?"
"고모가 있는 곳은 미국이라 너무 멀어서."
"미국이 어딘데?"

이쯤 되면 슬슬 짜증이 밀려온다.

"저~어기 아주 먼 데야. 바다보다 더~ 멀어."
"바다보다 더 멀어?"

이 정도까지 상대해줬다면 훌륭한 엄마다. 아들의 질문에 사사건건 대답해주는 것만 해도 목이 쉴 정도일 텐데 인내심을 갖고 끝까지 상대해주는 마음이 멋지다. 하지만 아들의 탐구력을 제대로 키워 주는 방법은 아니다.

자, 이 대화에서 마지막 부분만 바꿔보자.

"엄마, 고모 언제 와?"
"응, 열 밤은 더 자야 올 수 있대."
"왜? 왜 열 밤 자고 와야 돼?"
"고모가 있는 곳은 미국이라 너무 멀어서."
"미국이 어딘데?"
"엄마도 미국이 어딘지 자세히 모르겠네? 어느 나라 옆에 있는지 아들이 찾아서 엄마한테 좀 알려줄래?"

아들의 탐구력을 키워주기 위해서는 뭐든지 아는 백과사전처럼 말하는 일은 잠시 접어 두자. 그것은 오히려 아들의 탐구할 기회를 뺏는 일이 되기도 한다. 우리 엄마는 뭐든지 잘 아는구나 하는 존경심은 얻을 수 있겠지만 궁금함을 해결하기 위해 어떤 노력을 하거나 실험, 도전하는 방법은 배우지 못한다. 즉, 탐구할 기회를 빼앗긴다는 이야기다. 수많은 아들들이 엄마의 설명을 잔소리로 듣고 행동과 경험으로 배우는 반면, 딸은 기나긴 설명을 듣고 난 후 정리해서 행동하는 경향이 있다.

딸에게는 엄마의 시시콜콜 친절한 설명이 도움이 되지만, 아들에게는 무뚝뚝한 아빠가 하듯이 스스로 찾아보고 탐구하도록 유도하는 것이 최선이 되기도 한다. 어떤 엄마들은 아빠가 아들에게 설명해 주는 것을 보며 저렇게 말해 주면 아들이 얼마나 답답할까 하고 생각하지만 실제로 아들에게는 스스로 도전할 기회를 주는, 세세한 것을 알려주지 않는 설명 방식이 도움이 된다. 남자아이들은 경험과 탐구를 통해 학습하는 유전자를 가지고 태어났기 때문이다.

"왜요?"라는 질문을 반복하는 아이의 또 한 가지 사례를 보자.

일곱 살 난 재우는 이제 막 "왜요?"라는 질문이 폭발하는 시기에 나를 찾아왔다. 호기심이 넘치는 재우는 뭐든지 질문을 통해 답변을 얻으려고 했으며 심지어는 자신이 만든 작품을 바닥에 내려놓고는 놀다가 자신이 왜 내려놓았는지 물을 정도로 습관적으로 "왜요?"라는 질문을 입에 달고 다니는 아이였다.

"선생님! 제 작품 어디 있어요?"
"재우가 저기에다 놨잖아."
"왜요?"
"……왜긴 왜야. 재우가 저기 놨잖아……."

습관적일지라도 이런 질문을 많이 한다는 것은 원인과 결과의 상관관계에 관심이 많다는 이야기이므로 나는 반대로 재우에게 '왜?'라는 질문을 던져 보기로 했다.

"선생님! 저기 왜 구멍이 있어요? 왜요?"
"음, 재우야. 선생님도 이건 처음 보는 건데? 왜 구멍이 났을까?"

그랬더니 기다렸다는 듯이 재우가 대답했다.

"선생님, 이건 아마 다른 사람이 총을 쏜 거 같아요. 구멍이 총알구멍 크기만 하고요. 이렇게 많이 있는 걸 보니까 여기서 이렇게 두두두 쏜 것 같아요! 그래서 구멍이 뚫렸어요!"

아들의 학습 타이밍은 바로 '왜?'라는 질문이 나왔을 때다. 질문을 많이 한다는 것은 원인과 결과의 상관관계에 대해 관심이 많다는 이야기고 스스로 원인과 결과를 찾아가며 논리적인 사고를 하고 있다는 뜻이다. 이런 아이에게 백과사전처럼 기계적으로 대답해주기보다는 질문을 던져보자. 가만히 있는 아들을 갑자기 공부시키려고 억지로 책상에 앉히는 것보다 아들이 궁금해할 때 자연스럽게 학습하고 탐구하도록 하는 것이 바로 효과적인 아들 학습법이라는 것을 기억하자.

앞으로는 모르는 것은 인정하고 아이와 같이 찾아보거나 아이에게 궁금한 것을 직접 찾아보게 하는 습관을 길러보자. 아들은 엄마도 모르는 것을 자신이 찾아서 알려줄 수 있다는 것에 기쁨을 느끼고, 자연스레 자신이 모르는 것을 인정하는 태도를 배우게 될 것이다.

3장

아들을 변화시키는 실전 미술 수업

"우리 애는 하나만 파고들어요" _ 한 가지에만 빠져 있는 아들
"마음이 어두운 건가요……?" _ 검은색만 쓰는 아들
"색깔 쓰는 걸 어려워해요" _ 색을 마구 섞는 아들
"폭력적인 사람으로 자라면 어쩌죠?" _ 폭력적인 그림을 그리는 아들
"제대로 된 그림을 그리지 않아요" _ 만화만 그리는 아들
"우리 아이는 소심한 걸까요?" _ 그림을 작게 그리는 아들
"좀처럼 완성하질 못해요" _ 작품을 부수는 아들
"종이를 앞에 두고 아무것도 안 그리네요" _ 그리기를 어려워 하는 아들
"스스로 할 생각은 안 하고 그려달라고만 해요" _ 그려달라고 떼쓰는 아들
"그림 그리기를 싫어해요" _ 만들기만 좋아하는 아들
"미술에 통 흥미를 못 느끼네요" _ 뭐든지 시시하다고 하는 아들
"도무지 통제가 안 돼요" _ 뭐든지 마음대로 하겠다는 아들

"우리 애는 하나만 파고들어요"
한 가지에만 빠져 있는 아들

네다섯 살배기 아들을 둔 엄마들에게서 이런 이야기를 종종 듣게 된다.

"우리 아들은 자동차밖에 몰라요."
"네 살 때부터 공룡 이름을 줄줄 외웠다니까요."
"우리 아들은 만날 곤충을 잡아가지고 집에 들어오는데, 하는 짓도 곤충을 따라 한다니까요."

한 가지에만 빠져 있는 아들. 대표적인 것이 자동차와 공룡, 곤충이다. 그림을 그려도 그것만 그리고, 책을 읽어도 자동차와 공룡에 관한 것만 읽는다. 발음도 부정확한 아이가 그 어려운 공룡 이름을 줄줄 외고 모양만 보고 차종을 알아맞히는 것을 보면 천재가 아닐까 하는 생각이 들었다가, 글자 읽기 같은 것에는 도무지 관심 없는 걸 보면 또 걱정이 되기도 한다.

하나밖에 모르는 아들

태윤이도 한 가지에만 관심을 갖고 있는 아이였다.

"태윤이는 뭐 잘 그려?"

나의 질문에 태윤이는 서슴지 않고 대답했다.

"타이타닉이요!"
"오, 정말? 이 종이에다가 태윤이가 가장 잘 그릴 수 있는 거 아무거나 그려봐."

여섯 살이라고는 믿기지 않을 정도의 과감한 필력으로 태윤이는 서슴없이 타이타닉호를 그려내기 시작했다. 처음에는 종이에, 다음에는 엄청 큰 소포지에, 그다음에는 폼보드에. 그림을 그리는 내내 주제는 오직 '타이타닉'이라 새겨진 배 한 척이다.

"태윤이는 영화「타이타닉」본 적 있어?"
"네, 빙하에 부딪히는 장면을 특히 많이 봤어요."
"정말? 그것도 그려볼 수 있어?"
"그럼요."

타이타닉과 물에 떠다니는 배에 비상한 관심이 있는 태윤이는「타

타이타닉에 푹 빠져 있는 태윤이. 위의 그림은 밤에 빛나는 타이타닉의 불빛을 노란색으로 표현한 것이고, 아래 그림은 파스텔로 밤바다의 검은 안개를 표현한 것이다.

이타닉」 DVD를 수십 번 돌려 봤다고 한다. 특히 빙하에 부딪혀 침몰하는 장면이 인상 깊었다는 태윤이. 얼마나 관심 있게 지켜봤는지 타이타닉호가 어떤 원리로 가는 배인지부터 외양과 배의 특징까지 그림 속에 여실히 드러난다.

상우는 자동차에 빠져 있는 친구다. 그림에 자신이 있다고 말하지만 자동차 그리기에만 자신이 있고 사람 등은 아예 그리지도 않는다. 사람을 그려보자고 하면 시시하게 그런 걸 왜 그리느냐는 표정을 짓는다. 얼마나 자동차에 빠져 있는지 나와 만난 첫날 자동차들이 잔뜩 나온 자료를 주었는데 그 안에 있는 자동차의 차종을 모조리 맞출 정

여섯 살 아이의 그림이라고는 믿기지 않을 정도로 정확한 민결이의 자동차 그림

도였다.

"이건 아우디고요, 이건 제네시스예요."
"오! 너 어떻게 알았어? 그럼 이것도 알아?"
"그럼요. 람보르기니잖아요!"

상우는 단순히 이름을 외우고 있는 정도가 아니라 자동차의 휠만 보고도 차종을 맞출 수 있을 정도로 자동차에 대한 지식이 해박하다. 그림을 그리라고 하면 자동차를 그리는데 안 보고도 자동차의 구조를 정확하게 그려낸다. 놀랍게도 상우의 나이는 겨우 일곱 살이다.

민결이 또한 자동차에 푹 빠져 있는 아이다. 그림을 그릴 때마다 자동차가 등장하는 것은 물론이고 자동차와 별 관계없는 팽이 만들기를 하는 날에도 빙글빙글 팽이 위에는 언제나 자동차가 등장한다.

민결이는 각기 다른 각도에서 본 자동차 그림까지 그려내는 등 또래에 비해 탁월한 관찰력을 보여 준다.

유치원에서도 한 손에는 늘 자동차를 붙잡고 있다는 민결이는 이제 여섯 살이다. 자동차를 어찌나 많이 그렸던지 어떤 그림은 도저히 여섯 살짜리 아이가 그렸다고는 믿기지 않을 정도의 수준이다.

민결이 어머니도 처음에는 자동차 좀 그만 만지라는 잔소리를 한 적도 있다고 하셨으나 곧 잔소리 대신 자동차에 관련된 책을 같이 사 보고 관심을 가져 주는 등 민결이의 관심사를 적극 지지해 주셨고, 지금은 아이와 모터쇼를 같이 관람하러 다니기도 하신다. 민결이의 자동차 그림은 자동차를 좋아하는 또래 6세 아이들과 비교해도 남다르다. 민결이는 또래에 비해 소근육 발달이 잘 되어 있는 편이긴 하지만 그림만 보면 6세 아이의 것이라고 믿기 어려울 정도로 탁월하다. 옆모습은 물론이고 뒷모습이나 앞모습 등, 다른 각도에서 바라본 자동차의 차이점을 알아내고, 그 모습을 그려낸다는 점이 뛰어나다.

민결이는 자동차를 너무나 사랑한다. 네 살 때부터 자동차를 그리기 시작했다는 민결이는 지금은 자동차의 종류를 줄줄 꿰고 있는 것은 물론이고 보지도 않고 종류별 자동차의 특징을 그림으로 표현할 수 있을 정도다. 종이와 연필, 사인펜만 있으면 하루에도 몇 십 장씩 자동차를 스케치하는 민결이는 이제 여러 가지 새로운 모양의 자동차를 개발해 컬렉션을 구성할 예정이다.

편식도 잘만 하면 약이 된다

왜 남자아이들은 한 가지에 깊게 빠져버리는 것일까?

앞서 얘기했듯이 남자아이들은 두뇌 회로에서 여자아이들과 차이를 보이고 학습 방식도 여자아이들과 다르다. 여자아이들은 선생님이 제시해주는 여러 가지 주제를 다양하게 받아들이려고 하지만 대다수의 남자아이들은 본인이 관심 있는 주제만 다루고 싶어한다. 공룡을 좋아하는 친구는 공룡 외의 것에는 관심을 두지 않고 자동차를 좋아하는 친구는 자동차에 관련되지 않은 것을 배우는 일에 큰 흥미를 보이지 않는다. 특히 이런 성향을 보이는 친구들을 우리는 '탐구력이 강한 아이'라고 부른다.

아이가 여러 가지 주제를 아우르지 못하면 엄마들은 걱정이 앞선다. 적기에 배워야 할 것들을 놓치는 기분이 들기 때문이다. 하지만 한 가지 주제를 꾸준히 탐구하면 생각보다 많은 것을 배울 수 있다. 자동차를 좋아하는 친구는 자동차 엔진의 기능부터 위치, 바퀴와 각종 부품들의 역할과 원리 등을 또래 아이들보다 월등히 잘 알게 되고 공룡을 좋아하는 아이는 익룡·어룡·수장룡 등 공룡의 종류와 초식·육식·잡식 등 공룡의 습성을 또래보다 빠르고 자연스럽게 배운다.

이보다 더 중요한 것은 한 가지에 깊게 몰두하면서 연구하고 탐구하는 자세를 배운다는 점이다. 공룡, 사슴벌레 등 종류에 상관없이 한 가지에 제대로 몰입해본 아이는 다른 것을 배울 때도 몰입 능력이 남다르다. 공룡의 이름부터 종류, 생김새, 생태계, 환경까지 탐구했던 아이가 사슴벌레에 관심을 갖게 되면 그저 호기심으로 사슴벌레를 바라보는 아이들과는 태도부터가 다르다. 그래서 나는 아이가 좋아하는 것이 만화영화 캐릭터나 학업과는 거리가 먼 무협지, 판타지 소설이라고 해도 개의치 않는다. 한 가지에 몰입했던 자세가 다른 것을 배울 때에도 큰 영향력을 발휘할 것이기 때문이다.

우리 아들에게 부족한 것이 무엇일까 생각하며 부족함을 채우려는 순간, 모든 것이 문제로 보인다. 반대로 우리 아들이 다른 아이들보다 잘할 수 있는 것은 무엇일까라고 생각하는 순간 문제는 가능성이 된다. 내가 탐구력이 강한 아이에게 가르치고자 하는 핵심은 해당 분야의 지식이 아니라 탐구하는 자세요, 배우는 방법이다. 그렇다면 아이의 탐구하고자 하는 능력을 어떻게 최대치로 끌어낼 수 있을까?

탐구력을 더욱 강화시켜야 하는 아이

경호를 처음 본 것은 2012년 늦은 봄이었다. 또래 친구들보다 키가 큰 편인 경호는 첫날부터 나와 죽이 잘 맞았다.

"경호야, 여기는 네 마음대로 할 수 있는 곳이야. 넌 뭘 좋아하니?"
"선생님, 그럼 저 차단기 그려볼래요. 저 차단기 잘 그려요."
"그래? 좋아, 차단기를 그려보자."

뭘 그리려나 하고 지켜봤더니, 기차가 지나갈 때 '띵띵띵띵' 소리를 내며 내려오는 차단기를 말하는 것이었다. 기차에 관심이 있는 친구들은 많아도 차단기에 관심이 많은 친구는 별로 없어 호기심 가득한 눈으로 경호를 관찰했다. 자세히 보니 보통 관심은 아닌 듯 보였다. 겨우 일곱 살인데도 차단기의 모양새부터 위치나 역할을 정확하게 꿰고 있었다.

"경호는 차단기 말고 또 잘 그리는 게 뭐야?"
"저 기차도 잘 그려요."

이날 경호는 차단기와 기차를 주제로 한 시간 반이 넘는 동안 집중해서 그림을 그려냈다. 수업하는 내내 경호도 나도 아주 즐거웠다. 끝날 기미가 보이지 않아 경호를 놔두고 내가 어머니와 이야기를 나누는 동안에도 경호는 계속해서 작업에 몰두하고 있었다.

"또 차단기 만들었어? 경호야 다른 것 좀 해봐."

어머니의 반응에 나는 흥분한 표정으로 침을 튀겨가며 경호의 성향에 대해 설명했다.

"어머니, 경호는 지금 차단기에 비상한 관심을 갖고 있어요. 무리하게 다른 것을 가르치기보다 경호가 갖고 있는 관심사에서 시작하는 것이 좋을 것 같습니다. 원래 남자아이들은 한 가지 관심사에 몰두하는 탐구력이 강해요."

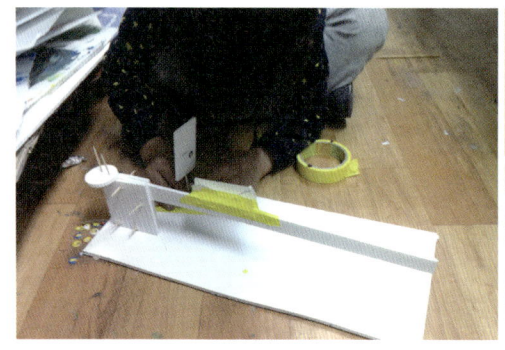 

주차장 차단기 만들기에 여념이 없는 경호.

"아, 남자아이들이 원래 그래요? 그래도 저는 아이가 집에서도 너무 차단기만 그리고 만들어서 다른 걸 해보도록 유도했으면 좋겠는데요."

"어머니, 그런 관점에서 봐도 다른 것을 무리하게 시키는 것보다 오히려 차단기를 제대로 탐구하는 것이 효과적일 수 있습니다. 미적지근하게 배우고 지나가면 미련이 남거든요. 제대로 끝을 보고 나면 자연스레 다른 관심사로 옮겨갈 거예요."

결국 나는 한 달간 경호에게 마음껏 차단기를 그리고 만들 수 있는 시간을 주었다. 한 달간 경호는 정말 자신의 욕구를 마음껏 풀어내듯 차단기만 만들었다. 예상은 했지만 차단기에 대한 관심이 생각보다 깊었다. 오죽하면 일본에는 어떤 역에 차단기가 설치되어 있는지 그 역에는 건널목이 몇 개가 있는지까지 알고 있을까.

시간이 흘러 한 달째가 되니 서서히 경호의 관심이 다른 곳으로 옮아갔다. 처음에는 아파트 인터폰을 만들더니 다음에는 주차장 차단기, 손전등, 화로, 나중에는 모터가 달린 진공청소기까지 만들었다. 경호는 주로 생활 속에서 흔히 보이는 움직이는 기계, 그중에서도 소리가 나는 기계에 관심이 많은 친구였다. 6개월 후 경호는 음식부터 비닐하우스와 농촌 풍경까지 표현할 정도로 다양한 주제에 관심을 갖는 아이가 되었다.

한 가지 주제에만 관심이 있는 아이의 경우에는 1년 내내 그 주제만 그린다 해도 긍정적으로 받아들여야 한다. 다른 주제를 제시하기보다는 오히려 그 주제에 관한 더 깊은 내용을 전달하는 것이 좋다. 한 가지 주제를 깊게 탐구하고 있는 아이들에게는 그 깊은 탐구력이 다른 것들을 익히는 데에도 도움이 되기 때문이다.

자신감을 키워야 하는 아이

한 가지만 그리는 아이들 중에서도 속히 그 주제에서 벗어나야 하는 친구들이 있다. 다른 것을 그리는 것에 대한 두려움 때문에 한 가지에만 집착하는 경우다. 즉, 자신감 부족이 원인인 경우라고 할 수 있다. 탐구력이 높은 아이가 본인의 관심사를 탐구할 때 보이는 태도와 다른 것에 도전하기 무서워서 한 가지 주제를 맴돌고 있는 아이의 눈빛과 태도는 확연한 차이가 난다. 후자는 한 가지를 하더라도 재미를 느끼지 못하는 것이 드러난다. 집중도도 떨어지고 다른 친구의 작품에 이상할 정도로 관심을 보이기도 한다. 결정적으로 작품을 완성한 후에도 행복해하지 않는다.

남아미술교육연구소는 남자아이들이 스스로 해내도록 도와주는 것을 원칙으로 하고 있지만 이런 경우에는 교사가 좀 더 적극적으로

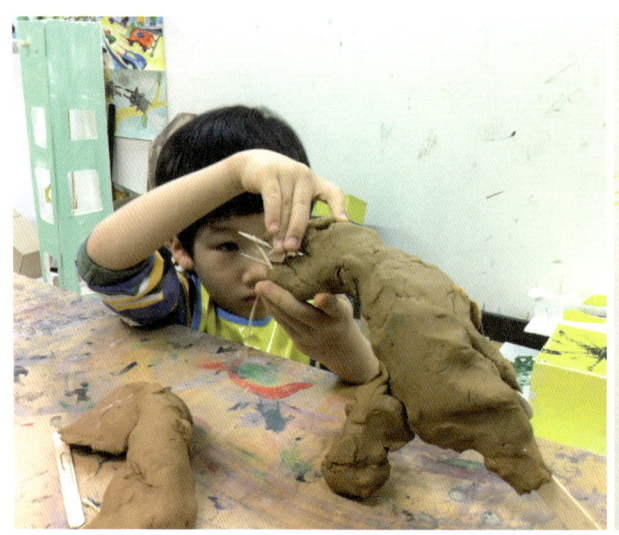 

> 의진이는 처음에는 공룡 말고는 좀처럼 다른 것에 관심을 갖지 않았다.

나설 필요가 있다. 이런 유형의 남자아이들은 스스로 하도록 두는 것만으로는 작품의 폭이 넓어지지 않을 뿐더러 자신감만 떨어진다. 만약 아이가 기차만 그리면서 다음 단계로 넘어가지 못한다면 선생님이 같이 기찻길이나 기차역을 꾸며주면서 아이의 작품을 확장시켜준다. 물론 최대한 아이가 제시한 주제에서 벗어나지 않아야 하고 도움을 주는 것에 대해 아이가 동의하는 과정이 필요하다. 이때 간단한 작업의 경우 최대한 아이에게 맡기는 것이 좋다. 자신의 작품에 애착을 갖도록 하는 일과 할 수 있다는 자신감을 심어 주는 것이 선생님이 할 일이다.

의진이는 공룡을 좋아하는 아이였다. 공룡의 키, 몸무게, 습성과 성격까지 세세히 알고 있는 의진이는 공룡 만들기 이외에 다른 수업은 절대 하지 않으려 했다. 공룡을 가지고는 수백 가지의 표현이 가능

공룡이라는 주제를 크게 벗어나지 않는 범위에서 새로운 주제를 접목시켜 주었다. 왼쪽은 스스로 공룡이 될 수 있는 공룡 옷, 오른쪽은 공룡이 사는 집이다.

했지만 공룡 말고 다른 것은 어렵게 느끼는 듯했다. 이런 경우에는 주제를 확장시켜줘야 한다.

공룡이라는 한정적인 주제 안에서 매번 같은 재료로 수업이 진행되던 어느 날, 공룡이라는 주제를 크게 벗어나지 않는 범위에서 공룡이 살 집, 공룡이 타는 자동차 등, 공룡에다가 새로운 주제를 접목시켜 제안해보았다. 그러자 의진이는 조금씩 새로운 주제에 관심을 가지더니, 지금은 공룡이 아닌 전혀 다른 주제로 멋지게 수업을 진행하고 있다.

승한이의 경우는 동물을 좋아하는 아이다. 같은 종류의 그림에만 빠져 있는 아이에게는 다른 종류의 시도를 권할 필요가 있다.

"손에 그게 뭐니?"

"제가 제일 좋아하는 동물 책이에요. 오늘도 동물 그릴래요."
"그럴까? 좋아. 그런데 오늘은 조금 다르게 해보는 거야. 진짜 넓은 데에다 그려 보자."
"어디다가요?"
"짠~"

한창 동물에 관심을 보이며 동물 그림에 빠져 있는 승한이를 위해 이 날은 넓은 소포지 두 장을 이어 준비해놓았다.
같은 종류의 그림에 빠져 있는 아이들에게는 다른 종류의 시도를 권할 필요가 있다. 재료를 바꿔준다든지, 아니면 화지의 종류나 크기를 바꿔본다든지…… 그중에서 화지를 크게 준비해 넓은 공간을 구성해보도록 하는 일은 같은 동물을 그려도 전혀 다른 표현이 가능하기 때문에 그리기를 접하는 남자아이들에게 꼭 한 번씩 경험하게 하는 단골 코스다. 큰 종이에 그림을 그리면 여러 가지 이점이 있다. 좀 더 많은 이야기 구성이 가능하고 사물을 표현해도 훨씬 더 자세하게 표현할 수 있다. 고등학생 때 나를 가르쳐주신 선생님은 큰 그림을 그리는 이유를 이렇게 요약하셨다.

"크게 그리던 사람이 작게는 그려도, 작게 그리던 사람이 크게는 못 그려."

넓은 화지를 처음 접하는 아이는 부담감을 느낄 수도 있으므로 기준점을 제시해주는 것도 좋다. 어느 정도 크기로 어떻게 그리면 되는가를 미리 보여주는 것이다. 물론 가능하다면 모든 것을 아이에게 맡

커다란 화면을 채우는 부담을 덜어주기 위해 나무를 기준점으로 제시해주고 폼보드에 그린 그림을 오려서 큰 화면에 붙이는 방법을 알려주었다.

그림을 자세히 보면 두 개의 산이 있고, 산꼭대기에서는 동물들의 왕, 독수리와 호랑이를 볼 수 있다. 나무에는 사슴벌레, 땅에는 뱀 등, 그림 구석구석 승한이의 재미난 이야기들이 담겨 있다.

기는 것이 최상이지만, 대부분의 아이들은 큰 화지를 접했을 때 어느 정도 크기로 그림을 그려야 할지 감을 잡기 어려워 한다.

승한이는 부담을 느끼는 것처럼 보이지 않았지만 몰입을 돕기 위해 기준점으로 나무를 제시해주었다. 제시된 나무 둥치를 같이 그리고 나뭇잎과 열매까지 그리고 나니 넓은 화지를 어떻게 채워갈지 감이 잡히는 듯한 표정이었다.

승한이는 나무를 그리고 나자 자신의 원래 관심사인 동물들을 가져온 책을 참고해가며 한 마리씩 그려 나갔다. 섬세한 승한이는 선이 조금이라도 원하는 방향에서 벗어나면 고쳐 그리기에 바빠 이번에는 잘 지워지지 않는 매직, 색연필로 재료를 바꾸고 폼보드를 주었다. 폼보드에 동물을 그린 후 그 모양대로 잘라 원하는 위치에 배치하는 등, 종이에 바로 그리지 않고 다른 대상에 그린 그림을 오려 붙이면 이야기를 전개해 나가기 편하다는 장점이 있기 때문이다.

이렇게 두 번째 시간이 끝날 무렵, 작품을 바라보는 승한이의 눈이 빛났다. 원체 말이 없는 승한이었지만 완성된 작품이 마음에 들었는지 나지막이 "멋지다"라고 말하는 목소리가 들렸다. 남자아이의 생각과 표현 방식을 자연스럽게 확장시키고 긍정적인 영향을 미치는 것은 명령하거나 말로 가르치기보다는 접근 방식 등 환경에 변화를 줌으로써 가능할 수 있다. 물론 이 작품 하나로 승한이의 작품세계가 확장되거나 크게 바뀌지는 않을 것이다. 다만 큰 화지에 그림을 그려 본 경험은 말이 없는 승한이의 조용한 상상력에 큰 날개를 달아주었을 것이라 믿는다.

"마음이 어두운 건가요……?"
검은색만 쓰는 아들

민석이는 올해 여섯 살 난 남자아이다. 민석이 엄마는 민석이가 물감놀이 할 때 사용하는 색들 때문에 마음이 불편하다. 민석이가 주로 사용하는 색은 검은색이나 빨간색이다. 혹시 정서에 문제가 있는 것은 아닐까 싶을 정도로 아주 강한 색들이다. 걱정되는 마음에 다른 색을 가져다 권해본다.

"민석아, 색은 여러 가지가 있어. 여러 가지 색으로 물감놀이 한번 해볼까?"

민석이는 엄마가 가져다 준 초록, 노랑 등 여러 가지 색을 사용하는가 싶더니 어느 순간 그것들을 다 섞어버린다. 색은 탁할 대로 탁해져서 더 이상 무엇을 그린 것인지조차 알 수 없을 정도다. 거칠게 휘두르는 아이의 손동작을 보고 있노라면 내 아들이 폭력적인 아이는 아닐까 괜스레 걱정도 된다. 순간 전날 저녁, 엄마들 모임에서 들은 이야기가 생각난다.

"미술로 아이들 심리를 알 수 있다잖아. 우리 조카가 미술심리치료사인데, 요즘 엄청 바빠. 검은색을 많이 쓰는 아이는 정서가 우울한 거래. 요즘 애들이 마음에 병이 많잖아. 민석이네도 우리 조카 소개시켜줄까?"

난색의 딸, 무채색의 아들

미술교육에 종사하는 사람이라면 대부분 느끼겠지만 남자아이들은 색채에 약하다. 한 가지 색만 사용해서 그리는 것은 예사고, 잘 그리다가 검은색으로 그림을 덮어버리질 않나, 토네이도가 분다며 회오리를 그려 그림을 망치기 일쑤다. 요즘에는 색채심리학이 관심을 얻으면서 '검은색을 쓰는 아이는 마음이 어둡다' 등의 이야기가 학부모 사이에 정설(定說)로 떠돈다. 실제로 아동 발달 단계에 따른 색채 심리학에서는 검은색을 반복적으로 사용하는 아이들은 온순하고 순종적인 동시에 행동이나 심리가 지나치게 억압되어 있거나 우울함을 느끼는 아이일 수 있다고 한다.

그런데 과연 검은색을 반복적으로 사용하는 아이들에게 문제가 있는 것일까? 결론부터 말하자면 남자아이들만큼은 검은색을 쓰는 것과 정서의 불안정함이 유의미한 상관관계를 보이지 않는다. 색깔로 아이의 감정 상태를 알 수 있다는 가설은 조금 더 검증을 거쳐야 하며 남자아이들이 검은색을 좋아하는 데는 나름의 이유가 있기 때문이다.

『남자아이 여자아이』의 지은이이자 심리학자인 레너드 삭스 박사

온통 검은색으로 그림을 도배해 버리는 남자아이들.

에 의하면 남자아이들의 망막은 생김새부터 구성 세포까지 여자아이들과는 차이를 보인다고 한다. 여자아이들의 망막을 구성하고 있는 세포는 주로 컬러에 민감한 P세포인데 이는 우리가 보기에 정서적으로 안정되어 보이는 색감인 노랑, 분홍, 연두 등 난색 계열(따뜻한 파스텔톤)에 반응한다. 반대로 남자아이들의 망막을 주로 이루고 있는 m세포는 무채색에 민감하게 설계되어 있다. 이 때문에 그림을 검은색으로 덮어버린다든지, 애써 칠해놓은 예쁜 색깔에 감흥을 느끼지 못하고 온갖 색을 다 섞어버리는 것이다.

또한 남자아이의 눈은 정적인 것보다 동적인 것에 민감하게 반응한다. 색을 칠해놓고 그 아름다움을 감상하기보다는 색이 섞이면서 보이는 변화에 훨씬 관심이 많은 것이다. 투명한 컵에 물을 담아 진한 물감이 풀어지는 광경을 아들에게 보여준다면 미술에 관심이 없는 아이도 물에 물감이 섞이며 번지는 광경을 넋을 놓고 바라볼 것이다.

검은색을 많이 쓰는 아이는
심리적으로 문제가 있다?

여자아이들이 분홍색을 좋아하고 남자아이들이 검은색을 좋아하는 것은 사회적으로 학습된 결과나 감정 상태를 드러낸다기보다 망막의 차이에서 오는 선천적인 차이일 수 있다. 물론 아이들의 심리 변화에 따라 색 사용이 달라진다는 것도 일리가 있지만, 검은색을 썼다는 이유만으로 섣불리 아이의 감정을 추론하는 것은 위험한 일이다.

나는 아들의 심리나 아들을 다루는 노하우 등을 엄마들과 함께 연구해 나가는 '아들연구소'라는 인터넷 카페를 운영하고 있다. 아들 가진 엄마들의 고민이 다들 비슷비슷해서인지 이 카페는 꽤 인기를 끌고 있다. 얼마 전에는 한 학부모께서 아들연구소 카페에 이런 질문을 남겼다.

"우리 아들은 웬일인지 그림을 그리면 다른 아이들처럼 사람을 그리지 않아요. 다른 아이들은 엄마, 아빠, 동생을 아주 예쁘게 그려주는데 우리 아들은 가족도 공룡으로 표현했어요. 자기는 공룡만 그리겠대요. 색도 다양하게 쓰질 않아요. 어떤 색이 제일 좋으냐고 물어보면 검은색이래요. 걱정이 이만저만이 아니에요."
"음, 검은색을 쓰는 것이 왜 걱정되시죠?"
"검은색을 쓰면 정서에 문제가 있는 거 아닌가요? 미술학원 선생님께서 아이가 최근에 마음에 상처 받은 일이 있냐고 물어보시던데……."

미술심리치료라는 학문이 대중에게 널리 알려지면서 아이들이 어떤 색으로, 혹은 어떤 소재를 그렸는가에 따라 쉽게 정서를 평가하는 경우가 상당히 많아졌다. 나도 남자아이들의 심리와 미술의 연관성을 배우기 위해 미술심리치료 분야의 권위 있는 교수님을 찾아 뵌 적이 있었다. 교수님께 수업을 받으며 처음 배운 것이 그림 한 장으로 아이의 심리를 알 수 있는 사람은 점쟁이뿐이므로 판단을 내리고 상담에 임하는 데 항상 신중해야 한다는 것이었다.

교수님 말씀대로 그 어떤 아이도 그림 몇 장으로 판단할 수는 없다. 아이가 집을 그리면서 문고리를 그리지 않았다는 것은 아이의 심리를 추측할 수 있는 일종의 단서일 수도 있지만 그저 습관적으로 빠트린 것일 수도, 누군가의 그림을 따라한 것일 수도 있다. 그런데 간혹 아이의 그림이나 아이가 주로 쓰는 색상을 단기간 동안 관찰하고서 아이의 심리를 평가하는 경우가 있는 것 같다. 그런 평가를 듣고 대단히 걱정하는 어머니들이 많은 것을 보면 이 문제를 짚고 넘어가지 않을 수 없다.

잘못된 상담은 엄마를 불안이라는 구렁텅이로 밀어넣는다. 항상 아이에게 못하고 있는 것은 아닐까 매일 노심초사하는 엄마들은 손만 살짝 뻗어도 알아서 불안의 구렁텅이로 들어가버린다. 때문에 미술심리치료사는 상담을 할 때엔 아주 신중하고 조심스럽게 접근해야 한다.

선무당이 사람 잡는다

"선생님, 학교 미술 선생님이 우리 아이가 평소 검은색을 좋아하고 요즘에는 빨간색으로 화산을 그린다면서 평소 가슴에 많은 것을 담고 있는 것 같대요."

한번은 어떤 그림을 그려도 배경에 빼놓지 않고 검은색과 빨간색을 써서 화산을 그리는 아들 때문에 걱정이 많은 어머니와 오랫동안 상담을 한 적이 있다. 얼마나 걱정이 되셨는지 한 시간 상담을 받기 위해 의정부에서 일산까지 오신 분이었다. 미술심리치료를 공부했다는 미술 선생님이 그런 말씀을 하셨다니 걱정하시는 것도 충분히 이해가 됐다.

"진성이는 왜 화산을 그렸어?"
"화산 그리기가 재미있어서요. 공룡 책에 보면 맨날 화산이 나와요. 선생님, 화산의 온도가 몇 도인지 아세요?"
"몰라. 몇 도인데?"

수업을 진행하면서 아이가 화산을 그리는 이유가 잠재된 분노의 반영이 아닐 가능성이 높다는 생각이 들었다. 아이가 화산에 대해서 굉장히 자세히 알고 있었기 때문이다. 이야기를 나누다 보니 그 아이가 화산을 그리는 이유는 공룡을 좋아하기 때문이었다. 아이가 읽었던 공룡 책에는 항상 화산이 등장했고 그래서 화산에 관심이 생겼다고 한다. 화산의 종류와 화산 속 온도가 몇 도인지까지 알고 있는 이 아이의 지대한 관심을, 교사는 아이의 잠재된 분노라고 평가한 것이다. 나는 검은색 같은 어두운 색을 좋아하는 것은 남자아이들 망막의 선천적인 특징이라는 것과 화산을 그리는 이유가 화산에 대한 순수한 관심이었다는 이야기를 어머니께 해드릴 수 있었다. 다행히도 아이의 어머니는 마음의 짐을 털어버린 듯 편안한 표정으로 문을 나섰다.

미술만이 아니다. 얼마나 많은 엄마들이 잘못된 사회적 통념에 의해 아들을 평가하고 자신을 자책하고 있을까? 이런 일이 있을 때마다 아쉬움을 금하기가 어렵다.

tip 아들 상대 노하우 5
아들을 바꾸는 핵심 노하우

미술을 싫어하고 의욕 없는 아이도 미술을 좋아하게 만드는 방법. 20분도 집중하지 못하는 아이를 2시간도 넘게 집중하게 만드는 방법. 이런 노하우가 존재할까? 가능할까? 단도직입적으로 말하자면 가능한 이야기이며 바로 이것이 내가 하는 일이다.

돌려 말하는 것을 싫어하는 탓에 노하우의 핵심을 미리 공개하자면 남자아이들을 바꾸는 기적의 노하우는 '아이를 바꾸려 하지 않는 것'에서 시작한다. 누군가는 교육의 시작은 천방지축 날뛰던 아이를 책상 앞에 앉히는 것이라고 말할지도 모르겠지만, 효율적인 남자아이 교육의 시작은 아이가 가진 고유의 학습 욕구를 건드리는 것에서 시작된다.

대부분의 경우 아이와 부모 사이에서 최초의 문제는 자동차가 좋아 자동차를 온종일 손에 들고 있는 아이에게 책상에 앉아 영어를 배우라고 강요하면서부터 시작된다. 남자아이들은 일반적으로 자기 환경을 스스로 주도하고자 하는 의지가 강하기 때문에 하루 온종일 자동차를 들고 있는 아이는 자동차로 교육을 시작하는 것이 가장 효과적이다. 좋아하는 것이 딱히 없는 아이도 마찬가지다. 좋아하는 것을 뚜렷하게 보여주지 않아도 아이를 자세히 관찰한 후 아이의 관심사에서 출발하려고 노

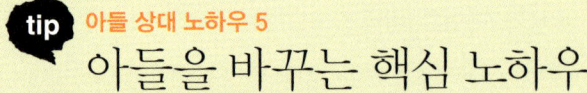

력하는 것과 배워야 할 것들을 목록대로 나열해 하나씩 먹여주는 것 사이에는 큰 차이가 있다. 결국 내가 말하고자 하는 노하우의 핵심은 관찰을 통해 아이를 파악하라는 것이다. 그리하여 아이가 가진 장점을 찾아 인정해준다면 열정적인 남자아이로 바꿀 수 있다.

어쩌면 너무나 간단하게 들릴지 모르겠지만 세상의 모든 진실은 단순한 법이다. 누구나 할 수 있는 이야기이지만, 누구나 할 수 없는 일이다. 간단하게 들린다고 해서 누구나 할 수 있다면 그 많은 아들 가진 엄마들이 아들 일로 고민하고 눈물 쏟을 일이 있겠는가? 물론 이것만으로 말 안 듣는 남자아이를 마음대로 컨트롤하는 것은 불가능하다. 하지만 이는 남자아이 미술교육, 더 나아가 남자아이 교육 노하우의 중심이며, 이를 제대로 실행하기만 한다면 남자아이를 다루는 것이 예전과 확연히 다르게 수월해졌다는 것을 느낄 수 있을 것이다.

만일 어떤 아이가 그림이 너무 재미없다고 말한다면 나는 "선생님도 그림이 재미없으니 우리 그리기는 하지 말자"는 말로 수업을 시작한다. 그리고 아이가 좋아하는 만들기만 계속해서 진행한다. 그러면 아무리 그리기가 재미있는 것이라고 꾀어도 꿈쩍 않던 아이가 어느 순간 그림을 그리고 싶다고 말하는 순간이 오기 마련이다. 아이들의 욕구는 주변의 다른 친구들이나 형들을 통해서도 바뀌기 때문이다.

아들이 하루 종일 자동차만 그린다고 하소연하는 엄마가 있다면 나는 아들과 함께 자동차를 공부하라고 조언한다. 자동차에 대한 끊임없는 탐구욕과 호기심이 해결되지 않은 상태에서는 아무리 재미있는 주제를 던져 줘도 결국 자동차로 돌아오기 마련이다. 자동차라는 주제를 벗어나는 가장 빠른 방법은 자동차를 더 많이 공부하는 것이다. 이것은 게임에 빠진 아들을 바꿀 때도 마찬가지다. 내가 사춘기 시절 게임에 빠져 있을 때, 우리 어머니가 했던 가장 현명한 행동은 두 달간 나와 함께 게임을 한 것이었다. 게임을 하지 말라며 컴퓨터 선을 뽑을 때는 그렇게 이해가 가지 않고 원망스러웠던 엄마의 말들이 엄마와 같이 게임을 즐기던 두 달 후에는 너무나 와 닿기 시작했다.

사실 내가 하는 일이 바로 이것이다. 아이가 배우면 좋을 것들을 죽 나열해놓고 하나씩 하나씩 목록대로 가르치는 것이 아니라, 아이가 무엇을 잘할 수 있는지, 무엇을 좋아하는지, 어떤 성향과 문화를 가지고 있는지 먼저 아이의 세계에 깊숙히 들어가본 후에 아이가 가장 잘할 수 있는 것을 하게끔 도와주는 일을 하는 것이다. 나는 단순히 미술을 가르치는 사람이기보다는 남자아이들이 자신이 잘하는 것을 찾아서 스스로 잘할 수 있는 존재라는 것을 인정하게 하는 사람이다. 그러면 아이는 알아서 열정적이고 의욕적인 아이가 된다. 나는 바로 이것을 증명하고 싶다. 핵심은 교육자가 아니라 아이로부터 출발하는 것이다.

사랑받는 것보다 인정받는 일에 목숨 거는 남자아이들의 원초적인 욕구가 해결되어야 그다음이 있다. 남자아이들은 당신이 생각하는 것보다 인정받기 위해 혈안이 되어 있다. 만일 엄마를 위해 자신보다 더 큰 가방을 들으려고 낑낑거리고 있는 아이가 있다면, 그 아이는 십중팔구 남자아이였을 것이다. 말을 듣지 않는 남자아이에게 아이가 들기에 가볍지도 너무 무겁지도 않은 물건을 들고 무겁다고 호소하며 "너 이거 들 수 있어?"라며 도와달라고 한다면 아이와 원활한 관계를 쌓을 수 있다. 자신의 능력을 보여줄 기회를 열어주는 질문이기 때문이다. 여자아이들이 사랑받기 위해 산다면, 남자아이들은 인정받기 위해 산다는 것을 이해하는 것이 남자아이를 교육하는 교육자가 알아야 할 가장 기본이다.

많은 엄마들은 아들의 장점보다는 단점에 주목한다. 내게 찾아오는 대부분의 어머니들은 "우리 아들이 어떤 부분이 좋은데 어떻게 키워줄까요?"보다는 "어떤 부분이 부족한데 어떡해야 하죠?" 하고 상담해 오신다. 여기서 더 나아가 아들을 자신의 입맛에 맞게 교정하려 하는 경우도 있다. 혹시 이해가 안 된다는 이유로 아들을 바꾸려고 노력해본 적 있는가? 이것은 비극의 시작이다. 어떤 일이 있어도 아들을 엄마의 입맛에 맞게 교정하려 해서는 안 된다(물론 도덕적인 개념은 예외다). 남자아이는 아이가 아니라 남자로 존중하고 스스로 자라도록 도와주어야 한다.

제삼자 입장에서는 얼마든지 어렵지 않은 일들이 내가 낳은 자식이기에 감정이 개입하면서 문제가 생긴다. 이상하게도 자신의 단점을 아들에게서 발견하거나 다른 아이들에 비해 뒤쳐지는 점이 눈에 보이면 마음에 지진이 난다. 참고 참지만 결국 잔소리를 하고 만다. 이런 어머니들의 마음은 이해하지만 아들은 바꾸려 할수록 더더욱 고집스럽게 버틸 뿐이다.

"색깔 쓰는 걸 어려워해요"
색을 마구 섞는 아들

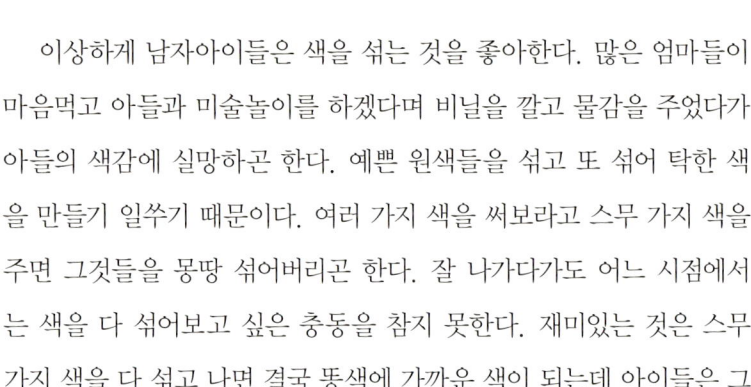

이상하게 남자아이들은 색을 섞는 것을 좋아한다. 많은 엄마들이 마음먹고 아들과 미술놀이를 하겠다며 비닐을 깔고 물감을 주었다가 아들의 색감에 실망하곤 한다. 예쁜 원색들을 섞고 또 섞어 탁한 색을 만들기 일쑤기 때문이다. 여러 가지 색을 써보라고 스무 가지 색을 주면 그것들을 몽땅 섞어버리곤 한다. 잘 나가다가도 어느 시점에서는 색을 다 섞어보고 싶은 충동을 참지 못한다. 재미있는 것은 스무 가지 색을 다 섞고 나면 결국 똥색에 가까운 색이 되는데 아이들은 그렇게 생각하지 않는다는 것이다.

"선생님, 이 색과 이 색을 섞으니 새로운 색이 나왔어요!"

많은 남자아이들이 미술을 배우는 데 있어 가장 힘들어하는 것이 바로 이 색채 감각이다. 나도 어렸을 때 스케치는 자신 있는데 이상하게도 색만 칠하면 엉망이 되는 그림 때문에 색칠하기가 유난히 싫었던 기억이 난다. 도대체 여기에는 무슨 색이 어울리는 걸까? 나무는 초록색이고 물은 파란색이라는 건 알겠는데 사람 옷이나 자동차

남자아이들은 여러 가지 색을 주면 한데 섞어 어둡고 칙칙한 색깔로 만들기 일쑤다.

는 매번 고민돼서 그냥 팔레트에 나열된 순서대로 칠했다. 그러니 색칠해서 좋은 결과를 볼 리가 없다. 나에게 색칠은 작품이 더 멋있어지는 행위가 아니라 망치는 행위에 가까웠다.

아들은 색채 감각이 떨어진다

사실 남자아이들에게는 스무 가지 색 하나하나가 마음에 와 닿지 않는다. 그냥 '여러 가지 색' 정도로 느껴질 뿐이다. 갖가지 색이 섞여 나온 똥색은 똥색보다는 스무 가지 색이 다 합쳐진 색의 제왕, 혹은 내가 발명한 새로운 색이라고 생각한다. 그래서 어른들이 보기에 이상한 색일지라도 남자아이들은 끝까지 색을 섞는다.

하지만 대부분 아동미술교육 이론을 포함한 사회적 통념은 여러 가지 색을 개별적으로 쓰도록 가르쳐야 한다고 해서 우리를 고민하게 만든다. 단순히 '한 가지 색만 사용하면 어때?' '다 섞어버리면 어때?' 하고 지나칠 문제가 아니다. 여러 가지 색을 다 사용해야 한다고 가르치는 학교에서는 아들의 특성에 맞는 미술교육을 따로 진행하지 않기 때문이다. 그러니 엄마들은 고민할 수밖에 없다.

여러 가지 색을 잘 사용해야 인정받는 학교와의 타협은 필요하다. 하지만 이것은 순서의 문제다. 아들의 특성을 전혀 고려하지 않은 채 학교에만 맞추려고 해서는 안 되고 아이의 발달 과정에 맞게 충분히 고민하고 남자아이에게 맞는 색채 교육을 할 필요가 있다. 첫 번째 단계는 아들이 원래 여러 가지 색에 민감하지 않음을 이해하고, 단색으로 그린 그림도 인정해주는 것이다. 남자아이들에게 많은 색을 주고 가르친다 해도 색의 이름은 맞출지언정, 색의 오묘함은 느끼지 못하기 때문이다.

아들이 색채 감각을 키울 수 있는 방법

그렇다면 색을 마음대로 섞어버리는 아들을 어떻게 가르쳐야 할까? 남자아이에게 미술을 가르칠 때 가장 당혹스러운 순간이 잘 그리다가 순식간에 색을 섞어버리면서 입에서 "토네이도~ 슈욱슈욱!" 하는 따위의 말이 나올 때다. 어른들은 아이가 그림을 잘 그려놓고 채색 과정에서 한 가지 색으로 그림을 망치려고 하면 아까운 마음에, 혹은 습관이 될 것이 염려되어 아이가 붓을 마음대로 휘두르지 못하게 막곤 한다. 하지만 아이의 발달 과정이 아직 여러 가지 색을 받아

공부해야 하는 '색칠' 대신 모험의 기분이 들게 하는 '페인트칠'을 제안해 보자.

들이기 어려운 상태일 수도 있다. 어떤 상황에서도 아이의 발달 과정을 무시한 교육은 성공할 수 없다. 그렇다면 아이가 전혀 색채에 관심이 없는 발달 단계를 보이고 있는 상황이니 색에 대한 교육은 무의미한 것이라고 포기해야 할까? 그렇지는 않다.

먼저 아이가 색을 마음 내키는 대로 칠해버리면 혼내지 말고 그림의 변화에 동감해줘야 한다. 남자아이의 시각에서는 그림을 한 가지 색으로 칠하는 것은 전혀 잘못된 일이 아니다. 미술이 싫어서 그러는 것도 아니다. 단지 그런 욕구가 존재하기 때문이다. 무리하게 여러 가지 색을 사용하도록 억지로 유도해봐야 아이들의 색채 감각을 키우는 데는 하나도 도움이 되지 않는다. 이런 경우에는 일단 그리기와 색칠하기라는 틀을 벗어나보자. 예를 들어 만들기를 시키고 만들기가 끝날 때쯤 이렇게 이야기하는 것이다.

"페인트칠에 한번 도전해보는 건 어때?"

남자아이들에게 '색칠'은 배워야 하고 공부해야 하는 것이지만 '페인트칠'은 그야말로 모험이다. 『톰 소여의 모험』에서 톰의 동네 친구들이 저마다 담장에 페인트칠을 하겠다고 달려들었던 것처럼 색칠해보자는 제안을 단호하게 거절하는 아이도, 만들기를 한 후 페인트칠을 해보자는 제안에는 펄쩍 뛰며 해보고 싶다고 말한다.

그렇게 색을 칠할 기회를 만들고 나면 다음으로 할 일은 여러 개의 색을 주는 것이 아니라 두세 가지로 색을 한정하는 것이다. 색채 감각이 떨어지는 남자아이들에게 너무 많은 색은 오히려 혼동을 줄 뿐이다. 그래서 나는 남자아이들의 색채 감각을 키울 때 다섯 가지 이상의 색을 주지 말라고 권한다. 가능하면 노랑, 파랑, 빨강은 꼭 넣어주자. 이 세 가지 색상만 있어도 색을 섞으면 갖가지 색을 만들어낼 수 있기 때문이다. 이때, 아이에게 이런 질문을 던져 색채의 매력에 관심을 갖게 만들 수 있다.

"빨강과 파랑이 섞이면 무슨 색이 나올까?"
"보라색이요!"
"그럼 빨강을 조금 섞고 파랑을 많이 섞으면?"
"??!?!"

여기서 우리의 과제는 빨강과 파랑 두 가지 색만 가지고도 열 가지 이상의 색을 만들어 낼 수 있다는 것을 직접 해보면서 깨우치게 하는 것이다. 그렇게 하면 아들은 전보다 훨씬 더 색에 대해 관심을 갖게

아이스크림 막대를 이용해 만든 색깔을 그때그때 남겨 두도록 해보자. 스스로 색깔을 만들어냈다는 데에 기쁨을 느낄 것이다.

될 것이다. 그 다음에는 아이스크림 막대를 이용해 새로운 색이 나올 때마다 칠해서 색깔 샘플을 만들어 보게 하자. 샘플들이 모일수록 빨강과 파랑 두 가지 색으로 만들 수 있는 여러 가지 색이 한눈에 들어올 것이다. 아들은 우리가 정해 놓은 '예쁜 색깔'이라는 틀에 숨이 막힌다. 아이들은 스스로 만들어 낸 색깔에 마음 깊이 기꺼워한다.

팽이 수업도 아이에게 색의 의미를 알려주기에 좋은 방법이다. 전형적인 남자아이인 승령이 또한 이 색 저 색 다 섞어서 우중충한 색으

> 팽이 만들기 수업을 통해 색채 감각을 익히게 하는 것은 색감을 익히는 데 매우 좋은 방법이다.

로 만들어버리기 일쑤였다. 승령이에게 색채 혼합의 효과를 알려주기 위해 팽이 수업을 해보기로 했다. 팽이를 만들면서 수업이 시작되었다. 빨강과 파랑이 섞이면 어떤 색이 나올까? 다 만들어진 팽이에 빨간색과 파란색을 칠해서 돌려보고, 팽이 위에 그림을 그리면 어떤 모양이 되는지를 직접 보도록 했다. 그날 승령이는 팽이가 돌아가며 만들어내는 환상적인 느낌에 입을 다물지 못했다.

"폭력적인 사람으로 자라면 어쩌죠?"
폭력적인 그림을 그리는 아들

기영이는 전투기와 로켓 등 기계와 무기에 관심이 많은 건강한 일곱 살 남자아이다. 전투기와 로켓을 그리고 핵폭탄이 터지는 장면을 묘사하며 총알이 날아가는 장면을 선으로 그려 내는 등, 살아 움직이듯 동세를 그려 내는 그림은 여자아이들에 비해 남자아이들 그림에서 두드러지게 나타나는 특징이다. 사람은 잘 그리지 못하지만 갑옷과 무기로 치장한 기사를 그리는 것만은 누구보다 잘하는 기영이는 여느 남자아이들처럼 아주 정상적이고 당연한 발달을 보이고 있다.

아이의 평균과 남자아이의 평균은 다르다

우리 연구소는 아주 작다. 아이들이 연구하는 공간인 연구실 두 개에 아이들이 수업 받는 동안 부모님들이 기다릴 수 있는, 대기실이라고 하기도 민망한 크기의 작은 방이 하나 있을 뿐이다. 선생님들을 위한 공간이 따로 없어 나도 대기실 한쪽에 놓아둔 컴퓨터 앞에서 여러 가지 문서 작업을 하는데, 아무래도 좁은 공간에 같이 있다 보니

보통의 남자아이들이 흔히 그리는 '폭력적인' 그림.

의도치 않게 어머니들과 대화를 나누는 빈도가 높은 편이다. 이래저래 어머니들의 고민도 듣고 평균적인 남자아이들의 이야기도 해드리다 보면 어머니들의 고민거리가 대개 겹친다는 것을 알게 된다. 그중에 하나가 죽음에 관련된 그림을 그리는 아들로 인한 고민이다.

"선생님, 남자아이들은 원래 죽음에 대해 관심이 많은가요?"

그동안 적잖이 들어왔던 질문을 듣는 순간, 하고 싶은 말들이 머릿속에 뒤죽박죽 잔뜩 생겨나지만 일단 자세히 들어보기로 한다.

"음…… 윤수가 요즘 죽음에 대해 관심이 많은가봐요?"
"네. 얼마 전에 유치원에서 『해님 달님』이라는 책을 읽어주고 생각하는 시간을 가졌다는데요. '어떡하면 호랑이인지 아닌지 알고 문을 열어줄 수 있을까?'라는 선생님의 질문에 다른 아이들은 전부 손을 본다거나 하는 일반적인 대답을 했는데, 윤수만 창문으로 훔쳐보고 엄마면 문을 열어 주고 호랑이라면 창으로 찔러 죽이겠다고 말했대요."
"오호, 그랬어요?" (창문을 이용하다니 창의적인데?)
"네, 유치원 선생님이 찔러 죽인다는 말에 조금 충격을 받으셨나봐요. 문제가 있는 것 같다고 심리 상담을 받아보라고 하시던데."
"그럴 리가요. 제가 보기엔 그냥 기발한 생각 같은데요?"

아이의 평균과 남자아이의 평균은 다르다. 입는 옷, 신체 발달의 차이, 목소리뿐만 아니라 뇌 발달, 사용하는 언어, 좋아하는 관심사까지 무엇 하나 같은 것이 없다. 하지만 우리는 아이의 평균치로 남자아이를 판단하기 때문에 문제가 생긴다.

예를 들어 남자아이들과 수업을 진행하다 보면 무언가 찔러 죽이는 이야기가 예사로 나온다. 실제로 전쟁을 하면서 피를 철철 흘리고 있는 그림이라든가, 총과 칼이 등장하는 그림도 늘 등장한다. 감정 처리 능력이 여자아이들보다 최고 일곱 배가량 떨어지고 자극적인 것에 끌리는 남자아이들에게 호랑이를 찔러 죽인다는 표현은 아주 정상적인 것이지만 그게 평균적인 아동의 표현은 아니다. 아동의 평균으로만 아이를 바라보는 사람들—일반인은 물론 일부 아동교육 전문가들까지—에게는 호랑이를 찔러 죽이겠다는 남자아이들이 교정의 대상으로만 보일 법도 하지만 이는 엄연히 아들의 보편적인 특성일 뿐이다. 그 누구도 아이의 타고난 기질을 바꿔서는 안 된다. 억누르는 것일 뿐, 실제로 바뀌는 것은 없기 때문이다.

명사를 그리는 여자아이, 동사를 그리는 남자아이

실제로 많은 남자아이들이 엄마나 선생님을 죽이는 놀이를 하면서 깔깔거리고 논다. 아들들은 죽음에 어떤 깊은 의미를 담기 전에 정의를 지키고 악당을 물리치는 파워레인저가 되었을 뿐이고 오늘의 악당 역할이 우연히 엄마나 선생님이었을 뿐이다. 파워레인저는 매일 악당을 죽이고, 아이는 그것을 따라하는 것이다. 노파심에 덧붙이자면 그렇다고 파워레인저에 문제가 있다고 말하는 것은 아니다. 남자아이로 태어나서 악당을 물리치고 정의를 지키는 것에 행복을 느끼는 것은 지극히 정상적이다. 그날 윤수가 찔러 죽인 호랑이는 윤수의 세계에선 평화를 깨트리는 악당 역할을 맡은 것이다.

"어휴, 너 또 폭력적인 그림을 그린 거야? 남들처럼 예쁜 그림 좀 그려봐."

그림이라는 것은 아이의 내면과 관심사의 표현이다. 머릿속에 전투기와 로켓들이 날아다니는데 꽃과 나비를 그리라는 것은 아주 어렵고 재미없는 일이다. 아동미술을 꽃과 나비, 알록달록한 색채로만 생각하는 어머니들은 걱정만 앞선다. 연구소에 다닌 지 얼마 되지 않은 아이의 어머니들께 매번 설명하는 일이지만 많은 어머니들이 받아들이기 어려워하는 부분 중 하나다.

남자아이들은 감정을 표현하는 그림, 사람을 보지 않고 그려내는 능력이 여자아이에 비해 약하고, 있는 사실을 묘사하는 것, 관찰해서 논리적으로 그리는 것, 원리를 나타내는 그림에 강하다. 조금 더 간단히 말하자면, 여자아이들은 사람 그리기와 알록달록 색칠하기에 강하다고 할 수 있고 남자아이들은 사람보다는 사물·생물·원리 그리기에 강하다고 할 수 있다.

남아·여아의 그림을 총체적으로 보면 여자아이들은 정적인 것 혹은 어떤 장면을 포착한 정지된 화면을 잘 그리는 반면, 남자아이들의 그림에는 움직임이 있다. 즉, 공이 날아가는 순간, 로켓이 발사되는 순간, 폭발하듯 연기가 발사되는 장면을 표현하고 싶어한다. 여자아이들이 명사를 그린다면 남자아이들은 동사를 그리는 것이다.

아들의 본능을 억누르지 마라

그런데 아쉽게도 우리가 생각하는 바람직한 아동미술에서는 사람 그리기와 알록달록한 색으로 색칠하기가 중심이 된다. 색채에서는 혹시라도 검은색이나 보라색 같은 특정 색을 과도하게 사용하면 아동기 우울증이니 정서 불안이니 하며 엄마들의 심장을 쿵쾅거리게 만드는 루머가 많아 더더욱 아들의 그림을 좋게 평가하는 데 인색하다.

"다른 아이들은 유치원에서 다들 엄마, 아빠, 동생을 그려줬는데 우리 아들은 무기랑 폭력적인 그림만 그리네요. 뭔가 문제가 있는 것은 아닐까요? 우리는 아이가 가족을 그렸으면 좋겠는데 어떡하면 좋죠?"

많은 학부모들이 처음 아들의 그림을 보고 실망하는 이유는 아들의 특성에 대해서 제대로 알지 못하기 때문이다. 따스하게 웃고 있는 가족의 모습을 그리길 원하던 부모들은 아들이 그린 공룡이 공룡을 잡아먹는 그림이나 총알이 난무하는 그림을 보고 한숨을 쉬는 경우가 많다. 하지만 이는 지극히 정상적인 일이다. 특히 우리는 아들의 폭력적인 그림에 대해 너그럽지 못하다. 폭력적인 그림이나 작품이 싫다고 말하는 것은 이 아이가 아들이 아니었으면 좋겠다는 말과 마찬가지라고 할 수 있다. 남자아이들은 폭력을 휘두르지 못하도록 교육시켜야 하지만, 강함에 끌리는 마음까지 단속해서는 안 된다.

이것을 이해하지 못하는 일부 교육자들은 이런 생각을 많이 한다. '폭력적인 것을 고의적으로 멀리하게 만들면 폭력성이 사라지지

않을까?'

　얼마 전 일부 초등학교에서 폭력성을 유발시킨다는 이유로 피구를 금지시킨 적이 있었다. 폭력적인 운동을 자제시킬수록 학교폭력 문제가 해결될 거라는 생각에서 취한 조치였는데, 피구를 금지시킨 학교와 금지시키지 않은 학교를 비교해 보았을 때 통계적으로 피구 금지가 폭력 억제와는 거의 상관이 없었다. 오히려 전문가들은 피구를 하는 것이 자연스러운 욕구 해소로 이어져 폭력을 줄일 수 있다는 견해를 내기도 했다. 이 이야기는 미술에서도 마찬가지다. 남성 호르몬 때문에 폭력적으로 보이는 그림에 끌리는 아들에게 억지로 꽃과 나비를 그리게 한다고 해서 그 욕구가 사라지는 것은 아니다.

폭력적인 그림이나 작품이 싫다고 말하는 것은 이 아이가 아들이 아니었으면 좋겠다는 말과 마찬가지다.

우리 연구소에 다니는 초등학교 5학년인 정주의 경우가 그랬다. 정주를 처음 만났을 땐, 그림을 그리려고도 보여주려고도 하지 않아 그림을 싫어하는 아이인 줄 알았다. 그러나 나중에 정주에게 그림을 그리지 않는 이유를 조용히 물어보니 폭력적인 그림을 그린다며 그림을 그릴 때마다 아버지에게 심하게 혼이 나곤 해서 그림 자체를 그리지 않게 되었다고 했다. 이야기를 털어놓고 나서 일주일 후에 정주는 지금까지 몰래 그려온 자신의 비밀 노트를 내게 보여주었는데 노트를 열어보니 아주 기발한 무기 발명품부터 여러 가지 재미있는 그림들이 수두룩했다. 물론 아버지가 보면 다소 폭력적이라고 생각할 수 있는 그림들이었다.

많은 부모님들의 걱정을 모르는 바는 아니지만 진짜 문제는 아이가 자신의 폭력성을 자연스럽게 받아들이고 건강하게 제어하는 것이 아니라 보이지 않는 곳에서만 몰래 표현하는 것이다. 나는 정주에게 이런 그림을 그리는 것은 부끄러운 일이 아니라 남자라면 당연한 것이고 선생님도 이런 그림을 좋아한다는 이야기를 해주었지만 정주의 그림 보여주기 공포증은 쉽게 사라지지 않았다. 폭력적인 그림에 잘못 대응하여 생기는 미술 콤플렉스의 전형적인 사례다.

아들이 칼이나 총을 그렸다고 해서 폭력적인 아이가 되지 않을까 하는 걱정은 접어두자. 그것은 내 아들이 남자아이임을 인정하지 않겠다는 말과도 같다. 이 책을 쓰는 나도 칼이나 부메랑 만들기를 좋아했고 친구와 레슬링을 할 때 짜릿한 쾌감을 느끼는 남자아이였다. 그렇다고 감정을 참지 못하고 폭력을 휘두르거나 막무가내로 싸움을 거는 사람이 되지는 않았다. 오히려 아들의 그림에 폭력이 담겨 있다고 해서 경악하는 표정이나 말투를 내비쳤다간 아이는 그림을 아예 그리려 하지 않을 수도 있다.

아들의 본능과 비뚤어진 도덕성은 다르다

물론 폭력적인 그림이 문제가 되는 경우도 있다. 폭력적인 그림 중에서도 정의의 용사가 아닌 악당의 편이 되어 무고한 사람들을 해치는 등의 그림은 다소 문제가 있음을 감지해야 한다. 남자아이들이 가진 고유의 성향과 비뚤어진 도덕성은 다르다. 강한 자극을 원하고 본능적으로 자극적인 것에 끌리는 아들일수록 주위의 자극에 의해 악당의 편이 되어 사람들을 살해하는 주제에 끌릴 수 있다. 이때는 폭력 수위가 높은 게임 등 아들 주위의 폭력적이고 선정적인 매체들을 점검하고 차단하는 일이 가장 중요하다. 폭력성이 내재되어 있는 남자아이들에게 이런 주제와 정보는 하나의 자극으로 작용하기 때문이다.

아들이 비뚤어진 폭력에 심취하고 멀리 나가지 않게 만드는 첫 번째 단계 역시 아들의 자연스러운 표현들을 인정해 주는 일이다. 아이가 보이는 폭력성에 민감하게 반응하거나 억누를수록 아들은 그것을 숨기고 은밀히 키워 갈 가능성이 높아진다. 정주의 예처럼 겉으로 드러나는 폭력성을 표면적으로 누른다고 해서 남자아이들의 본능이 사라지지 않는다는 점을 명심하자. 오히려 아이의 표현을 인정해주고 자연스럽게 그것을 소재로 대화를 나눠 가며 스스로의 욕구에 대해서 잘 알게 하여 콘트롤하는 방법을 가르치는 것이 효과적이다. 아들이 비뚤어진 폭력에 심취하지 않게 하기 위해서는 무엇보다 자신의 욕구를 수치스럽지 않게 바라보고 자연스럽게 생각하게 도와주는 것이 중요하다.

"제대로 된 그림을 그리지 않아요"
만화만 그리는 아들

만화 그리기를 좋아하는 준희는 어느 날 자신이 그린 그림을 입체로 표현해보고 싶다고 했다. 태풍을 타고 날아다니는 닌자 그림을 보며 어떻게 표현할까 골똘히 고민하는 준희. 쉽지 않은 과제다. 힌트를 줄까 하다가 나름의 방식대로 풀어가도록 지켜보았더니 몇 번의 실패 끝에 폼보드를 원형으로 잘라낸 조각들을 이어 완벽하게 구현해냈다.

종이만 주면 만화를 그려대는 아이들이 있다. 피카추를 비롯한 포켓몬스터들을 종이 가득 그려대거나 파워레인저를 혀를 내두를 정도로 세밀하게 그려낸다. 그러면 엄마들은 또 걱정하기 시작한다. 쟤는 뭐가 되려고 또 저렇게 만화만 그려댈까?

'바람직한 미술'이라는 틀에 갇힌 어른들

가끔 보면 우리는 '바람직한 미술'이라는 틀에 갇혀 있는 듯하다. 미술 시간에 아이가 피카추라도 그릴라 치면 장난치지 말라고 꾸짖거나 아이가 그림을 만화처럼 그린다며 고민하기 예사다. 이런 어머니들

준희가 그린 태풍을 타고 날아다니는 닌자 그림(왼쪽)과 그 그림을 입체로 표현한 작품(오른쪽).

을 보면 솔직히 아쉬운 마음이 드는 것이 사실이다. 유·아동기의 미술은 우리가 생각하는 것처럼 고상한 마음에서 나오는 게 아니다. 마음에 드는 사물이나 인물·동물·풍경·캐릭터 등 인상 깊었던 장면을 형상화하는 것에서 시작된다. 인상 깊은 장면이 풍경이나 사람 얼굴이 아니라 만화 캐릭터였다고 해서 문제가 될 것은 아무것도 없다.

지금은 누구나 피카소의 그림을 인정하지만 처음부터 그랬던 것은 아니었다. 앙리 루소의 그림도 원근법과 비례를 무시했다고 처음에는 비난을 받았다. 팝아트라는 장르를 개척한 20세기의 천재 아티스트 앤디 워홀의 경우도 마찬가지다. 고정된 시각에서 벗어나면 작품에서 작가의 마음과 생각을 읽을 수 있다. 표현하고 싶은 욕구에 따라 표현하는 모든 것들은 진정한 의미에서 미술이라 볼 수 있다.

특히 아들은 미술에 재능이 있는 아이라도 우리가 바람직하다고 생각하는 그림만 그리지는 않는다. 오히려 그 재능은 로봇이나 자동차 등 좋아하는 특정 주제를 반복해서 그리거나 만들면서 발전하는 경우가 많다. 이런 성향은 엄마들이 갖고 있는 고정관념 때문에 아이와 충돌을 빚는 원인이 되기도 한다.

'골고루'가 늘 좋은 것은 아니다

엄마들의 마음도 이해가 간다. 없는 돈에 미술학원까지 보내놓았는데 석 달이 되도록 학교 미술과는 거리가 먼 만화나 그리고 있다면 행여나 돈만 낭비하는 건 아닌가 걱정이 될 것이다. 음식으로 비유하자면 몸에 별로 좋지도 않은 햄만 좋아하는 것처럼 편식하는 게 아닌가 하는 생각이 들어서일 것이다. 이런저런 이유로 대부분의 엄마들은 아이가 가능한 한 다양한 수업을 받길 원하고, 나도 가능하면 아이들이 여러 가지 주제를 접하게 하도록 노력하지만, '골고루 수업'이 항상 효율적인 것은 아니다.

특히 미술은 생존을 위해 균형을 맞춰야 하는 음식과 달라서, 자신이 하고자 하는 것을 마음껏 표현하게끔 환경을 만들어주는 것이 무엇보다 중요하다. 물론 미술에도 균형 잡힌 배움은 필요하지만 표현하고자 하는 욕구를 침해하는 정도가 되어서는 안 된다. 특히 인정받고자 하는 욕구가 강한 남자아이들에게 미술을 가르칠 때에는 아이가 못하는 부분을 집어내서 잘하게끔 만들려고 노력하기보다는 아이가 잘할 수 있는 것에서 시작해 스스로 충분히 만족하게 만드는 것이 중요하다.

예를 들어, 빛의 화가라 불리는 르누아르는 한평생 여자만을 주제로 그림을 그렸다. 그에게 여성은 "신이 만약 여성을 창조하지 않았더라면 내가 화가가 되었을지 모르겠다"라는 말을 남길 정도로 그림을 그리는 이유였고 표현 욕구의 원천이었다. 만약 르누아르가 그림을 배우던 시절, 지금처럼 여성만 그리는 것을 걱정하는 엄마와 선생님들이 압력을 행사했다면 어떻게 되었을까? 다른 것을 그리는 화가가 되었

> 관심사와 성향이 판이하게 다른 성남이와 지우는 공동으로 스타워즈 우주선을 만드는 작업을 통해 서로의 관심사에 대해 교류하기 시작했다.

을지도 모르겠지만 어쩌면 미술 자체에 흥미를 갖지 못해 다른 직업을 갖게 되었을지도 모른다. 미술이라는 것은 표현하고 싶은 대상이나 욕구가 있을 때 비로소 시작되는 것이다. 알맹이도 없는 무언가를 잘 표현하기 위한 기술 습득을 제대로 된 미술이라고 보기는 어렵다.

자연스럽게 관심 전환하기

그렇다면 특정 만화 그리기만 고집하는 아들에게는 어떤 조치를 취하는 것이 좋을까?

가장 좋은 방법은 강압적이지 않고 자연스럽게 다른 주제로 넘어가게 하는 것이다. 나는 이럴 때 아이를 설득시키기보다는 또래 다른 친구들과 공동 프로젝트를 통해 자연스럽게 주제의 폭을 넓히는 방법을 주로 사용한다. 특정 만화를 계속 그리려고 하는 남자아이들은, 비슷하지만 다른 주제를 좋아하는 남자아이들과 그룹 수업을 하게 하면 서로 좋아하는 주제를 공유하면서 표현의 폭이 넓어진다. 만일 아들이 한 가지 만화에 푹 빠져 있다면 다른 비슷한 주제를 좋아하는 친구들과 그룹으로 작품활동을 할 수 있는 기회를 열어주는 것이 좋다.

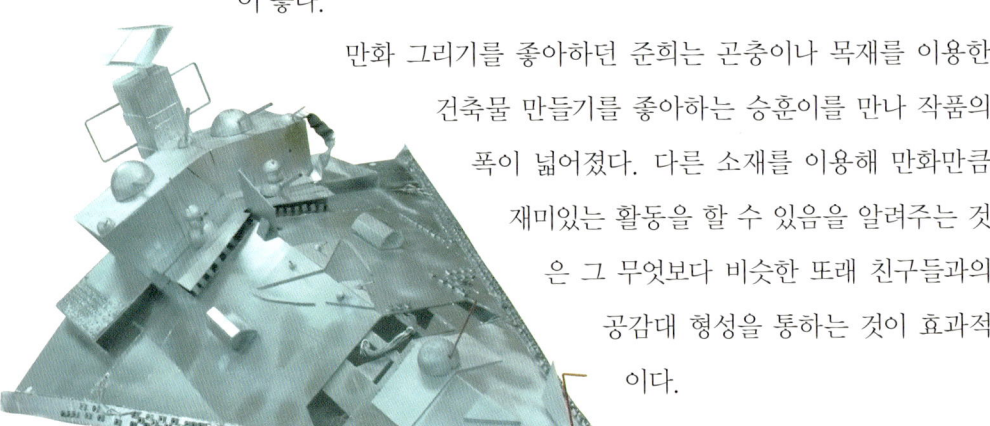

만화 그리기를 좋아하던 준희는 곤충이나 목재를 이용한 건축물 만들기를 좋아하는 승훈이를 만나 작품의 폭이 넓어졌다. 다른 소재를 이용해 만화만큼 재미있는 활동을 할 수 있음을 알려주는 것은 그 무엇보다 비슷한 또래 친구들과의 공감대 형성을 통하는 것이 효과적이다.

아들 상대 노하우 6 tip

아들이 미술학원에 가기 싫어하는 이유

여섯 살 난 민준이와 절친한 동갑내기 진영이는 미술학원에 등록하기 위해 엄마들과 함께 미술학원에 갔다. 이제 여섯 살이지만 진영이는 말도 똑 부러지게 잘하고 상담할 때부터 차분하게 의자에 앉아 엄마를 기다리지만 민준이는 이것저것 주변의 신기한 것들에 관심이 많아 선생님이나 엄마가 나누는 이야기는 뒷전이었다. 간단한 상담이 끝나고 미술 잘 가르치기로 소문난 미술 교사가 두 아이에게 아무거나 그려보라고 그림 그리기를 유도한다.

스케치북과 크레파스를 받은 진영이는 일곱 가지 이상의 색을 사용해서 사람을 그리는 등 제법 다양한 그림을 그려낸다. 특히 사람 몸에서 팔다리가 쭉쭉 뻗어 나오고 옷에는 무늬까지 그리는 폼이 예사롭지 않다. 흐뭇한 기색이 역력한 선생님과 엄마는 미소를 지으며 "조금만 다듬으면 금방 화가가 되겠어요" 하고 이야기를 나눈다.

반면에 민준이는 검은색 크레파스 한 가지를 가지고 스케치북에 알 수 없는 선들을 마구 휘갈기고 있다. 그러더니 신이 나서 이야기한다.

"이건 자동차구요! 슈퍼로켓이에요! 지금 여기에 어떤 괴물이 나와서 미사일이 나가는 거예요!"

차분하고 따뜻해 보이는 진영이의 그림에 비해 민준이의 그림은 형체조차 알아보기 어렵고 그나마 알아볼 만한 형체들도 난무하는 총알과 회오리에 가려 잘 보이지 않는다. 지켜보던 민준이 엄마는 부끄러워 얼굴이 빨개진다.

교사는 아이가 폭력적인 그림을 그린 것을 보고 앞으로 아이와의 수업이 쉽지 않으리라는 것을 감지한다. 다음으로는 민준이가 검은색 한 가지를 사용했고 그림에 사람이 등장하지 않았다는 점에 주목한다. 얼마 전 다녀온 아동미술 지도사 과정에서 아이들이 사람을 그리도록 하고 여러 가지 색을 이용하게끔 유도해야 한다고 교육받았기에 선생님은 망설임 없이 이렇게 이야기한다.

"이야~ 민준이도 잘했는데 더 다양한 색을 이용해보면 어떨까? 사람들은 어디 갔을까요? 여기에 엄마랑 아빠도 그려볼까?"

어리지만 민준이는 선생님의 어투에서 곧 자신의 그림이 잘못되었다는 것을 깨닫는다. 힐끗힐끗 진영이 스케치북을 보면서 자기 그림에 엄마랑 아빠를 그려넣어보지만 금방 진영이처럼 그릴 수가 없다는 것을 깨닫는다. 아무리 깔끔하게 색칠하려 해도 진영이 그림과 비교된다. 자신만만한 표정의 진영이를 보면서 점점 자신감이 줄어든다. 결국 민준이는 이렇게 생각한다.

'나는 미술을 못하는구나……'

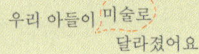

경쟁심이 강한 민준이는 진영이보다 그림을 못 그린다는 사실이 아무에게도 드러나지 않길 바란다. 민준이가 진영이보다 미술을 못한다는 것을 감추는 방법은 딱 하나다.

"엄마! 미술 재미없어! 나 안 해!"

아이러니하게도 많은 남자아이들이 미술을 싫어하게 되는 시점은 미술을 배.우.면.서.부.터.다.

이것은 많은 남자아이들이 미술학원에 가서 실제로 겪게 될 내용이다. 이야기 속의 민준이는 실은 나다. 네 살 때 나는 텔레비전이 그냥 네모가 아니라 '입체' 상자라는 것을 깨닫고는 혼자 스케치북에 그림을 그려 가며 놀 정도로 그림에 관심이 많았다. 미술학원에 가기 전까지는 말이다. 재능이 있는 것 같다는 주위 사람들의 권유로 미술학원에 간 나는 실망을 금치 못했다. 가서 내가 한 달 동안 그린 것은 꽃과 나비, 왕자님과 무지개, 성 등이었고 색칠을 못한다는 이유로 색칠부터 다시 배워야 했기 때문이다. 나는 텔레비전을 입체로 그릴 수 있는 유치원생이었는데도 말이다.

미술이 재미없고 싫다는 남자아이들의 대부분은 자신이 그리고 싶은 것을 그리게 해주고 잘할 수 있는 것을 찾아주기만 해도 금세 변한다. 그전에 필요한 과정이 있다. 바로 선생님과 엄마가 기대치를 낮추는 일이다. 기대치를 낮춘다는 것은 작품의 수준을 이야기하는 것이 아니라, 웃고 있는 사람을 그려야 하며 꼼꼼하게 여러 가지 색을 알록달록 칠해야 한다는 '바람직한 미술교육'에 대한 기대치를 말하는 것이다. 꼼꼼하게 색을 칠하고 웃고 있는 사람을 그리는 것만이 아동미술은 아니다. 엄청난 무기를 개발하는 것도, 세상에서 가장 빠른 자동차를 개발하는 것도, 컴퓨터나 기계 부품을 뜯고 조립해서 무언가를 만드는 것도 전부 미술의 영역에 속한다. 사진을 찍는 것도, 여러 컷을 슬라이드로 돌리면서 영상처럼 구성해보는 것도 전부 미술이다. 그래서 나는 미술을 싫어하는 남자아이는 존재하지 않는다고 생각한다. 다만 그 아이에게 맞는 것을 찾아주지 못했을 뿐이다.

이토록 미술의 세계는 방대한데 우리가 생각하는 바람직한 아동미술의 틀은 너무나 좁다. 학습의 세계 역시 아주 방대한데 몇 살엔 한글을, 몇 살부터는 영어를 가르쳐야 한다는 식으로, 어른들은 아주 좁고 명확한 틀을 짜놓고 아이를 가르친다. 좁은 틀을 세워놓고 혹시라도 아이가 그 틀에 맞지 않는다면 쉽게 미술, 혹은 학습에 재능이 없다고 판단한다. 언어가 느린 친구는 블록 쌓기 능력이 뛰어날 수 있고, 감정을 표현하는 것이 서툰 아이가 논리적으로 사고하는 데 강점을 보일 수 있다. 국어를 못하는 아이가 수학에 소질을 보일 수 있고, 못하는 과목이 많은 아이일수록 한 가지 과목을 깊게 파고드는 탐구력과 집중력이 좋을 수 있다.

아이에게 나무에 대해 가르칠 때, 책상에 앉힌 채 나무의 사전적 의미를 가르치지 말고 나무를 만져보고 안아보고 관찰하고 냄새 맡게 해보자. 아이의 학습 능력이 실로 놀라울 정도로 좋아질 것이다. 남자아이들은 공부가 싫은 것이지 배우는 것이 싫은 것이 아니다. 남자아이들은 절대 배우는 것을 싫어하지 않는다. 미술을 싫어하지 않는다. 다만 아이가 바라는 것이 우리들이 은연중에 강요하는, 우리가 보기에 바람직한 아동미술, 우리가 보기에 바람직한 공부 방법과 거리가 있을 뿐이다.

"우리 아이는 소심한 걸까요?"
그림을 작게 그리는 아들

"우리 아이는 다 좋은데 그림을 너무 작게 그려요."

남자아이들 중에서는 유독 그림을 작게 그리는 아이들이 많다. 많은 분들이 그림을 작게 그리는 아이는 소극적이거나 소심한 경향이 있다고 알고 있지만 꼭 그렇지만은 않다. 물론 소심해서 그림이 작아지는 경우도 있지만 그렇지 않은 경우도 상당히 많다.

경훈이는 로마 병정 그리는 것을 가장 좋아하는 아이다. 경훈이 그림에서는 셀 수 없이 많은 병사들이 양편으로 갈라져서 전쟁을 한다. 그림에는 손가락보다도 작은 병정들이 제각기 다른 모양으로 가득 차 있다. 그렇다면 경훈이는 소심하고 내성적인 아이일까? 아이의 기질은 적극적이고 활발하다. 그렇다면 이 아이가 그림을 작게 그리는 이유가 뭘까.

그림을 작게 그리는 아이를 보면 대개 부모들은 자신감이 부족할 때 목소리가 작아지듯이 그림도 작게 그려지는 것이 아닐까 하는 생각을 많이 한다. 하지만 이런 편협한 생각은 아이들의 가능성마저 묻히게 만들 수 있으므로 주의하는 게 좋다.

그렇다면 그림을 꼭 크게 그리게 해야 할까? 그림을 작게 그린다고 문제될 것은 그다지 없다. 하지만 그림을 크게 그리던 아이가 작게 그리는 것은 쉬워도, 작게 그리던 아이가 크게 그리는 것은 어렵다. 어떤 구조를 이해하는 데 있어서도 크게 그리는 것이 훨씬 더 자세하게 사물을 관찰할 수 있는 기회가 되기 때문에 아이의 흥미를 빼앗지 않는 선에서 크게 그리도록 도와주는 일은 필요하다.

이야기가 넘쳐서 종이가 좁은 아이

경훈이는 이야기가 많은 대표적인 남자아이다. 그림을 그려놓고 한참 동안 그림 속 병정들 각각을 설명하느라 시간 가는 줄 모른다. 경훈이가 그림을 작게 그리는 이유는 할 얘기는 너무 많은데 자신의 이야기를 담을 화지(畵紙) 공간이 부족하기 때문이다. 이렇게 이야기가 너무 많은 아이도 그림을 작게 그리게 된다.

이런 아이들은 그림 개개의 크기는 작지만 대신 종이에 꽉 차게 그림을 그린다. 이런 경우 더 큰 화지를 줌으로써 그림을 좀 더 크게 그리도록 유도할 수 있지만 꼭 크게 그리라고 강요할 필요는 없다. 머릿속에 있는 이야기는 끊임없이 이어지는데 손이 생각을 따라가지 못하면 그림 그리는 것 자체에 흥미가 떨어질 수도 있기 때문이다.

이런 친구들의 경우는 사람을 '졸라맨'처럼 선으로만 표시하기도 하는데, 이럴 때도 그림을 교정하려고 하는 건 좋지 않다. 두루마리 형식의 긴 종이를 주어 영화 필름처럼 아이가 이야기를 담을 수 있도록 도와주거나 화지를 책 모양으로 만들어 아이의 이야기를 담을 그

👀
그림 그릴 공간을 확장해 주면 머릿속의 이야기를 계속 채워나갈 수 있다.

선 긋기에 자신 없는 아이에게는 마음껏 엉망진창으로 선을 그어보도록 해주면 도움이 된다.

림책을 만들도록 도와주는 것이 도움이 된다.

선 긋기에 자신이 없어 그림이 작아지는 아이

어떤 남자아이들의 경우에는 그림에 자신은 있는데 시각적으로 비뚤어진 선이 보기 싫어 일부러 작게 그리는 경우도 있다. 긴 선을 그리면 비뚤어지기 쉬워서 겁을 내지만 짧은 선에는 자신이 있는 것이다.

이런 친구들에게는 난화(亂畵) 수업을 진행하는 것이 좋다. 난화는 미술치료에도 종종 사용되는 것인데 자기 마음대로 선을 긋게 하는 것을 말한다. 토네이도든 허리케인이든 쓰나미든 종이에 엉망으로 선을 그어보고 나면 비뚤어진 선에 대한 부담감을 많이 덜어낼 수 있을 것이다. 그럼에도 그림이 자꾸 작아진다면 긴 선을 긋는 방법을 알려주는 것이 도움이 된다. 연필을 길게 잡는 것만으로도 선이 길어진다는 것을 알려주고 나면 훨씬 나아질 것이다.

"좀처럼 완성하질 못해요"
작품을 부수는 아들

표현 욕구도 충분하고 미술에 대한 호기심도 충분한데 작품을 완성하지 못하는 친구들이 있다. 자세히 관찰해보면 작품보다 재료에 관심이 더 많아서 진도가 나가지 않는 것이다. 우리는 이런 경우를 '재료 탐색이 필요한 시기'라고 부른다. 이 시기의 아이들은 애써 다 만들어놓은 작품을 부수기도 한다.

자신이 사용하는 재료에 대한 탐색 욕구가 강하게 남아 있는 친구들은 그 욕구가 풀리기 전까지는 수업을 하다가도 재료를 탐색하는 과정에 빠진다. 그 과정이 끝나지 않은 상태에서 작품을 만들게 하면 작품을 완성시키지 않고 다시 재료 상태로 돌려버리곤 한다. 때문에 작품보다 재료에 관심이 많은 아이에게는 재료에 대한 호기심을 제대로 풀어 주는 과정이 필요하다.

결과보다 과정이 더 재밌난 아이들

만일 재료 탐색이 필요한 친구들의 욕구를 무시하고 수업을 진행

"찰흙은 어떤 녀석일까." 여섯 살 정효의 질문이었다. 찰흙 수업을 하기 전에 나는 꼭 찰흙을 던져보고 찢어보고 두드려보고 찔러보고 비벼보라고 시킨다. 처음에는 손으로 다음에는 팔꿈치로, 다음에는 엉덩이로, 발로, 망치로, 막대기로 찰흙을 뭉개고 두드리는 행위는 남자 아이들에게 해방감을 준다.

하다 보면 작품을 하던 중간에 재료를 가지고 노는 시간이 길어져 수업에 제대로 몰입하지 못한다.

또한 여러 가지 재료를 만져보고 사용하면서 마음껏 놀아본 아이들과 그렇지 않은 아이들의 사고력 차이는 확연하다. 재료를 충분히 탐색한 아이들은 주제와 관련해서 적합한 재료를 찾는다. 예를 들어 에펠탑을 만들어보자고 할 때 폼보드만 다뤄보았던 아이는 그것만 가지고 이리저리 만지며 에펠탑을 만들어낸다. 그러나 다양한 재료들을 충분히 가지고 놀았던 아이는 폼보드 외에도 나뭇가지와 철사 등 다양한 재료를 가지고 에펠탑을 만들어 간다. 다양한 재료로 주제를 표현할 줄 아는 것이다. 마음껏 경험해보지 못한 아이는 상대적으로 자신이 표현하고자 하는 주제에 맞는 재료에 대한 이해나 기술이 부족하기 때문이다.

그렇다면 자신이 만든 작품을 부수는 아이를 보면 어떻게 대응해

 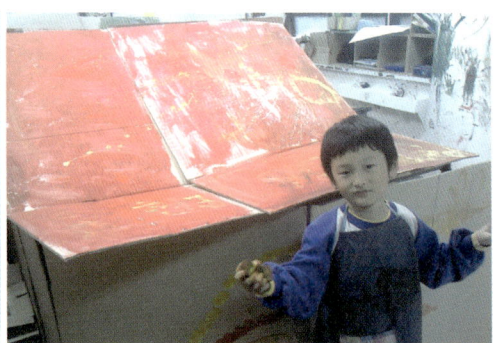

상자와 물감, 각목 등을 이용해 희창이가 만든 커다란 집.
희창이는 작품을 만들어놓고 다시 부수거나, 찰흙을 망치로 두드리는 일을 더 좋아하는 듯 보였다. 재료에 대한 경험을 필요로 하는 시기라고 판단한 나는 마음껏 재료를 만지고 부수게끔 해주었고, 그날 이후 희창이의 작품 세계는 몰라보게 넓어졌다.

야 좋을까? 나는 한두 번쯤 작품을 부술 기회를 주는 것이 좋다는 입장이다. 일종의 자신의 작품을 '망칠 권리'를 주는 것이다. 남자아이들과 수업을 할 때는 작품의 주도권을 아이에게 넘겨주는 것이 중요하다. 아이가 작품을 부수려고 하는 것 또한 자신이 작품에 대한 주도권을 갖고 있을 때 할 수 있는 행동이다. 때문에 아이의 이런 행동을 막겠다면서 작품을 빼앗아버린다든지 아이를 혼낸다든지 과하게 제지하면 작품의 주인이 자신이 아니라 부모나 선생님이라고 인식해버리게 된다. 본인이 아닌 선생님이나 부모에게 주도권이 있다고 느끼는 순간, 남자아이는 더 이상 작품에 애정을 갖지 않는다. 어머니 입장에서는 아이가 애써 만든 작품이 망가지는 것이 안타깝겠지만 작품 한두 번 망친다고 큰 문제가 생기지는 않는다. 때로는 망치는 것이 창조를 위한 밑거름이 되기도 한다.

마음에 안 들어서 작품을 부수는 경우

아이가 재료 탐색의 욕구를 이기지 못하고 부수는 경우라면 위의 예처럼 재료 탐색의 시간을 충분히 줄 필요가 있다. 하지만 다른 이유로 작품을 부수는 아이들도 있다. 콤플렉스 때문이거나 만든 결과물이 마음에 안 들어서 부수는 경우다. 이 경우 작품을 부수는 가장 큰 이유는 힘껏 노력했지만 자신이 바라는 수준에 도달하지 못했기 때문으로, 스스로에 대한 자책에서 비롯된다. 자신에 대한 불만이 작품에 대한 부정적인 감정으로 이어지고, 표현 능력이 시각적인 욕구에 미치지 못해 작품에 대한 애착이 생기지 않는 것이다.

이럴 때는 선생님이나 부모님이 살짝 도와줘야 한다. 물론 아이가 다시금 집중할 수 있을 정도까지만 최소한으로 돕는 것을 원칙으로 한다. 예를 들어 목조 건축물을 만드는데 중심을 못 잡아 자꾸 무너지는 경우에는 건축물이 무너지지 않을 정도의 뼈대를 구성해 주는 역할 정도를 해주는 것이 좋다. 계속되는 실패의 기억은 도전 욕구의 고취보다는 습관으로 굳어질 수 있기 때문이다.

여덟 살 주원이의 경우가 그렇다. 잘 만드는가 싶으면 이내 작품을 부숴버려 나도 몇 번 당황했던 기억이 난다. 예를 들어 찰흙 만들기를 하면서 이층집을 짓다가 집이 무너지면 잘 만든 일층도 부수는 식이었다.

나는 먼저 아이가 재료를 탐색하고자 하는 욕구가 풀릴 때까지 같이 찰흙을 던지거나 망치로 두드리면서 충분히 탐색할 시간을 주었다. 그다음 어느 정도 아이의 욕구가 풀린 후, 주원이가 다시 만들기를 시도할 때에는 기술적으로 어려움을 느낄 만한 요소들이 나올 때마다 집중력이 흐트러지지 않도록 개입했다. 개입이라고 해봐야 주원이를 잘 지켜보고 있다가 찰흙으로 만든 벽이 무너질 것 같으면 무너지지만 않게 철사와 나무로 간단하게 벽을 고정시켜주는 정도였다. 주원이는 이날 처음으로 찰흙으로 큰 집을 완성했고 이날을 기점으로 조금씩 작품을 부수는 횟수보다 끝까지 완성해 내는 일이 많아졌다. 물론 나도 점점 주원이의 작품에 개입하는 일이 적어졌다.

실험을 통해 배우는 아들

예전에 남자아이와 여자아이의 차이점을 설명한 책 『남자아이 여자아이』에서 침팬지에 대한 재미난 이야기를 읽은 적이 있다. 어른 침팬지가 어린 침팬지들에게 나뭇가지를 이용해 흰개미 사냥하는 법을 가르칠 때, 암컷 침팬지들은 가만히 앉아서 보고 그대로 해내는 반면, 수컷 침팬지들은 서로 몸 장난을 치고 놀다가 개미에게 물리는 등 실패와 시행착오를 통해 배운다는 것이다.

침팬지가 아닌 남자아이들도 마찬가지다. 남자아이들은 경험을 통해 배우려는 습성이 강하다. 나무 하나를 가지고도 만져보고 냄새 맡고 두드려봐야 제대로 안다고 생각한다. 작품을 할 때에도 먼저 재료를 만져보고 던져보고 부러트려봐야 그것을 어디에 이용해서 무엇을 할 수 있을지 생각의 폭이 넓어진다. 어른들이 보기에 쓸데없는 짓이라고 규정하기 쉽지만, 남자아이들에게는 더없는 배움의 시간인 것이다.

아빠들은 아이가 "아빠 이거 어떻게 해?"라고 물으면 이렇게 대답한다.

"이리 와서 해봐."

"음, 이렇게?"

"자, 안 됐지? 왜 안 됐을까?"

얼마나 많은 딸들이 아빠의 무성의한 대답 때문에 엄마에게 가서 다시 한 번 물어보며, 얼마나 많은 아들이 엄마의 지나친 설명 때문에 수많은 실험의 기회를 뺏기는가? 아들을 키우거나 가르치는 사람이라면 앞으로 아이에게 너무 많은 것을 말로 알려주지 말자. 아이의 실패가 눈앞에 빤히 보인다 하더라도 실패할 수 있게 기다려주자. 물론 아이의 자존감이 낮아지지 않도록 "실패할 수도 있지만 한번 도전해보자"라는 말을 잊지 않는 것이 좋다. 다시 한 번 말하지만 아들은 말보다는 경험을 통해 배운다.

"종이를 앞에 두고 아무것도 안 그리네요"
그리기를 어려워하는 아들

수업을 진행하다 보면 아예 아무것도 그리려고 하지 않는 아이들이 꼭 있다. 우리는 그것을 미술 콤플렉스라 부르는데 이것은 여러 가지 이유에 의해 형성되지만 극복 방법은 비슷하다.

미술 콤플렉스를 겪는 아이들을 보면 선천적으로 표현 능력에 비해 시각적 욕구가 높아 그리기를 거부하게 된 경우이든, 미술을 배우면서 그림을 싫어하게 된 경우이든 정상적으로 거쳐야 할 난화기(亂畵期)를 제대로 거치지 못한 경우가 많다. 그리고 싶어도 손이 안 따라주는 것이다. 아무리 설명에 강한 아이라도 어떤 재료로 어떻게 힘을 주면 어떤 선이 나온다는 것을 겪어보지 않고서는 알 수 없다. 이런 경우에는 여러 가지 재료를 이용해 최대한 다양하게 많은 선을 그어보는 과정이 필요하다.

미술 콤플렉스에 걸린 아이 치료법

나는 이것을 의도적으로 난화기를 다시 한 번 겪게 해주는 과정이라고 말하기도 하는데, 어떻게 보면 아주 간단한 해결법이다. 큰 종이를 펼치고 여러 가지 재료를 이용해 마음껏 낙서를 하게끔 하면 되는 것이다. 하지만 그냥 그리라고 한다거나 반대로 명확한 주제를 주면 또 한 번의 좌절감만 안겨줄 뿐 도움이 되지 않는다. 아이가 그리는 것을 두려워하지 않게 하려면 어떻게 유도해야 할까? 이런 경우, 먼저 눈을 감은 채로 그림을 그려보게 하는 것이 좋다!

"자, 지금부터 그리기를 할 건데 오늘은 규칙이 있어. 눈을 감고 그리는 거야."
"눈을 감고요?!"
"응. 자, 손으로 눈을 가리고 그리는 거지. 절대로 눈을 뜨면 안 돼. 엇! 너 실눈 떴지?"
"아니요! 안 떴어요."
"하하, 좋아. 시간은 딱 3분이다. 준비하시고, 시작!"

눈 감고 그리기는 여러 가지 효과가 있는데 첫 번째 효과는 아이가 그림 그리기를 게임처럼 재미있게 받아들일 여지가 많다는 것이다. 눈을 감고 그린다는 것 자체가 웃을 일투성이다. 어떤 아이는 종이를 아예 벗어나서 책상에 그리기도 하고, 사람을 그리는데 눈 위에 코가 있기도 하고, 얼굴에 팔이 달려 있기도 하다. 눈을 감고 그리면서 아이들은 실실 터져 나오는 웃음을 참지 못하고, 눈을 뜨고 나면 한바탕 웃음바다가 된다.

"와하하! 완전 웃겨! 주혁이 그림 좀 봐봐!"

"야! 진언이 그림은 완전 괴물이야. 하하하!"

두 번째 효과는 자신이 어떻게 그리는지 볼 수 없기 때문에 조금 더 과감하게 그릴 수 있다는 점이다. 물론 처음부터 과감하기는 힘들지만 시간이 갈수록 어떻게 그려졌는지 신경 쓰지 않고 그리는 연습을 할 수 있다.

형상화할 수 없는 주제를 던져주자

하지만 눈 감고 그리기를 누구나 좋아하는 것은 아니다. 아이에 따라 예민한 친구들은 눈 감고 그리기를 유독 어려워하기도 한다. 이런 경우에는 바로 2단계로 넘어가자.

"애들아, 눈 감고 그리는 거 어떠니? 어렵지?"
"네, 어려운데 재밌어요!"
"근데 눈 감고도 잘할 수 있는 것이 있어. 그게 뭔지 아니?"
"정말요? 음…… 모르겠어요!"
"바로 허리케인이야! 너희들 허리케인 그릴 줄 알아?"
"네! 허리케인 알아요! 저 회오리 엄청 잘 그려요."

다음 단계는 조금 더 본격적으로 낙서를 하게끔 하는 것인데, 직관적으로 형상화할 수 없는 것을 주제로 주는 것이 중요하다. 무언가를 그려내는 것이 목표가 아니라 최대한 많은 선을 쓰고 경험하게끔

토네이도나 쓰나미 등
추상적인 주제를 주고
마음껏 선을 긋게 한다.

하는 것이 목표이기 때문이다. 만약 정확하게 형상화할 수 있는 대상을 그리게 하면 이 수업은 의미가 없어진다. 이성을 끄고 감각에 집중하게 만들어야 한다.

형상화할 수 없는 무형의 주제를 제시하라고 하면 어떤 선생님은 감정을 택하기도 하는데, 남자아이들은 선천적으로 감정을 표현하는 능력이 약하다. 분노·슬픔·기쁨 등 감정에 관련된 주제는 피하도록 하자. 아이들이 어려워하지 않고 재미나게 접할 수 있는 주제는 쓰나미·토네이도·파도·용암 등이다. 형태를 구체적으로 형상화할 수는 없지만 움직임이 느껴지는 주제일수록 효과적이다.

주제를 정했다면 재료를 던져주자. 재료는 최대한 여러 가지를 사용할 수 있도록 자극이 낮은 것부터 주는 것이 좋다. 예를 들면 연필—크레파스—파스텔—물감 순으로 제공하는 것이다. 처음에 물감같이 자극이 강한 재료를 사용하고 나서 연필을 쓰게 하면 아이가 연필의 특성을 충분히 느끼기 어렵다. 세게 힘을 주고 쥐면 부러진다는 것부터 종이 위를 누빌 때 나는 소리까지 충분히 느끼도록 유도하자. 눈을 감고 그리게도 시키고 눈을 뜨고 그리게도 시키고, 종이에 여백이 없어지면 종이를 박스나 나무 등 다른 재료로 교체해줘도 좋다. 최대한 짧은 시간 안에 충분히 느끼고 경험하도록 하자.

이 수업에 익숙해지면 조금 더 나아가 소리를 그려보게 하는 수업도 좋다. 내가 초보 시절 작가이자 아동 교육자인 선생님께 배운 것인데, 선생님의 방식은 이렇다. 먼저 아이들 앞에 종이를 몇 장씩 두고 전부 눈을 감게 한다. 그리고 조용히 시킨 후에 종소리를 들려 준다.

딸랑~
"자, 무슨 소리가 들렸지?"
"종소리요~"
"오, 잘 아는구나. 그럼 지금부터 이 소리를 그리는 거야. 할 수 있겠어?"

그럼 대부분의 아이들이 종을 그리고 종에서 소리가 나는 모양을 그리려고 한다. 하지만 이 수업에서도 역시 형상화할 수 있는 것을 그리는 것은 반칙이다.

"종이 아니라, 종소리를 그리는 거야~"

은은하게 퍼져 나가는 종소리를 표현하다 보면 점차 눈에 보이지 않는 추상적인 무언가를 표현하는 데에도 익숙해지게 된다. 아이들이 어느 정도 익숙해졌다 싶으면 이번엔 아예 음악을 들려준다. 음율에 굴곡이 있는 것도 괜찮고 열정적인 남미 음악도 좋고 늘어지는 음악도 좋다. 다만 소리와 같은 눈에 보이지 않는 것들도 각각 개성이 있고 우리가 그것을 표현할 수 있다는 것을 알려주면 된다.

토네이도나 회오리 그리기도 거부한다면?

이처럼 미술 콤플렉스는 대부분 난화기를 의도적으로 다시 겪게 하는 것으로 조금씩 좋아지는데, 가끔 눈을 감고 그리기나 토네이도·회오리 그리기마저도 거부해 나를 난감하게 하는 녀석들이 있다. 흔한 경우는 아니지만 이런 경우에는 회오리보다 더 작은 개념인 선과 점 그리기로 유도할 수 있다.

준혁이가 그런 아이였다. 종이를 앞에 놓아주기만 해도 도망가기 일쑤였다. 그냥 눈을 감고 그려보자고 해도 실눈을 뜨고 싫다면서 고개를 절레절레 흔들었다. 다른 남자아이들이 신나게 그리는 회오리나 토네이도를 그려보자고 해도 마찬가지였다.

"혹시 너 회오리 아니? 토네이도 같은 회오리 그릴 수 있어?"
"아니요……"

회오리랑 토네이도도 거부하다니. 그럼 어떻게 해야 하나?

"음, 그럼 선은 그을 수 있어? 여기부터 여기까지?"

일반적으로 스스로 무엇인가를 찾아 그리는 것이 어려운 친구들은 어디서부터 어디까지 그어보자라는 명확한 지시를 조금 덜 부담스러워 한다. 그저 선만 긋는 것이 우리가 원하는 단계는 아니지만 다음 단계로 넘어가기 위한 발판은 된다. 아이가 선을 긋는다면 옆에서 선생님도 함께 선을 긋자. 계속해서 선을 긋다가 나중에는 선과 선의 만남을 통해 점점 형태를 갖춰 가면 된다.

만일 선을 긋는 것도 점을 찍는 것도 싫어할 정도로 콤플렉스가 심하다면 가라앉아 있는 아이를 끌어올리는 놀이를 유도해보거나 아이가 좋아하는 주제를 찾아 만들기를 해보는 것도 좋다. 단언컨대 존재하는 모든 아이에게는 표현 욕구가 있다. 아이가 아예 시도하지 않는다면 아이가 우리의 의도를 오해하고 있거나, 우리가 아이를 제대로 파악하지 못하고 아이를 오해하고 있거나 둘 중에 하나이다.

만약 아이가 죽어라 종이에 손을 대지 않는다면 종이 자체에 대한 콤플렉스가 있는 것은 아닌지 확인해야 한다. 간혹 종이 자체를 거부하는 친구들이 있다. 종이가 자신의 능력을 드러내는 증거라고 생각하는 경우가 그렇다. 무능함을 알리는 증거물이라고 생각한다면 종이와 펜을 꺼내기만 해도 머리를 절레절레 흔들 것이다.

이런 아이는 일단 종이가 아닌 화이트보드를 사용하는 것이 좋다. 종이에는 자신의 그림이 남으니 남들이 계속해서 볼 수 있다는 점 때문에 꺼릴 수 있지만 화이트보드는 금세 그림을 지울 수 있어서 부담이 없기 때문이다. 처음에는 작게 그리고 나서 곧 지워버릴 수도 있다. 누군가가 본다고 생각하면 더욱 위축될 수도 있다. 그냥 화이트보드 하나를 아이 앞에 두고 무심한 듯 멀리서 다른 일을 하자. 아이를 지켜보고 있다는 생각을 들게 하지 않는 것이다. 너는 네 그림을 그리고 나는 내 일을 하고. 일종의 무심 전략이 아이의 마음을 편안하게 할 것이다.

종이에 그리는 것은 부담스러운 과제라고 느끼는 친구들도 화이트보드나 칠판에는 놀이처럼 느끼고 부담 없이 자연스럽게 낙서 형식으로 그림을 그리기 시작한다. 화이트보드에 시도한 그림에는 칭찬을 아끼지 말고 아이가 자신감이 생겼다 싶을 때, "그럼 너 여기에도 그릴 수 있어?"라고 종이를 내밀며 물어보자. 종이에 자신의 그림을 남기는 것에도 조금씩 적응해 나갈 것이다.

단, 한 가지 주의할 사항은 누나나 형이 있는 집에서는 화이트보드를 설치하는 게 오히려 역효과를 불러올 수 있으므로 주의해야 한다. 아이가 편안하게 그리려고 할 때마다 옆에 있는 누나나 형이 끼어들어 아이가 쫓아갈 수 없는 수준의 그림을 그리고 나면 화이트보드가 아이에게 좌절감을 주는 매개체가 될 수 있다. 특히 누나의 경우는 소근육 발달이나 그리기 능력이 남동생에 비해 대체로 월등하다. 남동생에게 누나의 그림으로 미술에 대한 이상을 심어주고 나면 남동생은 미술은 누나처럼 해야 하는 것으로 인식한다. 이런 경우에는 누나와 동생의 공간을 나누어 서로 침범하지 못하도록 해주는 것이 좋다.

"스스로 할 생각은 안 하고 그려달라고만 해요"
그려달라고 떼쓰는 아들

　미술을 죽어도 안 하려는 아이 중에 유독 그려달라고 떼쓰는 아이들이 있다. 선천적으로 시각적 욕구 수준의 발달이 높은 데 비해 표현 능력의 발달이 낮은 경우가 그렇다. 그 차이만큼 좌절감을 느껴 손에서 연필을 놓는 것이다. 쉽게 말하자면 6~7세 수준의 그림을 그리는 7세 아이가 10세 아이 정도의 작품을 원하는 것이다.

　아이들이 그림을 그리면서 거치는 단계가 있다. 체계적으로 이야기하자면 의미 없이 낙서를 하는 난화기부터 시작해서 낙서에 의미를 부여하는 의미 있는 난화기, 전(前)도식기, 도식기 등으로 발달 순서와 단계를 구분한다. 아무리 재능이 있고 능력이 뛰어난 아이들도 단계를 거치지 않고 처음부터 잘 그리는 경우는 없다. 때문에 아이들이 자신의 생각을 자유롭게 표현하는 데 있어 이 단계를 잘 거치는 일은 꽤나 중요하다.

너무 눈이 높은 아이

　기본적으로 남자아이들은 네모를 그려놓고 기차라고 부른다. 엄마에게도 "이건 기차야"라고 얘기하고 자신이 그린 기차를 진심을 다해 진지하게 설명한다. 한데 시각적인 욕구 수준이 높은 남자아이들은 네모를 그려놓고 기차라고 의미를 부여해야 할 시기에, '네모는 기차가 아니야'라고 느낀다. 의미 있는 난화기에서 다음 단계로 넘어가지 못하고 멈춰버리는 것이다. 그리고 안타깝게도 손에서 연필을 놓고 만다. 이렇게 한번 손을 놓으면 자신의 그림과 자신이 원하는 그림 사이의 차이는 점점 더 벌어져 결국 그림 그리기를 싫어하는 아이가 된다. 본격적으로 그림을 그려달라고 떼를 쓰는 아이가 되는 것이다. 표현 욕구는 왕성한데 자신의 능력으로는 그 욕구를 채울 수가 없기 때문이다.

　이런 경우에 상당수 부모들은 아이의 이런 요구에 떠밀려 왕년의 그림 실력을 뽐낸다. 때로는 아이가 내지르는 "우와! 우리 엄마 최고 잘 그린다"라는 감탄에 흐뭇한 마음이 들기도 한다. 하지만 이는 아이가 자유롭게 표현하는 단계로의 진입을 막는 행동이다. 잘 그린 그림을 보면서 눈이 높아질수록 자신의 그림에 만족하지 못할 가능성이 높아지기 때문이다.

아이가 그림을 그려달라고 할 때의 대처법

　상우는 자동차에 관심이 비상한 아이다. 자동차 휠만 보고도 차종을 맞출 정도로 관심이 깊고 나중에 꿈이 자동차 디자이너라고 말할 정도로 자동차를 사랑하는 남자아이다. 자동차도 또래에 비해 아주 잘 그리는데, 아쉬운 점은 상우가 너무 잘 그리려고 한다는 것이다.

편안하게 보이는 대로 자연스럽게 그리다 보면 표현의 폭도 넓어질 가능성이 보이는데, 자기 생각에 완벽하게 할 수 있을 것 같은 그림만 그리려고 해서 아직 표현의 세계가 좁다. 그리고 싶은 그림을 스스로 못 그린다고 생각할 때는 자료를 가지고 와서 종이 아래에 놓고 햇빛에 비춰 가며 그릴 정도로 시각적 욕구가 강하다. 문제는 이런 상태가 지속될 경우 스스로 표현의 한계를 넘어설 수 없다는 점이다.

어머니와 간단히 상담한 결과, 상우 아버지께서 상우와 같이 자동차를 그리는 시간이 많다는 것을 알게 되었다. 스스로 그리다 만족이 안 되니 자꾸 아빠에게 그려달라고 조르는 것이다. 아버님은 상우에게 자동차를 멋지게 그려주신 듯했다. 자료를 보고 자동차를 낑낑거리며 그리던 상우가 결국 나에게 그려달라고 조르기 시작했던 것이다. 나는 벽에 걸린 연구소 수칙을 읽어주며 여기서는 스스로 해야 한다고 아이를 다독였지만 못내 아쉬워하는 표정이 역력했다.

아이가 그림을 그려달라고 할 때, 무조건 안 그려줘도 문제고 화려하게 잘 그려줘도 문제다. 전혀 안 그려주면 기껏 생긴 표현 욕구가 사라질지도 모르고, 너무 잘 그려주고 나면 자연스레 표현하는 방법보다는 엄마처럼, 아빠처럼 그리는 것을 목표로 하게 된다. 잘 그린 그림이 한번 머릿속에 각인되고 나면 그것이 기준이 되어버린다. 그리고 그만큼 그려지지 않으면 좌절감을 느끼는 것이다.

현명한 미술교육은 아이가 도전하고 싶은 마음이 들게끔 너무 어렵지도, 너무 쉽지도 않게 선을 지키며 편안하게 미술을 접하게 만드는 것이다. 아이마다 그 선이 다르니 쉬운 일이 아니다. 물론 가장 중요한 것은 아이의 마음을 잘 읽는 것이다. 그렇다면 그림을 그려달라는 아이에게 구체적으로 어떻게 해줘야 할까?

정답은 없지만 효율적인 방법은 존재한다. 아이가 나에게 그려달라는 요구를 하면 나는 거절하지 않고 그려준다. 대신 아이보다 훨씬 못한 수준으로 그림을 그린다.

"선생님~! 포크레인 좀 그려주세요. 너무 어려워요."
"직접 그려봤어?"
"아뇨, 포크레인이 어떻게 생겼는지도 모르겠는데요!"
"그래? 사실 선생님이 포크레인을 엄청 잘 그리거든. 한번 봐봐."
(엉뚱한 그림을 그려준다.)
"에이! 이게 무슨 포크레인이에요!"
"맞아, 포크레인 이렇게 생겼는데?"
"포크레인에는 바퀴도 있어야 되고 이렇게 파는 것도 있어야죠."
"그게 어떻게 생겼는데?"
"줘보세요. (그림을 그리며) 이렇게 생겼잖아요."
"아~ 이렇게 생겼구나."

선생님의 역할은 그리는 법을 알려주는 것이 아니다. 무엇이든 과감하게 표현하고 도전하는 자세를 가르치는 것이 우선이다. 남자아이들은 선천적으로 자기 주도 성향이 강하고 인정받고자 하는 욕구가 강해, 자신보다 잘하는 사람을 보게 되면 자유롭게 표현하기보다는 잘하는 누군가를 따라잡으려고 한다. 잘하고자 하는 마음이 때로는 아이에게 한계를 주기 때문에 경쟁하지 않고 최대한 편안하게 그림을 그리게끔 도와줄 필요가 있다. 이것은 그림을 그리지 않으려는 아이를 유도해낼 때도 상당히 유용하다.

"너 티라노사우루스 어떻게 생겼는지 알아?"
"네, 그럼요! 덩치도 이만하고 이빨도 많아요."
"오~ 정말? 그럼 한번 그림으로 보여줘봐."
"어떻게 생겼는지는 아는데 그림으로 그리는 건 너무 어려워요. 말로는 할 수 있어요."
"에이, 뭐가 어려워. 선생님은 아주 잘 그린다. 보여줄까?"
"네. 보여주세요!"

이렇게 대화를 이끌어가며, 종이에 어설픈 타원형 동그라미를 하나 그린다. 티라노사우루스와는 전혀 거리가 멀어보이는 동그라미를 그려놓고 아이에게 미소를 지으면서 자랑한다.

"자, 어때! 티라노사우루스 완전 멋지지?"
"뭐예요! 이거 티라노사우루스 아니에요!"
"엥? 아니야! 티라노사우루스 이렇게 생겼어."
"아니에요. 티라노사우루스는 다리도 두 개 있고 날카로운 이빨도 있어요."
"정말? 말도 안 돼. 선생님은 이렇게 생겼는 줄 알았는데? 그럼 네가 한번 보여줘봐."
"에이, 연필 줘보세요."

그리는 것이 생각보다 어렵지 않은 일이라고 생각하게 만드는 것이 1차 목표다. 어떻게든 아이가 표현하기 시작하면 그것을 단서로 다음 단계로 계속해서 뻗어 나갈 수 있다. 산만해서 아무거나 주제에 맞지 않게 마구 표현하는 아이가 문제가 아니라 자신은 못한다는 생각에 아무것도 표현하지 않는 아이가 진짜 문제다. 표현하지 않는 아이를 만나면 일방적으로 가르치기보다 일단 스스로 표현하게끔 만드는 것에 주력하자.

처음 만났을 때 진우는 아무것도 그리지 않으려 하는 아이였지만 남아미술연구소에서 공룡(스테고사우르스)을 그리는 것으로 시작해 지금은 갖가지 주제를 가리지 않고 그리게 되었다.

해야 하는 일이 아니라 즐거운 놀이로

혹시 아이가 밥을 안 먹어서 걱정해본 경험이 있는가?

"아이가 죽어도 밥을 안 먹어요. 오늘도 아무것도 안 먹었어요. 어떻게 견디나 몰라."
"정말 아무것도 안 먹었나요?"

"네, 정말 안 먹었어요. 야쿠르트 하나랑 사과 두 쪽 먹은 것 말고는 정말 아무것도 안 먹었어요."

아이들이 밥을 안 먹는 데에는 이유가 있다. 그중 무시할 수 없는 큰 이유가 안 먹어서 굶어죽지 않을까 하는 엄마들의 걱정이다. 아이는 절대로 스스로 굶어죽기를 택하지 않는다. 아이는 단순히 배가 고프지 않기 때문에 밥을 먹지 않는 것이다. 사람은 혈중 포도당의 수치로 배고픈 상태를 구분하기 때문에 밥을 안 먹었어도 당도 높은 주스를 마시거나 군것질을 하게 되면 배가 고프지 않은 것은 당연하다. 하지만 엄마들은 아이가 밥을 안 먹으면 왠지 나쁜 엄마가 된 것 같아 '굶기지는 말아야지' 하는 심정으로 군것질을 허용한다.

문제는 여기서 끝나지 않는다. 아이에게 밥을 굶기지 않는 좋은 엄마가 되기 위해 아이에게 일종의 보상을 제시하기도 한다.

"이것만 다 먹으면 네가 원하는 거 해줄게."

이런 방법은 단기적으로 효과가 좋다. 처음 몇 번은 보상을 받기 위해 아이는 밥을 먹겠지만 이런 일이 반복되면 어느 순간 아이에게 밥 먹는 행위는 일이 되어버린다. 그것도 자신이 아닌 엄마를 위해 밥을 먹기 시작하면서부터 밥 먹는 시간은 보상을 받기 위해 참아야 하는 시간이자 피하고 싶은 일이 된다. 어느 순간, 아이는 밥을 안 먹으면 엄마가 괴로워 한다는 것을 깨닫게 된다. 결국 엄마와 전쟁을 하게 되면 아이는 밥을 먹지 않는 신종 파업을 벌인다.

미술시간도 다르지 않다. 남자아이들이 미술을 포함한 학습을 싫어하게 되는 가장 큰 이유는 배고프기 전에 먹이려고 하는 우리 어른들의 욕심과 상관이 있다. 아이가 조금만 늦되면 엄마들은 행여나 우리 아이가 이대로 배우는 것을 싫어하면 어쩌나 하는 초조함을 느낀다. 특히 조기교육 열풍과 맞물려 아이마다 받아들일 수 있는 발달 정도와 관심 분야가 다른데도 불구하고 시대의 흐름에 맞추려 하는 억지들이 아이를 도망가게 만든다.

생각해보자. 아이에 따라 첫 돌 이전에 걷는 아이도 있고 돌이 한참 지나고서야 걷는 아이도 있다. 빨리 걷는 것은 문제가 안 되는데 아이가 늦게 걷기 시작하면 엄마들은 초조하다. 그땐 그게 그렇게 중요해 보일 수가 없다. 하지만 아이가 유치원만 가도 그 일이 얼마나 부질없는 걱정이었는지 기억도 잘 나지 않는다. 아이가 조금 늦게 걷기 시작했다는 사실과 초등학교 1학년 성적이 상관이 있을까? 당연히 없다. 미술을 조금 빨리 시작한다고 미술에 재능이 생기는 것도 아니고, 말을 조금 느리게 시작한다고 해서 나중에 언변에 약해지는 것도 아니다. 다만 확실한 한 가지는, 기어 다니는 아이를 억지로 일어서게 만들려는 어른들의 욕심이 아이를 질리게 만든다는 것이다.

다른 학문도 마찬가지겠지만 특히 미술은 해야 하는 일이 아니라 즐기는 일이 되어야 한다. 미술에는 공식도 없고 끝도 없다.

미술은 원래 어려운 것이니 쉽게 배울 생각은 하지 말아야 한다는 소리는 미대 지망생들에게나 할 말이다. 아이들에게 배움은 놀이이고 즐거움이어야 한다. 특히 미술은 더더욱.

"그림 그리기를 싫어해요"
만들기만 좋아하는 아들

"너 미술 좋아하니?"
"그리는 건 좀 싫어하는데요, 만드는 건 좋아해요."

남자아이들을 유형별로 나누자면 수백 가지가 나올 수도 있겠지만, 크게 만들기를 좋아하는 아이와 그리기를 좋아하는 아이로 나눌 수 있다. 그리고 과연 만들기를 싫어하는 아이들이 있을까 싶을 정도로 대다수의 남자아이들은 만들기를 사랑한다.

대개 그리기엔 자신 없어 해도 만들기를 좋아하는 것은 남자아이들이 보이는 보편적인 특성이고, 그리기를 싫어하는 아이가 만들기를 좋아하는 경우는 있어도 그리기를 좋아하는 아이가 만들기를 싫어하는 경우는 별로 없을 정도로 만들기를 좋아하는 아이들이 압도적으로 많다. 이것은 남자아이들이 선천적으로 갖고 태어나는 능력인 공간 지각 능력, 활동 능력, 창조력, 인정받고 싶은 욕구 등과도 깊은 관계가 있다.

재미를 못 느끼는 아이에게는
그 무엇도 가르칠 수 없다

아들을 키워본 어머니들은 대부분 공감하겠지만 아들은 평균적으로 딸보다 말은 느리지만 블록으로 성을 빨리 쌓는 데는 뛰어난 능력을 발휘한다. 남자아이들 특유의 공간 지각 능력이 드러나는 것이다. 성인이 돼서 여자들보다 남자들이 평행주차를 잘하는 것도 마찬가지 이유에서다. 물론 개인차가 있기 때문에 평행주차를 어려워하는 남자들도 있고, 만들기보다 그리기를 좋아하는 남자아이들도 있지만, 대체적인 경향은 그렇다.

"선생님, 아이가 만들기만 좋아하고 그리기는 안 좋아해요. 어떡하면 그리기를 좀 잘하게 만들 수 있을까요?"
"그리기를 꼭 잘해야 하나요?"
"그럼요. 초등학교 저학년 미술 시간은 대부분이 그리기잖아요."

이 부분은 내가 종종 어머니들과 부딪히는 문제다. 어머니들은 학교 내신 성적을 등한시할 수 없다고 하지만 그리기를 싫어하는 아이에게 강제로 미술을 가르친다고 좋은 결과를 얻을 수 있는 건 아니다. 나중에라도 효과를 볼 수 있다면 그렇게 하는 것이 좋을 수도 있겠지만, 미술은 흥미를 느끼지 못하는 상태에서는 배울 수 없는 특수한 학문이기 때문에 억지로 시키는 것이 효율적이지 않다. 둘째로, 그렇게 미술을 배운다 해도 가장 중요한 창의력이 부재한 기술에 무슨 가치가 있으랴. 미술을 거부하는 아이에게는 그 무엇도 가르칠 수 없

만들기를 좋아하는 아이에게는 억지로 그리게 하지 않는 것이 우리 연구소의 수업 방침이다.

다는 것을 명심하자.

사람 그리기를 유독 어려워하는 남자아이들

"선생님, 제가 저희 반 남자 중에서는 그림을 제일 잘 그리는데요, 제일 못 그리는 여자아이보다 사람을 못 그려요. 여자들은 어떻게 그렇게 사람을 잘 그리는지 모르겠어요."

태웅이가 학교에서 과학상상화 그리기 대회를 한 날, 나를 보자마자 뱉은 이야기다. 태웅이는 그림을 잘 그리고 축구를 좋아하는 평범한 초등학교 1학년 남자아이로 소근육 발달이 또래 남자아이들에 비해 잘 돼 있고 관찰력도 뛰어나다. 공항 같은 곳에 갔다 오면 거기서 본 것들을 소상히 표현해내고는 했다. 학교의 그리기 대회에서도 곧잘 상을 타 오던 녀석이지만 이날따라 사람 그리기에 대한 자신감이 부쩍 떨어져 있었다. 아마 학교에서 팔다리가 쭉쭉 뻗은 사람들이 나오는, 화려한 색감의 여자아이들 그림을 보고 살짝 기가 죽었나 보다. 나는 태웅이 이야기를 듣고는 그날 수업을 위해 준비한 재료가 한가득 들어 있는 가방을 한쪽에 내려놓으며 물었다.

"그럼 오늘은 선생님이 사람 그리기 한번 가르쳐줄까?"
"네, 오늘은 사람 그리기 배워볼래요."
"좋아, 그럼 태원이랑 같이 관찰 수업을 해보자. 게임 형식으로 진행할 거야~"

사람을 잘 그리고 싶다는 말에 같이 수업 받는 친구 태원이까지 끼워서 인체의 구조부터 설명을 해가며 차근히 가르쳐봤지만 이내 지루해한다. 남자아이들 특유의 관찰력과 경쟁심을 이용해보지만 역부족이다. 5분 크로키로 서로를 그리던 아이들은 금세 지루해하는 표정이 역력하다.

"선생님, 사람 그리기는 너무 어렵고 재미없어요."
"그래, 선생님도 어렸을 때 그랬어. 조금 천천히 배우자. 그럼 다른 재료를 줘 볼까?"
"네~ 선생님, 빨리 주세요! 이제 50분밖에 안 남았어요!"

왜 남자아이들은 사람 그리기를 어려워할까?

위 이야기는 사실 태웅이에게만 해당되는 것은 아니다. 내가 상담했던 수백 명의 남자아이들이 그랬고 어린 시절의 나도 그랬다. 정말 상당수의 남자아이들이 사람 그리기를 지루해한다. 아마 이 글을 읽는 독자들 중에 상당수는 '맞아, 우리 아들이 사람을 못 그려'라며 공감하고 있지 않을까?

영유아들은 엄마의 얼굴에 가장 민감하게 반응한다는 연구 결과가 있었다. 대부분의 영유아들은 엄마의 얼굴과 목소리에 가장 먼저 반응한다. 욕구를 충족시켜주는 엄마야말로 그들의 가장 큰 관심사이기 때문이다. 아동미술 교육에서 사람을 그리게끔 하는 이유는 '모든 영유아들은 사람에게 가장 큰 관심을 갖는다'라는 이론을 전제로 하고 있다. 많은 아이들이 평균적으로 그런 경향을 보이니까 모든 아이들을 대상으로 교육할 때 사람 그리기가 가장 효율적이었던 것이다.

한데 남자아이들만 놓고 봤을 땐 어떨까? 최근 한 실험에서 남자아이들은 엄마의 얼굴과 움직이는 모빌을 동시에 봤을 때 모빌을 바라볼 가능성이 더 높다는 결과가 나왔다. 이것이 무슨 뜻이냐 하면, 남자아이들은 사람보다 비행기, 혹은 자동차를 그리도록 하는 것이 더 효율적이라는 것이다. 반대로 말하면 남자아이들에게는 사람 그리기가 잘 맞지 않을 수도 있다는 이야기다.

아동미술 교육에서 원래 사람을 그려야 바람직하다는 이론만으로 남자아이들을 판단하는 것은 너무 편협한 일이다. 남자아이들은 사람 대신 사물, 혹은 생물에 더 관심이 많을 뿐이다.

만들기를 통해 그리기를 유도하자

만들기만 좋아하는 아이에게는 어떤 수업이 좋을까?

단언컨대 만들기와 그리기는 그리 멀리 떨어져 있지 않다. 상자를 쌓아 로봇을 만들다가도 로봇 위에 그림을 그리는 것이 가능하고, 무엇을 만들지 상상하는 아이들에게 만들기 전에 설계도를 그리게 함으로써 직·간접적으로 계속해서 그림 그리기를 접하게 할 수 있다.

결국 만들기 활동을 통해서도 충분히 그리기에 필요한 능력들을 발달시킬 수 있고 자신이 좋아하는 활동으로 자신감을 형성한 후에 모자란 부분을 채워나갈 수 있다. 조금 돌아가는 것처럼 느껴져도 이쪽이 훨씬 제대로 된 방향이다. 미술교육에서 가장 중요한 일은 미술이 즐겁다는 것을 가르치는 일이다.

어느 날 나는 아이들이 오기 전, 서둘러 칠판에 '로켓 발명하기 대회'라고 크게 적었다. 그날의 수업 주제를 크게 적어놓는 것은 '자, 지금부터 뭘 할 거야'라고 딱딱하게 지시하지 않고도 아이들이 자연스럽게 감을 잡고 자율성을 잃지 않도록 하는 방법 중에 하나이기 때문이다. 돌아다니는 아이들을 모아서 이야기하지 않아도 되고, 선생님이 먼저 말하는 것이 아니라 아이들이 선생님에게 주제에 대한 질문을 던지도록 유도할 수 있으니 아이들을 참여시키기가 훨씬 쉽다. 참고로 남자아이들은 어른의 말보다는 게임의 룰에 더 민감하다.

"로켓 발명하기 대회? 선생님! 오늘 로켓 만들어요?"
"로켓이면 아무거나 만들어도 돼요?"
"맞았어. 혹시 너희들 로켓이 어떻게 생겼는지 알아?"

만들기를 좋아하는 남자아이들을 위해 '로켓 발명 대회'를 열고 만들고 싶은 로켓을 그려보게 했다.

"로켓은 위에가 세모나구요~ 몸에는 날개도 있고 불도 나와요!"

"그리고 로켓은 몸이 삼단 분리되는 것도 있어요."

"오, 좋았어. 삼단 분리되는 것까지 알다니! 근데 그냥 로켓 말고 세상에서 한 번도 본적 없는 신기한 로켓이 생각나는 사람? 혹시 그런 거 그릴 수 있는 사람 있어?"

"저요! 저 그릴 수 있어요!"

"선생님, 저도 할 수 있어요!"

"정말? 좋아, 그럼 지금부터 우리가 만들 로켓을 그림으로 보여주는 거야. 이걸 설계도라고 하지. 혹시 설계도가 뭔지 아는 사람 있어?"

"네! 설계도 알아요. 뭐 만들 때 그 모양대로 그리는 거죠?"
"저 생각났어요. 그려도 돼요?"
"오케이! 바로 그려보자!"

이 정도 이야기가 진행되면 로켓을 그리는 데 충분한 동기 부여가 된다. 아이들 그림 하나하나에 이야기가 잔뜩 담겨 있다. 어떤 녀석의 로켓에는 뱀과 새가 달려 있어 동물들의 추진력으로 로켓이 날아가고, 어떤 로켓에는 사슴벌레의 뿔이 달려 있다.

다음으로는 아이들이 만든 작품들을 한데 모아 놓고 이 중에 어떤 것을 실제로 만들어 볼까하는 질문을 던진다. 만일 모여 있는 구성원들 중, 경쟁심이 지나치게 강한 아이가 있을 때는 이런 방법을 사용하지 않는 것이 좋겠다. 자신의 작품이 아닌 다른 친구들의 작품이 채택되는 과정을 지켜보기 어려워할 테니까. 작품을 모아놓고 이 중에서 어떤 아이디어로 만들기를 할까에 대해 아이들이 토의하는 과정도 굉장히 흥미롭다.

"야, 이거 진짜 멋지지 않냐?"
"나는 이 헬리콥터 모양의 로켓이 멋진데?"
"이건 어때? 이건 새로운 거야."

서로의 작품을 모아놓고 보면 서로에게 배울거리가 생긴다. 서로의 생각이 꼬리에 꼬리를 물고 새로운 생각이 마구 솟아오르나 보다. 그러면 결국 아이들은 다시 설계도 그리기에 몰두하게 된다.

아이디어 회의 후, 회의에서 나온 아이디어를 반영할 수 있도록

아이들이 그린 그림 중에서 실제로 만들 로켓을 정하고 서로 협력해서 로켓을 만들어 보게 했다. 이 과정은 협동심도 배울 수 있어 좋은 공부가 된다.

충분히 그리기 시간을 주었다면 다음 단계로 작품 형상화 과정을 진행한다. 이때 중요한 것은 아이가 할 수 있는 활동과 할 수 없는 활동을 정확하게 구분하는 것이다. 의견을 통일시키기 힘든 6~8세 아이들이라면 어느 정도 감이 잡히도록 중심축을 세워주는 것도 현명하다. 아이들 무리가 스스로 작품을 만들어나갈 수 있을지 없을지 그 능력에 대한 판단이 수업에서 중요한 요소가 된다.

결국 만장일치로 채택된 아이디어는 거북이 모양의 로켓. 아이들과 상의 끝에 둥근 모양의 로켓으로 만들기로 결정했다. 일반 로켓 모양에 거북이 등껍질과 팔다리가 붙어 있다. 다 같이 만들고 나서 아이들은 작품에 색을 입혔다.

만들기 수업을 할 때는 완성의 개념을 알려 주는 것이 중요하지만 이것이 또 다른 강요가 되지 않도록 주의하자. 만일 아이가 너무 힘들어 한다면 다음 시간으로 미루는 것도 좋다.

"애들아, 너무 힘들면 다른 거 해도 되는데, 나중에라도 완성은 해야 한다."

만들기만 좋아하던 아이가……

강유는 우리 연구소가 있는 건물의 검도학원에 다니던 아이로, 아이의 어머니가 지나다니다가 우연히 연구소를 발견하여 들어오게 되었다. 강유는 참 매력적인 초등학교 1학년 남자아이다. 초롱초롱한 눈빛에 자기 의견이 뚜렷하고 정의감도 밝아 보는 이로 하여금 기분 좋게 만드는 매력을 지니고 있다. 한 가지 흠이 있다면 질투심이 좀 있는 것? 선생님이 다른 친구를 봐주고 있으면 금방 주의가 흐트러진다.

강유는 처음에 그리기보다 만들기에 관심이 많은 아이였다. 특히 입체적이고 스케일이 큰 작품에 관심이 많았기에 그리기는 조금 천천히 들어가야겠다고 어머니께 미리 말씀드리고 수업을 진행했다. 그러던 어느 날, 강유는 아주 자연스럽게 그리기를 접했고 이내 푹 빠지기 시작했다.

강유가 왔을 때 옆 반에서는 한창 그리기를 하고 있었다. 아이들이 조용히 그림을 그리고 있으니 자기도 그리고 싶었나 보다. 쉬는 시간 동안 조용히 뭔가를 그리고 있는 강유를 발견했다.

"와, 제법 관찰을 잘했는데? 강유야. 다른 것도 그려볼 수 있겠어?"
"네, 그려볼게요."

아예 큰 종이를 받은 강유는 주위 사물부터 하나씩 그려 나가기 시작했다. 와인 병, 우유팩, 페트병, 휴지, 종이컵, 장갑…… 주위에서 본 사물을 종이에 대고 그려도 보고 대충 그려도 보고 하며 자유롭게 그림을 그리던 강유는 알았다는 듯이 고개를 끄덕였다.

아이가 큰 화지를 부담스러워 할 때는 작은 단서를 제시해 준다. 자동차 바퀴 두 개로 시작된 강유의 그림.

"선생님, 그리기 재미있는데요?"

감성보다는 논리가 앞서는 남자아이들은 객관적으로 관찰해서 그림을 그린 후 거기에 상상력을 보태는 것을 좋아한다. 자동차를 관찰한 후 외형을 비슷하게 그린 강유는 나머지 부분은 자신의 상상력을 발휘해 그려보았다. 다 그리고 나서 화지에 구슬을 붙인 강유는 이날을 기점으로 자동차 그리기에 푹 빠지게 되었다. 이 다음번에는 소포지 두 장을 이어 붙여 큰 화지에 그림을 그리도록 유도해 보았다.

"선생님, 종이가 너무 커요!"

"정말 크지? 하지만 종이에 상관없이 자동차 하나만 그려도 상관없어. 네 마음대로 하렴."

"그래도 조금 어려운데요?"

아이가 큰 화지를 부담스러워 할 때는 그림을 시작할 수 있도록 작은 단서 하나만 제시해줘도 부담감을 훨씬 덜 느낀다. 예를 들어 이날은 자동차를 연상시킬 수 있는 바퀴 두 개를 붙여주었다. 막막하기만 했던 큰 화면에 자동차 바퀴 두 개가 생기자, 강유는 자연스럽게 자동차를 상상해냈다. 강유는 곧 자동차를 그리기 시작했다. 자동차가 완성되고 나니 이어서 길이 완성되고, 그 길이 완성되고 나니 주위에 건물들이 그려졌다. 이날 강유는 자동차 그리기를 중심으로 자동차가 다니는 길, 강유가 사는 동네 근처 도로를 그림으로 표현했다.

처음에는 자동차만 그리던 강유는 이제 사람 그리기에도 도전한다. 분위기를 바꾸기 위해 연구소 앞 공원으로 나가 이것저것 자연물을 먼저 그려보고 난 후 선생님을 모델로 그림을 그리기 시작했다. 오늘 강유에게 주어진 그리기 재료는 붓펜이다. 붓펜은 선의 강약 조절이 가능하고 한 번에 굵은 선을 그을 수 있어 간단한 크로키 수업에 적합하다.

선생님을 보고 그리던 강유는 이내 그림에 자신의 상상력을 덧붙이기 시작했다. 선생님은 항상 만능이라고 생각해서인지 슈퍼맨 의상이 입혀졌고 그 옆에는 잔소리를 하고 있는 선생님의 어머니가 그려졌다. 강유는 '잔소리를 듣는 선생님'이라는 재미있는 주제로 그림을 완성했다. 음식물 쓰레기를 버리고 오라는 엄마의 잔소리를 듣고 있는

강유가 그린 '잔소리를 듣는 선생님'. 붓펜은 간단한 크로키 수업에 적합한 도구다.

선생님의 표정이 재미있다. 우리는 이날 이 그림을 보고 하루 종일 웃었다.

"미술에 통 흥미를 못 느끼네요"
뭐든지 시시하다고 하는 아들

    미술학원 선생님들이 싫어하는 '남자아이들의 푸념 빅3' 중 하나가 "미술은 시시해"이다. '이렇게 아름다운 그림을 보고 시시하다고 말하다니!'라고 생각할 수도 있겠지만 호기심을 충족해줄 자극적인 것을 찾고 가만히 앉아서 조곤조곤 그림을 그려내는 것보다는 무언가를 만드는 것에 더 익숙한 남자아이들에게는 당연한 일이기도 하다.

    얼마 전에 나를 찾아온 초등학교 2학년 용진이도 미술이라면 시시하다며 거들떠보지도 않던 녀석이다. 입구에서 문을 반쯤 열고 인사를 건네시는 어머니와 달리 용진이는 문 밖에서 주머니에 손을 찔러 넣고 내 쪽은 쳐다보지도 않는다.

"미술 시시해서 안 한다니까. 왜 미술학원 데리고 왔어."
"용진아, 미술 하기 싫으면 안 해도 돼~ 선생님은 지금 다른 애들이 만든 로봇을 옮기고 있는 중인데 잠깐만 구경하고 갈래?"

미술을 싫어한다고 '생각하는' 아이들

안 들어오겠다고 버티던 용진이의 눈에 다른 친구들이 상자를 쌓아 만든 거대한 로봇이 들어온다. 아이의 눈길이 로봇에 멈췄다는 것을 확인한 나는 간단하게 로봇에 대해 설명해 주었다.

"로봇 멋지지? 저거 너랑 같은 나이의 친구가 만든 건데, 미사일도 나간다. 만져봐도 돼."
"로봇만 구경하고 나갈 거예요. 난 미술 같은 거 안 해요. 미술은 완전 시시해요."
"상관없어. 여기는 너 하고 싶은 거 하는 곳이야. 하기 싫으면 아무것도 안 해도 돼."

뿌루퉁한 표정으로 들어와서 한참 로봇을 보던 용진이는 또래 친구들이 만들어 놓은 칼이며 총, 나무로 만든 집 등 여기저기에 관심을 갖기 시작한다. 나는 용진이의 시선이 옮겨 가는 대로 또 어떤 작품인지 누가 만들었는지 설명하기 바쁘다.

"너 여기가 어딘지 알아?"
"……미술학원이요."
"아냐, 여기는 비밀 연구실이야. 여기서는 위험한 물건을 허락 맡고 사용해야 하는 것과 다른 친구를 방해하면 안 되는 것, 친구와 싸우는 것 외에는 모두 자유야. 놀고 싶으면 놀아도 되고 만들고 싶은 것이 있으면 이 안에 있는 재료를 마음대로 써도 돼. 단, 주어진 시간은 딱 한 시간! 한번 해볼래?"

어리둥절해하던 용진이는 곧 여기저기 흩어져 있던 재료를 모아 무언가 뚝딱뚝딱 만들기 시작한다. 한 시간 정도 땀을 뻘뻘 흘리면서 톱질을 하던 용진이가 드디어 입을 연다.

"선생님, 저는 미술이 꽃 하고 나비 같은 시시한 것만 그리는 건 줄 알았어요."
"아직도 미술이 시시하니?"
"아니요. 미술 완전 재밌어요. 매일 하고 싶어요."

아들은 '멋진 것'이 하고 싶다

딸과 아들은 언어 발달 정도도 다르고 좋아하는 만화영화도 다르고 좋아하는 놀이도 다르다. 후천적인 학습에 따라 달라졌다고 하기에는 본능적으로 좋아하고 싫어하는 것이 다르다. 아들과 딸이 선천적으로 다르다는 것은 아이를 키워본 부모들이라면 누구나 느끼는 것이다. "누가 가르쳐주지도 않았는데, 어떻게 저렇게 다를까?"가 부모들이 입버릇처럼 달고 다니는 말이다. 하지만 미술학원에서는 남자아이들과 여자아이들의 특성을 구분하지 않고 가르친다. 대표적인 것이 주제를 고려하지 않고 진행한다는 점이다. 멋지고 힘세고 천하무적인 것들, 예를 들어 공룡과 로봇, 무기, 자동차 등이 세상에서 가장 멋지다는 남자아이들의 기호는 종종 무시된다. 비학습적으로 보인다는 이유로 혹은 가르치는 선생님들의 선호에 따라서. 남자아이들이 시시하다고 얘기하는 이유의 첫 번째는 멋지지 않기 때문이다. 남성답고 강하다는 것을 증명하려 애쓰는 남자아이들에게, 남자의 세계와는 거리가 멀어 보이는 미술은 충분히 시시해보일 수 있다.

"도무지 통제가 안 돼요"
뭐든지 마음대로 하겠다는 아들

"애들아, 여기는 뭐 하는 곳인지 알아?"
"미술학원 아녜요?"
"아니야. 여기는 비밀 연구소야."
"네? 비밀 연구소요?"
"응. 여기서는 너희들이 지켜야 될 규칙이 있어. 하나는 다른 아이들 작품을 절대 망가트리면 안 되는 거고, 둘째는 다른 아이들과 싸우면 안 돼. 그리고 여기에는 칼, 톱, 망치 같은 위험한 물건도 있거든? 그래서 셋째, 위험한 물건은 꼭 선생님께 허락 받고 사용하는 거야. 자, 뭐라고?"
"망가트리지 않고 싸우지 않고 위험한 물건은 선생님께 허락 받고 사용해야 해요."
"그렇지. 여기서는 이 세 가지 규칙 빼고는 뭐든지 자유야. 놀고 싶으면 놀아도 돼. 단 시간은 1시간 30분. 그동안 너희들은 이 안에 있는 모든 재료를 마음껏 이용할 수 있어."
"우와~ 여기 짱이다."

자유의 출발은 최소한의 규칙 준수에서

진정한 자유를 느끼게 하려면 정확하게 무엇을 하면 안 되는지 알려주는 것이 중요하다. 아이를 자유롭게 키우는 것과 다른 이들에게 피해를 주고도 모르는 파렴치한으로 놔두는 것은 엄연히 다르다. 물론 아이의 신변을 위협할 정도로 위험한 상황을 겪게 해서도 안 된다. 커다란 자유를 누리기 위해서는 최소한의 규칙이 꼭 필요하다는 것을 아이에게 인지시키자. 최소한의 규칙은 우리를 위한 것이 아니라, 아이의 마음에도 안정감을 준다. 아무 제재 없는 자유는 공허함을 남길 뿐이다. 자신이 무엇을 하면 안 되는지를 정확하게 알고 있어야 아이도 마음껏 자유를 누릴 수 있다.

나는 어렸을 적 하도 혼나서 '하지 말아야 할 것만 딱딱 알려주면 안 되나?' 하는 생각을 한 적이 있다. 엄마가 하지 말라고 했던 적이 없는데 하면 혼나는 것에 짜증이 났다. 계단을 내려갈 때 난간을 잡고 내려간다든지, 비오는 날 물 웅덩이를 밟는다든지…… 뭘 하든 혼나다 보니 나중에는 새로운 것이나 처음 하는 일을 할 때는 눈치부터 보게 되었던 기억이 난다.

가끔 엄마들에게 예쁨 받는 '엄친아' 스타일의 아들들을 보면 눈치가 빠른 아이들이라는 생각이 들기도 한다. 이런 아이들을 보면 대견하고 기특하지만, 한편으론 뭔가 아쉽다. 뭐든지 도전해보고 느끼려고 하는 남자아이들 특유의 매력이 사라진 것 같아 아쉬운 마음이 드는 것이다. 해야 할 것만 하길 바라는 엄마의 계속되는 통제에 길들여진 것이다. 스스로 자신과 주변 환경을 통제하고 싶은 욕구가 선천적으로 꿈틀거리도록 설계된 남자아이들이 엄마의 잔소리에 익숙해져 자신의 욕구를 깊숙이 감추는 것은 엄청난 비극이다.

아이들이 우리 연구소를 다른 미술학원과 다르게 생각하는 핵심요소이자 20분도 집중하지 못하던 아이들이 1시간 30분이 넘도록 집중할 수 있는 핵심요소가 바로 '하지 말아야 할 것 빼고는 뭐든지 가능한 세상'이라는 규칙이다. 다행히도 남자아이들은 엄마의 감정적인 말과 표정에 별로 반응하지 않는 대신, 엄격하게 지켜지는 규칙에는 잘 따르는 성향을 가지고 있다. 앞서 남자아이들에게 자유를 주는 방법에 대해서 배웠다면 이번에는 진정한 자유를 주기 위해 필요한 규칙에 대해 이야기를 나눠보자.

최소한의 규칙을 정하고 실행하는 법

그렇다면 최소한의 규칙은 어떻게 정해야 할까?

규칙은 가장 실용적이고 필요한 것이어야 한다. 만일 미술 수업이나 작업을 하는 공간에서의 규칙이라면 안전에 관련된 규칙은 꼭 들어가야 한다. 우리 연구소의 규칙은 도덕(예의)과 안전수칙 이렇게 두 가지다. 조금 더 구체적으로 이야기하자면 다른 아이의 작품 활동을 방해하거나 다른 아이와 싸우면 안 된다는 것, 그리고 안전에 관련된 물품들은 항상 선생님에게 묻고 사용해야 한다는 것, 선생님께는 존칭을 사용할 것 등이다. 아이들이 납득하기 어렵지 않은 단순명료한 내용들이지만 실용적이기도 하다. 이 중에서도 가장 중요한 것은 안전수칙이다. 아이들의 안전과 직결되어 있기 때문에도 중요하지만 아이들에게 자유에는 한계가 있다는 것을 알려주는 데에도 꼭 필요하다.

아들과의 전쟁으로 고민하다 이 책을 펼쳐 들었다면 다른 것들도 중요하지만 최소한의 규칙을 이해하고 응용해서 적용하는 일이 도움이 될 것이다. 남자아이들은 엄마의 잔소리에는 학을 떼지만 '소림사의 규칙'은 기꺼이 지키려고 하기 때문이다.

자, 아이와 거듭해서 충돌하고 있는 부분을 규칙으로 정했다면 그다음으로는 이 규칙을 지키도록 하는 방법을 살펴보자.

> **최소한의 규칙을 실행하는 방법**
> 1. 왜 하면 안 되는지 이유를 논리적으로 설명하라.
> 2. 규칙을 안 지키면 생기게 되는 불이익을 설명하라.
> 3. 아이가 지키지 않을 시 부드럽고 강한 목소리로 경고한다.
> 4. 단호한 태도와 목소리로 불이익을 이행한다.
> 5. 항상 일관된 태도를 유지하면서 규칙을 형성한다.

이 수칙이 필요한 이유는 간단하다. 수칙이 없으면 딸로 태어난 엄마와는 다른 방식으로 사고하는 아들을 훈육하는 과정에서 아들과 감정적으로 대립하게 될 가능성이 높다. 아무리 자식이라지만 이해가지 않는 미운 행동들을 반복할 때에는 감정적으로 대하기 쉬운데, 특히나 논리에 강하고 상대방 감정을 헤아리는 능력이 약한 아들은 감정적으로 훈육해서는 안 된다. 남의 자식보다 내 자식 훈육하는 일이 어려운 것은 감정이 개입되기 때문이다. 감정을 배제하는 데 있어 구체적인 행동 수칙을 정하는 것만큼 효과적인 것도 없다.

아들에게는 논리적인 설명이 효과적

아들을 효과적으로 훈육하는 첫 번째 규칙은 앞서 말했듯이 왜 하면 안 되는지 그 이유를 논리적으로 설명해주는 것이다. 아들은 감정이 아니라 논리로 대해주어야 인정하고 받아들일 수 있는 두뇌회로와 본능을 가지고 있다는 것은 앞에서도 여러 번 강조했다.

딸들은 엄마가 화났다고 생각하면 인정하고 말고를 떠나, 엄마를 위해 하면 안 되겠다는 생각을 먼저 하지만 아들은 그렇지 않다. 아들에게 엄마나 선생님이 화났다는 사실과 자신이 하던 일을 그만두는 것은 별다른 연관성이 없어 보인다. 엄마의 목소리와 표정을 통해 감정을 읽어내는 능력이 낮을 뿐더러, 읽어냈다 하더라도 엄마가 왜 화를 내는지 의아하게 생각하는 경우가 많다.

만약 어떤 행동을 못 하게 아들을 막아야 한다면, 어떤 조치를 취하기 전에 논리적으로 아들을 설득하는 것이 우선이 되어야 한다. 만일 나이가 어려 못 알아듣는다 해도 상관없다. 모든 일에는 이유가 있기 때문에 결과가 생기는 것이라는 것 정도만 이해하도록 도와주면 된다. 이런 대화법은 아들의 탐구력과 학습 태도를 향상시키는 데에도 상당히 도움이 된다.

예를 들어 나는 교실에서 아이가 약간이라도 다칠 염려가 있는 도구를 사용할 때, 장갑을 끼도록 하는 규칙을 만들어 시행하고 있다. 그리고 이 장갑을 껴야 한다는 규칙을 말해주기 전에 각종 위험한 도구들, 예를 들어 글루건이 얼마나 뜨거운지 열기가 간접적으로 느껴지는 부분을 직접 손으로 만져보게끔 하고 스티로폼을 녹이는 장면을 보여주며, 피부도 스티로폼처럼 녹을 수 있다는 것을 충분히 알려

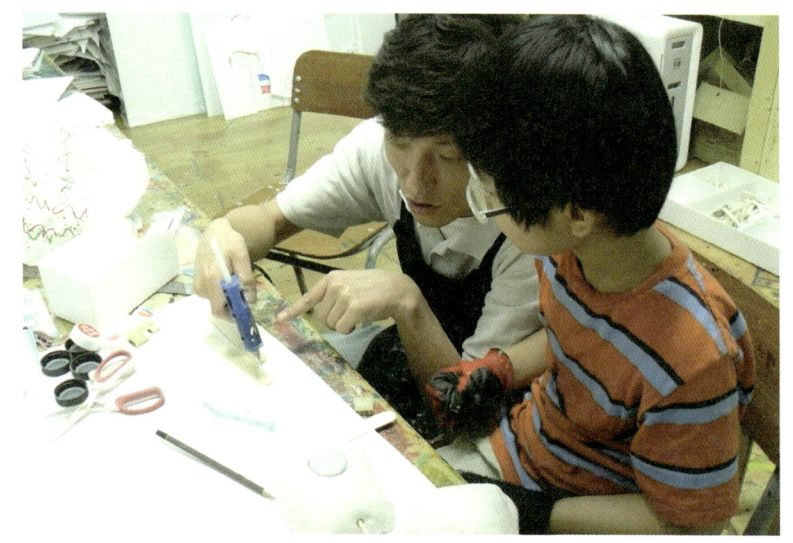

규칙을 실행하기 전에 왜 규칙을 지켜야 하는지 논리적으로 설명하는 과정을 거친다.

준다. 그런 다음 장갑을 끼면 어떻게 보호가 되는지를 명확하게 보여 주고 나서 장갑을 껴야 한다는 규칙이 있음을 알려 주는 것이다.

"선생님, 저 글루건 사용해도 돼요?"
"응. 그런데 규칙이 있어. 글루건을 사용할 때는 항상 장갑을 껴야 돼."
"안 끼면 안 돼요?"
"음, 봐봐. 글루건은 원래 위험한 물건이야. 하지만 너희들이 규칙만 잘 지키면 전혀 위험하지 않아. 자, 여기 한번 만져봐. 뜨겁지?"
(살짝 손을 대더니) "앗, 뜨거워요!"
"여기는 따뜻한 정도지만 글루건이 나오는 쇠 부분은 어떨까?"
"엄~청 뜨거워요."
"맞아, 엄~청 뜨거워. 글루건 심 뒷부분을 만져봐. 어때?"

"딱딱해요."

"이렇게 딱딱한 글루건 심이 엄~청 뜨거운 글루건 총구 때문에 다 녹아버리는 거지. 자, 봐봐. 선생님이 여기에 글루건을 써볼게. 으…… 이게 얼마나 뜨거울까?"

"으…… 엄청나게 뜨거울 거 같아요."

"그래서 글루건을 사용할 때는 항상 장갑을 껴야 한다는 규칙이 있는 거야."

"아, 그럼 장갑을 안 끼면 어떻게 돼요?"

"장갑을 안 끼면 경고야. 그리고 경고가 세 번이면 그날은 글루건을 아예 사용 못 해. 글루건을 못 쓰면 만들 수 있는 발명품이 확 줄어들지."

이 설득 과정은 아주 중요하다. 여자아이들이라면 말로 충분히 설명해 주고 가끔 약속을 지키지 않을 때 무서운 표정을 짓는 것만으로도 문제가 해결되겠지만 남자아이들은 직접 보여주고 느끼게끔 해줘야 머릿속에 위험 신호가 입력된다.

그다음, 만약 장갑을 안 끼고 글루건을 만지는 것을 발견하면 경고 조치가 들어가고 경고가 세 번 누적되면 글루건이나 망치, 톱 등은 그날 하루 동안 사용할 수 없도록 금지한다. 벌칙이 약하다고? 이해가 안 갈 수도 있겠지만 남자아이들에게 위험한 물건을 다루지 못하게 하는 것은 의외로 아주 큰 패널티가 된다. 그것은 남자아이들이 위험한 물건을 다루면서 뿌듯함을 느끼는 두뇌회로를 가지고 있는 데다 그것이 자신의 능력과도 연결된다고 느끼기 때문이다. 예를 들어, 내가 예전에 산에서 구르면서 생긴 상처들을 보여주면, 그날 남자아이들은 하루 종일 상처 이야기를 한다. 남자아이들은 자신이 얼마나 위험한 인생을 살았는가를 말하며 더 큰 상처들을 자랑스럽게 보여주기 바쁘다.

자, 적정한 패널티까지 설명을 해주었지만 그래도 여전히 남자아이들은 실수를 반복할 것이다. 어쩔 수 없다. 한 번 말해서 듣지 않는 것은 대대로 물려 내려오는 남자들의 고질병이고, 자신에게 중요하다고 생각되지 않는 자잘하고 세세한 것에 신경 쓰지 못하는 것 또한 남자아이의 본능이다. 우리가 할 일은 남자아이들에게 자잘하고 세세해 보이는 이 안전 수칙을 제대로 작동하도록 만드는 일이다.

일관적이고 단호하게 행동하는 것이 핵심

여기서 중요한 것은 교육자는 남자아이들의 본능을 이해는 하되 항상 일관되고 단호한 태도를 취해야 한다는 것이다. 수칙을 제대로 이행하게 하는 포인트는 최대한 감정을 넣지 않는 것이다. 최대한 부드럽고 강한 어조로 차분하게 경고를 준다. 처음에는 아이가 대수롭지 않게 생각할 수도 있다. 그래도 절대 감정적으로 흥분하지 말자. 우리에게는 마지막 단계가 있으므로.

경고가 누적되는데도 주의하지 않고 반복해서 실수를 저지르면 단호한 조치에 들어간다. 약속한 조치를 이행하느냐의 여부에 따라 경고의 효과는 확연히 달라질 것이다. 여기서도 중요한 것은 화내는 표정에 언성을 높이면서 경고하는 것이 아니라, 최대한 차분한 목소리로 냉정하고 단호하게 행동하는 것이다. 그리고 지금까지 해온 노력을 물거품으로 만들 생각이 아니라면 아무리 마음이 약해지고 상황이 열악하더라도 한번 뱉은 말은 지키는 것이 좋다. 상황과 기분에 따라 벌칙이 이행되지 않는다면 아이는 규칙을 잘 지키는 아이가 아닌 살살 눈치 보는 아이가 될 수 있다.

자, 이제 마지막으로 지금까지 말한 단계를 일관성 있게 적용해 확고한 규칙으로 만드는 것만 남았다. 앞서도 말했지만 남자아이들은 선천적으로 엄마의 화난 얼굴 표정만으로 엄마의 감정을 읽고 공감하지 못한다. 감정으로 대하는 것으로는 여자아이들보다 더 빨리 한계에 부닥치는 것이다. 남자아이들은 감정이 아니라 규칙으로 다스려야 한다.

나는 '아들 가진 엄마들도 우아하게 살 수 있다!'라는 슬로건을 내건 아들 가진 엄마들의 친목 카페를 운영하고 있다. 이곳은 아들을 둔 엄마들이 우아하게 살기 위한 정보를 제공하는 곳인데 내가 제공하는 정보의 핵심 중 하나가 바로 이제까지 말한 내용이다. 아들과 전쟁을 끝내고 우아한 엄마가 되고 싶다면 아들의 성향을 공부하고 이해하는 것만으로는 부족하다. 위 수칙을 냉장고 앞에 붙여두고 숙지하는 노력이 필요할 것이다.

어쩌면 이 글을 읽고 그대로 따라하는 첫날, 아이는 이런 생각을 할지도 모른다.

'우리 엄마가 갑자기 왜 저러지? 저러다 말겠지, 뭐.'

하지만 횟수를 거듭할수록, 예외 규정 없이 일관된 교육이 여지없이 이뤄지게 된다면 아이는 엄마의 말이 허투루가 아니라는 것을 알게 되고 그러면 조치를 취하기 전에 문제가 해결되는 빈도가 높아질 것이다. 아들과 벌이는 전쟁의 횟수가 줄고 아들도 눈치 보지 않고 안정적으로 생활하게 된다. 한 번 두 번 경험이 쌓여 규칙을 확고히 형성하는 데 성공하게 된다면 다음 번 규칙을 형성하는 데는 별다른 어려움이 없을 것이다. 누누이 이야기하지만 적당한 규범과 한계를 정해주는 것은 아들에게 구속감이 아닌 안정감을 준다.

마지막으로 최소한의 규칙은 가능한 한 아들이 쓸데없어 보이는 행동들을 자발적으로 할 수 있는 장을 열어주기 위한 것이어야 함을 잊지 말자.

아들 상대 노하우 7
아들은 교실이 아닌 비밀 연구실에 가고 싶어한다

아이들에게 미술을 가르치기 전에 나는 꼭 아이들이 어떤 것을 배우고 싶어하는지 파악한다. 개중에는 무언가를 배우는 것을 죽어라 싫어하는 아이들이 있는데 그런 아이들의 문제는 대개 비슷하다. 배움을 일로 생각하는 것이다. 그래서 나는 아이들에게 미술을 가르칠 때 미술 공부라는 생각이 들지 않도록 노력한다. 그래서 교실이라는 말 대신 '비밀 연구실'이라는 단어를, 학생이란 말 대신 '연구원'이라는 말을 사용한다. 공부는 아이에게 일이지만, 비밀 연구실에서 연구원이 되는 것은 흥미로운 모험이기 때문이다. 재미난 것은 공부라는 말을 빼고 무언가를 가르쳐주면 아이들은 온몸으로 빠르게 배워나간다는 점이다.

아이들은 배우기 위해 태어난다는 아주 평범한 진리에 불구하고, 남자아이들이 배움을 멀리하려는 까닭은 엄마들의 욕심에 있다. 아이들의 발달 상태나 관심도에 상관없이 '우리 아이가 평생 못 배우지 않을까?' 하는 걱정을 온몸으로 표현하기 때문에 아이는 공부라는 말만 들어도 진절머리가 나게 돼버린다. 엄마가 꼭 표현을 하지 않아도 엄마의 가르치려는 욕심과 불안이 결국엔 아이에게 전달되기 때문이다. 얼마 전에 미술의 '미' 자만 들어도 뒤로 넘어간다는 아이가 연구소에 상담차 왔었는데 그 아이는 미술 뒤에 꼭 공부라는 글자를 붙이는 버릇이 있었다. 나는 아이 입에서 나온 '미술 공부'라는 단어를 '비밀 연구실'로 바꿈으로써 아주 간단하게 미술에 대한 흥미를 높일 수 있었다.

"선생님, 미술 공부 싫어요. 안 할래요."
"응, 선생님도 미술 공부는 싫다. 재미없어. 근데 여기는 미술 공부하는 곳이 아냐. 비밀 연구실이지. 네가 만들고 싶은 거나 그리고 싶은 거 아무거나 하면서 놀 수 있어. 진짜야. 그냥 놀아도 돼."

이 아이는 그날 샘플 수업 시간을 꽉 채우고 나서도 더 놀고 싶다고 말할 정도로 미술을 사랑하는 아이가 되었다. 아니, 정확하게 말하면 원래 미술을 좋아하던 아이였으나 우리가 몰랐던 것뿐이다. 비밀 연구실이 아이에게 길을 열어 주었다.

나는 미술을 가르칠 때, 아이에게 절대로 "힘들어도 참고 하자" "이거 다 하면 스티커 줄게" 같은 말은 하지 않는다. 다른 학문도 마찬가지겠지만 특히 미술이라는 학문은 즐기지 않고는 배울 수 없기 때문이다. 미술에는 공식도 없고 끝도 없다. 미술을 즐기고 더 잘하고 싶고 더 표현하고 싶은 본인의 의지가 바탕이 되지 않으면 그 무엇도 가르칠 수 없다. 그러다 보니 미술에 별로 재미를 느끼지 못하는 어떤 아이들은 시작한 지 10분도 채 안 돼 성의 없이 그려놓고 이렇게 말한다.

"선생님, 다 했는데요."
"음…… 여기에 이런 게 있으면 어떨까?"
"네…… 선생님, 다 했는데요."

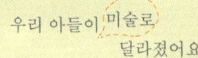

"여기 조금만 더 해봐, 잘하면 선생님이 스티커 줄게."

미술이 일이 되는 순간이다. 배움은 노동이고 대가를 받는 행위라는 생각이 들면 배움의 즐거움은 저 멀리 날아가고 대가가 없으면 배움을 거부하게 된다. 정말 엄마를 위해 공부하는 아이가 되는 것이다. 대신 아이에게 재미없으면 잠시 쉬었다 하자, 재미있는 것을 같이 찾아보자며 배우는 것이 즐거운 일임을 알려주면 아이는 스스로 더 많은 것을 배우려고 한다. 가르치는 이의 최선은 바로 이런 게 아닐까.

많은 엄마들이 먹지 않는 아이를 위해 새로운 요리책을 뒤적이지만 그 어떤 요리법도 먹지 않으려는 아이를 이길 수는 없다. 두 아들의 엄마이자 『징그럽게 안 먹는 우리 아이 밥 먹이기』의 지은이 임선경은 징그럽게 안 먹는 두 아들을 둔 엄마의 밥 먹이는 노하우가 '요리법이 아닌 먹이는 방법'에 있다고 한다. 마찬가지다. 미술도 가르치는 방법이 중요하다.

엄마들은 으레 아이가 한글을 조금만 늦게 깨치면 행여나 이대로 까막눈이 되는 건 아닌지, 한글을 너무 늦게 익혀서 다른 것도 못 배우는 건 아닌지 불안해한다. '천천히 가르쳐도 돼' 하고 대범하게 생각했던 엄마들도 옆집 아이가 술술 읽는 것을 보면 다잡았던 마음이 흔들린다. 결국 배울 준비가 안 된 수많은 아들들이 억지로 책상 앞에 앉혀진다. 물론 엉덩이가 들썩이도록 설계되어 있는 아들이 제대로 공부를 할 리 만무하지만 그때도 엄마들에게 명분은 있다. 공부하는 습관을 들인다는 것. 하지만 공부하는 습관을 들인다며 배우고 싶지 않은 아들을 억지로 앉히는 행위는 아들이 공부를 싫어하게 되는 첫 번째 계기가 된다.

내가 남자아이들을 잘 다루는 것도, 미술을 싫어하는 남자아이들을 순식간에 미술을 좋아하는 아이로 만들어놓는 비밀도 여기에 있다. "하기 싫으면 하지 않아도 돼"라는 한마디. 항상 "○○ 해야 돼, ○○ 해야 해"라는 채근 속에서 살아가는 남자아이들에게 이 한마디가 얼마나 많은 것을 내려놓게 만드는지 엄마들은 모른다. 마음껏 놀아도 되는 공간에서 스스로 무언가 만들어보고자 선택한 남자아이들은 그야말로 눈이 반짝반짝 빛난다. 물론 무조건 놀아도 된다는 말 한마디로 남자아이들이 바뀌는 것은 아니다. 그냥 밥을 주는 것이 아니라, 밥에 집중할 수 있는 환경을 조성해 주는 것 또한 우리의 역할이다. 미술 시간에는 작품에 집중할 수 있는 환경을 조성해주고 또 다른 학습을 할 때도 아들이 좋아하는 것을 언제든지 놀면서 탐구하고 배울 수 있는 환경을 조성해주는 것이다. 이렇게 새로운 것을 탐구하고 배우는 것에 대한 즐거움을 알려주는 것이 우리가 할 수 있는 최선의 교육이다.

   앞으로 미술공부, 색칠공부라는 말은 저 멀리 갖다 버리자. 미술은 공부하는 것이 아니라 느끼고 배우는 것이다. 미술만 그런가? 모든 학문은 억지로 배워야 하는 것이 아니라 자연스럽게 몸으로 느끼고 체득해야 하는 것이다. 적어도 초등 저학년 때까지는 말이다. 초등 저학년 때는 좋은 성적보다 배움에 대한 긍정적인 자세를 키워 건강하게 배우는 것이 중요하다. 역전은 나중에 언제든지 가능하다. 곤충학자 파브르가 사회적으로 성공하기 위해 영어 단어를 공부하듯 곤충을 공부했는가? 그저 좋아서 곤충에 관심을 갖고 사랑하고 관찰했던 것들이 파브르를 만든 것이다. 잊지 말자. 아이의 호기심은 항상 학업과 연관될 수 있는 여지를 갖고 있으며 엄마의 욕심은 언제든지 아이의 학습 욕구를 퇴화시킬 수 있다는 것을.

부록

남자아이들을 움직이는 키워드

자동차와 탱크
무기류
생물류
스포츠
게임 캐릭터
로봇
구슬과 건축
기계
설계도
원리와 논리

아들이 무언가 열심히 배우는 모습을 보고 싶은가? 그렇다면 남자 아이들이 열광하는 키워드에 주목할 필요가 있다. 아들은 어른들이 아무리 요구해도 자신이 배우고 싶지 않은 것, 자신의 관심사와 맞지 않는 것들을 배우는 것을 어떤 방식으로든 거부하려는 본성을 타고났다.

'남아미술연구소'에서 무언가를 빡빡하게 정해놓고 가르치지 않는데도 아이들이 두 시간이 모자라다며 집중하는 모습을 보면 많은 사람들이 신기해하지만 사실 대단한 방법이 있는 것은 아니다. 남자아이들이 좋아하는 주제를 정확히 알고 각각의 아이가 좋아하고 잘할 수 있는 것부터 시작하게 하는 것이 노하우랄까?

예전에 읽은 책에 이런 이야기가 있었다. 책을 좋아하는 집단과 책을 싫어하지만 야구를 좋아하는 집단, 그리고 그냥 책을 싫어하는 집단에게 야구 룰에 관련된 책을 읽도록 시켰더니 예상 밖의 결과가 나왔다. 많은 이들이 책을 좋아하고 잘 읽는 집단의 아이들이 가장 몰입도가 높을 것이라 예상했지만, 평소에 책을 싫어했어도 야구를 좋아하는 집단의 아이들이 가장 몰입도 있게 책을 읽은 것으로 파악

된 것이다.

내가 연구소에서 매일 목격하는 장면도 마찬가지다. 실제로 그림을 잘 그리는 아이보다 자동차를 좋아하는 아이가 자동차를 더 잘 그린다. 이는 무언가를 배우는 데 있어 그 대상에 대한 열정과 마음이 어떤 교육보다 뛰어나다는 것을 잘 대변하는 사례가 아닐까?

어떤 미술교육 업체들을 보면 초등학생들을 데리고 점·선·면이 어떻고 그림자와 드로잉이 어쩌고저쩌고…… 엄마들이 보기에 아이에게 도움이 될 것 같은 단어들이 난무하지만 정작 아이들은 심드렁하다. 아이들이 너무나 재미있어해야 할 미술 시간에 집중하지 못하는 것은 바로 이 가르치려는 어른들의 욕심 때문이다. 하고 싶은 것, 관심 있는 것들은 아이마다 다 다를 텐데, 미술을 가르친다는 명목 하에 아이가 그릴 주제를 정해준다는 것에서부터 문제가 생기는 것이다.

여자아이들이라면 모를까 한 가지 관심사에만 몰두하는 성향이 강한 남자아이의 경우에는 철저하게 가르치는 입장이 아니라 배우는 입장에서 접근해야 하고, 그렇기에 아이의 관심사를 파악하는 것이 무엇보다 중요하다. 물론 말이 쉽지 아이가 좋아하는 관심사를 찾고 거기서 작품을 끌어내는 것은 쉬운 일이 아니다.

"네가 좋아하는 게 뭐니? 그거 그려봐."
"좋아하는 거 없는데요?"

실제로 이런 대답이 나오면 말문이 턱 막힌다. 그래서 질문하기 전에 남자아이들의 생리를 잘 꿰뚫고 있는 것이 중요하다. 남자아이들은 의외로 단순해서 몇 가지 주제만 꿰뚫고 있으면 아이들의 관심사 중 90퍼센트는 이 안에서 해결이 되기 때문에 부담 가질 필요는 없다.

그렇다면 남자아이들은 어떤 소재를 좋아할까?

일단 정적인 것보다는 움직이는 것, 사람보다는 동물, 동물보다는 기계류를 좋아한다. 물론 아이마다 다르기 때문에 지극히 일반론이라는 것을 전제로 크게 분류를 하자면, 남자아이들은 움직이는 기계류·곤충류·파충류·박테리아·괴물·건축·공상 과학물 등을 좋아한다. 조금 더 구체적으로 보자면 기계류에는 자동차·비행기·기차·로봇·로켓·탱크·잠수함·전투기·오토바이·자전거·소방차·트럭·굴삭기 등이 들어간다.

그 외 스포츠나 기계 원리, 과학을 좋아하는 아이들도 많다. 한 가지 팁을 더하자면 동물이나 파충류 중에서도 남자아이들은 포악한 육식동물(특히 뾰족한 이빨이나 가시가 있는 동물)을 좀 더 좋아한다. 아이가 동물을 표현할 때 가시나 이빨을 잘 표현할 수 있도록 도움을 주면 몰입도가 올라갈 것이다. 이것은 남자아이라면 아주 정상적이고 건강한 반응이다.

① 자동차와 탱크

나는 연구소를 방문하는 남자아이들에게 "자동차가 좋아, 공룡이 좋아?"라는 질문을 꼭 한다. 대부분 남자아이들은 자동차 아니면 공룡 중 하나에는 꼭 반응을 보인다 할 정도로 이 두 가지는 인기 주제다.

    자동차를 좋아하는 아이에게는 자동차 그리기를 시작으로 새로운 자동차 디자인 해보기, 만들어보기, 모터로 움직이게 하기, 자동차 경주장 만들기까지 다양한 수업이 가능하고 비행기나 헬리콥터 등 다른 관심사로도 자연스레 옮겨가기 쉽다.

자동차

 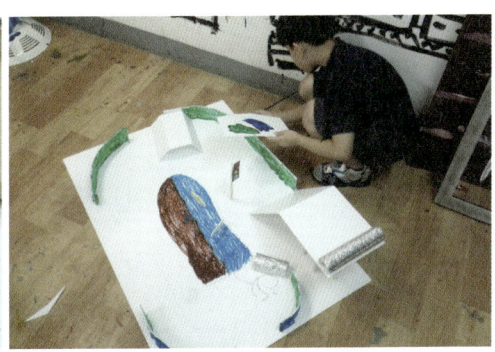

○ 초등학교 2학년 용준이는 자동차를 좋아한다. 처음에는 자동차

만 그리더니 어느새 설계도를 그려서 입체물로 만들고 결국에는 자동차 경주 트랙까지 만들어 자신이 만든 자동차를 전시했다.

● 민결이가 집에 전시해 놓겠다며 폼보드에 그린 자동차 일러스트. 웅덩이나 하늘을 채색할 때는 일반적인 6세 남자아이들과 같은 수준이지만 자신이 직접 디자인한 자동차를 칠할 때만큼은 엄청난 집중력을 보여주었다. 달리고 있는 모습이므로 자동차 바퀴는 매직으로 동그라미를 여러 번 그려서 표현했고, 파도 자동차라며 파도 무늬를 그려주었다. 문 밖에 전기가 흐르는 모습을 기하학적인 선으로 형상화했으며, 그림부터 채색까지 혼자서 다 해냈다. 라이트를 노란색으로 표현한 것까지 6세 아이의 그림이라고 보기 어려울 정도다. 지금은 물감이 묻은 붓을 돌돌 돌려가며 새로운 표현기법으로 하늘을 칠하는 중이다.

◉ 　주현이는 요즘 한창 자동차 그리기에 빠져 있다. 이날은 붓펜을 이용한 산수화에 대해서 알려주었는데 산수화를 그리는가 싶더니 이내 자동차와 도로를 그려 재미난 그림이 되었다. 주현이는 자랑스레 자기 이름을 쓰고 낙관까지 찍어 이 그림을 집에 가져갔다.

○ 자동차에 빠져 있는 친구들과 신나게 자동차에 대한 이야기를 나누며 자동차를 만들다 보면 새로운 모양들이 나오기도 한다. 자동차를 연구하던 아이들의 여러 가지 응용작품.

탱크

자동차를 좋아하는 남자아이들에게 탱크는 꼭 한 번 권해봐야 하는 주제다. 자동차의 원리를 기본으로 하는 탱크는 본능적으로 강한 것에 끌리는 남자아이들에게 환상적인 주제다.

○ 왼쪽 작품은 초등학교 5학년 윤재가 만든 '두리 탱크'. 차두리처

럼 강한 체력을 갖고 있는 탱크라는 뜻에서 이런 이름을 붙였다. 오른쪽은 연구소에서 가장 큰형인 6학년 유신이가 만든 탱크. 입체 감각이 뛰어나고 세부 묘사에서 세밀함이 돋보이지만 색은 칠하지 않았다. 색을 칠하면 유치해진다고 생각하는 듯하다.

자동차를 좋아하는 아이들은 탱크, 기차, 오토바이 등의 수순을 거쳐 나중에는 비행기에도 관심을 갖는다.

비행기

● 실제로 날아가는 거대한 비행기를 만들어 보고 싶다는 생각에서 출발한 종혁이의 거대 비행기. 이 비행기를 만드는 데 근 한 달이 걸린 것 같다. 만들고 날려보고 만들고 날려보고를 거듭한 끝에 종혁이는 이 거대한 비행기를 날리는 데 성공할 수 있었다. 물론 비행기의 앞부분은 날릴 때마다 수리해야 했다.

남자아이들을
움직이는 키워드

헬리콥터

헬리콥터는 기계나 모터 원리에 관심이 많은 아이들이 빼놓지 않고 좋아하는 주제 중 하나다. 헬리콥터가 매력적인 이유는 쌩쌩 돌아가는 프로펠러가 있기 때문이다.

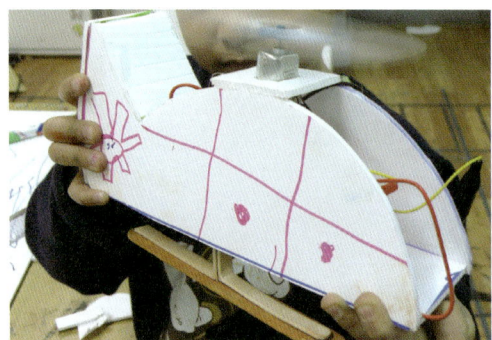 

● 6세 진우의 작품. 꽉 찬 여섯 살인 진우는 모터를 이용해 쌩쌩 돌아가는 프로펠러를 달았고 나머지 부분도 직접 디자인하고 색칠했다. 빨간색으로 채색된 완성작은 소방헬기를 연상시킨다.

② 무기류

에너지 넘치는 남자아이들이 우리 연구소에서 가장 마음을 많이 뺏기는 것은 다른 친구들이 만들어 놓은 무기들이다. 특히 벽에 전시된 나무 칼이나 총, 석궁, 부메랑, 창 등은 처음 오는 남자아이들의 시선과 마음을 단박에 사로잡고도 남는다.

물론 어머니들은 혹시라도 폭력적인 주제를 접해서 아이가 더 폭

력적으로 변하지 않을까 하고 걱정하시기도 하는데, 오히려 아들의 폭력적인 성향을 억누르기보다는 자연스럽게 받아들여서 바람직한 방향으로 해소시켜 주는 것이 바른 인격을 형성하는 데 도움이 된다. 공격적인 성향이 무조건 나쁜 것이 아니라 올바른 해소법과 사용법을 알려 주는 것이 우리의 역할이다.

차세대 망원경

　민준, 주혁, 성훈이는 무기에 관심이 많은 아이들이다. 민준이와 주혁이는 원래 알던 사이지만 '남아미술연구소'를 다니면서 더 친해졌고, 성훈이는 뒤늦게 팀에 합류했지만 민준, 주혁이와 관심 분야가 맞아 이 셋이 함께하는 수업 분위기는 항상 즐겁다. 이 반 아이들의 특징은 자기 주도 성향이 강하다는 것이다. 특히 처음에는 하고 싶은 것들을 미리 생각해 와 선생님이 수업 주제를 제안할 틈이 없을 정도였고 따로 준비해둔 수업은 항상 뒷전이었다.

　한번은 목재를 잘라 무기를 만들어 옥상에서 자유롭게 놀았다. 나는 그렇게 그 작품은 끝난 줄로만 알았고 점차 난이도를 높여 돌멩이가 날아가는 투석기를 만들자고 제안하려 했지만 민준, 주혁, 성훈이는 이미 학교에서 만나 전투 기지를 만들기로 약속을 하고 왔다.

　"선생님! 저희 학교에서 이미 뭐 할지 정해서 왔어요! 오늘은 전쟁놀이 하고 싶어요."
　"그래? 그럼 기지도 만들고 전쟁 상황판도 만들어 볼까?"

　누누이 말하지만 하고 싶은 것이 있는 아이들은 따로 가르칠 필요

가 없다. 특별한 경우가 아닌 이상, 준비한 수업을 억지로 들이미는 것은 아이들의 흥미를 떨어트리는 일이다.

민준(대장): 지금 우리 상황은 어떻게 되고 있나?
주혁(무기 전문가·공병): 적들이 너무 많아 직접 돌파는 위험한 것 같습니다.
성훈(폭탄 전문가·보병): 제 생각엔 미군의 도움을 요청한 후 교란 작전을 실시한 다음 뒤쪽에서 기습공격을 하는 것이 좋을 것 같습니다.
민준(대장): 그럼 일단 지금 즉시 우리 기지를 구축하고 적들이 언제 올지 모르니 지뢰를 심고 무기와 폭탄을 만들도록 한다. 실시!

주혁·성훈: 예썰!!!!

주혁이는 곧바로 기지 구축 작업을 시작했고 성훈이는 주변의 지뢰와 폭탄을 제조하는 데 착수했다. 자신의 생각과 이야기를 표현하는 작업은 무엇이든 미술의 영역에 속한다고 할 수 있다.

사진 속에서 아이들이 끼고 있는 안경 비슷한 것이 아이들이 상상한 미래의 차세대 망원경이다. 첫날 만들었던 목재를 이용한 무기와 짝을 맞춰 적을 정찰하기 위한 망원경을 만들고, 전쟁 상황판을 짜서 군사 작전을 지시하고, 나중에는 상자로 기지를 만들어 기지 안에서 군사 작전 회의를 하기도 했다.

창, 부메랑

○ 왼쪽은 7세 형준이가 만든 창. 다른 친구들이 만든 번개 모양의 제우스 창을 보고 형준이는 더 새로운 모양의 엑스 자 창을 만들었다. 오른쪽은 윤상이의 부메랑. 부메랑은 봉과 합쳐지면 손잡이가 되어 검으로 변신한다.

석궁

● 　　위의 사진은 나무판에 액자 틀을 박아 만든 석궁으로 고무줄을 이용해 활을 쏘게 되어 있다. 아래 사진은 나무젓가락을 이용해 만든 미니어처 소총이다.

갑옷

● 　　무기의 종류에는 방패나 갑옷 등 공격적이지 않은 종류도 많다. 아홉 살 치헌이는 이날, 갑옷을 입고도 움직임에 방해받지 않는 방법에 대해 긴 시간 동안 고민했다. 치헌이는 몇 번의 실험과 제작을 반복한 끝에 제대로 걸어 다닐 수 있는 갑옷을 만들 수 있었다. 학교에 입고 가야 한다며 갑옷을 가져간 치헌이. 과연 정말로 갑옷을 입고 학교에 갔는지 궁금하다.

● 열두 살인 유신이는 무기와 로봇 만들기에 빠져 있다. 처음에는 작게 만들었지만 이제는 실제 사이즈에 가까운 다양한 무기들을 제작하고 있다. 유신이는 평소에 스스로 꼼꼼하지 않다고 하지만 작품을 만드는 순간에는 엄청난 집중력과 꼼꼼함을 보여준다.

기관총

③ 생물류

공룡

미취학 남자아이들이 좋아하는 최고의 주제 중 하나는 공룡이다. 아들과 소통하고 싶어하는 부모나 남자아이들을 잘 가르치고 싶은 선생님이라면 한 번쯤 공룡에 대해서 공부해야 할 것이다. 공룡 이름을 줄줄 외우는 것은 물론이고 공룡의 키, 몸무게, 먹이까지 상세하게 알고 있는 남자아이들의 관심을 절대로 쓸데없다고 하지 말자. 아이들은 공룡을 통해 시대를 배우고, 사냥을 배우고, 먹이사슬이 무엇인지를 배운다. 익룡·수장룡·어룡 등을 통해 생물에는 종류가 있다는 것을 배우고, 각 생물들의 특징을 보며 다른 동물을 공부하는 기초를 형성하기도 한다.

○   공룡을 좋아하는 의진이의 작품이다. 의진이는 처음 온 날부터 공룡에 관심을 보였고 석 달이 넘도록 모든 수업 내용은 공룡에 초점이 맞춰졌다. 오른쪽은 청자토를 이용해 티라노사우루스를 표현한 것이고 왼쪽은 의진이가 공룡 옷을 만들어 입고 직접 공룡이 되어본 것이다.

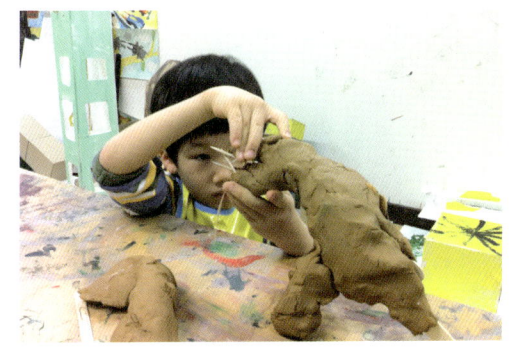

공룡을 좋아하는 남자아이들은 반드시 드래곤에도 깊은 관심을 가지곤 한다. 거대한 스케일과 강해 보이는 이미지, 신비함, 입에서 뿜어내는 불 등 드래곤의 모든 것들이 남자아이들의 감성을 황홀하게 자극한다.

드래곤

남자아이들을
움직이는 키워드

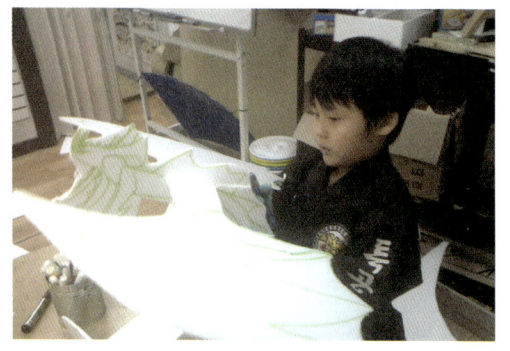

○ 　왼쪽은 초등학교 3학년인 원석이가 만든 날아다니는 드래곤. 원석이는 어려서부터 공룡과 드래곤을 즐겨 그리는 아이였다. 특히 드래곤은 눈 감고도 그려낼 정도로 좋아하는데, 드래곤을 이용한 거북선을 포함해 최근 원석이가 만든 작품은 전부 드래곤과 관련되어 있다.

○ 　오른쪽은 윤상이가 보온재를 이용해 만든 드래곤으로 거대한 불길이 인상적이다.

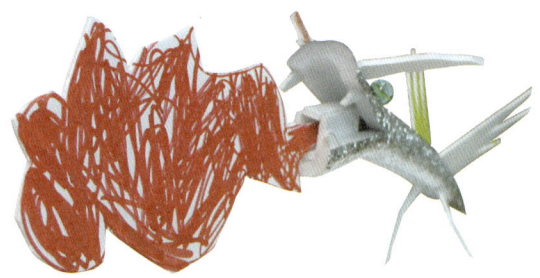

에이리언

○ 　초등학교 1학년 성진이는 공룡·드래곤·에이리언 등을 좋아한다. 그중에서도 에이리언을 특히 좋아하는데 그림을 그릴 때도 에이리언을 그리고 좋아하는 동물 이야기를 해도 에이리언이 등장한다. 종이와 우드락을

이용해 에이리언을 만들었는데 이빨과 에이리언의 형태가 무척 사실적이다.

여자아이들은 그림을 그릴 때 대상의 감정을 함께 표현하는 경우가 많다. 잠자리를 그리더라도 웃고 있는 표정으로 그린다든지 혹은 아예 의인화시켜 잠자리 공주로 표현한다든지 하는 식이다. 반면 남자아이들의 그림은 사실에 의거해 구조를 묘사하는 경우가 많다.

곤충

● 승훈이는 곤충을 정말 좋아한다. 승훈이가 집중해서 그린 사슴벌레의 생김새는 형태며 다리의 생김새나 갯수까지 곤충도감 뺨치게 잘 그려졌다.

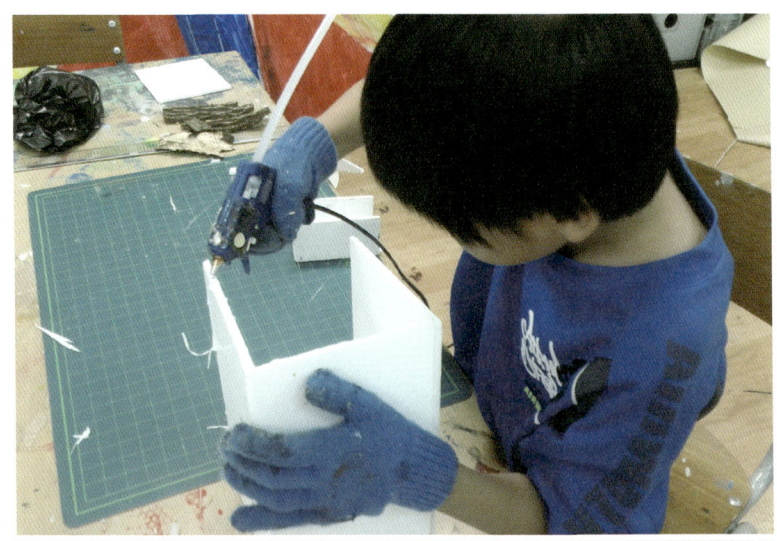

● 　　어느 날 승훈이는 직접 잡은 매미가 살 수 있는 사육장을 만들어 보겠다고 했다. 사슴벌레가 좋아하는 참나무를 넣고 위는 매미를 관찰할 수 있도록 랩으로 감쌌다.

◐　　지호는 잠자리와 토머스 기차를 좋아하는 아이다. 이번 여름에는 잠자리채를 이용해서 잠자리를 엄청나게 잡았다며 그중 고추잠자리를 그리겠다고 했다. 어찌나 잠자리를 많이 관찰했는지 안 보고도 막힘없이 척척이다. 지호의 잠자리 그림은 다리가 머리에 달려 있는 등, 뭔가 어색한 느낌은 없지 않지만 날개 하나를 그려도 그물 모양까지 자세히 묘사했다. 작품에는 지호가 바라본 잠자리의 특징이 여실히 드러나 있다. 개인적으로 나는 지호의 잠자리 그림이 좋다. 다리가 머리에 잘못 붙은 모습이 묘하게 추상적이고 매력적이다.

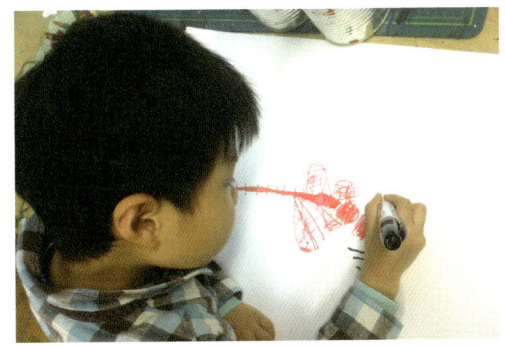

④ 스포츠

축구

　남자아이들 하면 스포츠를 빼놓을 수 없다. 스포츠와 관련된 주제는 미취학 아이들보다 초등학생에게 인기가 좋다. 만일 미술보다 스포츠를 좋아하는 남자아이가 있다면 이런 수업을 추천한다.
　평소 만들기를 좋아하던 형준이에게 나무 각목을 한 다발 내놓았다. 오늘은 이게 재료라는 말에 어리둥절한 표정으로 골똘히 생각하더니 각목을 이용해 골대를 만들어보겠다고 선언한다. 쉽지 않을 거라는 말을 뒤로하고 이미 작업에 들어간 형준. 난생 처음 톱질을 접해봤는데도 불구하고 포기하지 않고 끝까지 마무리했다.

　"선생님 톱질이 원래 이렇게 힘들어요?"
　"초등학생이 하기엔 좀 힘들겠다. 그만두고 싶음 그만둬도 돼."
　"아뇨, 끝까지 해낼 거예요."

● 　겉으로 보기엔 아주 평범한 모양의 축구 골대지만 각목 몇 개로 만들기에는 쉽지 않은 작업이다. 골대 모양을 만들기 위해 각목을 이리저리 배치할 때는 막막해 보이기도 했다. 우여곡절 끝에 완성된 골대를 밖으

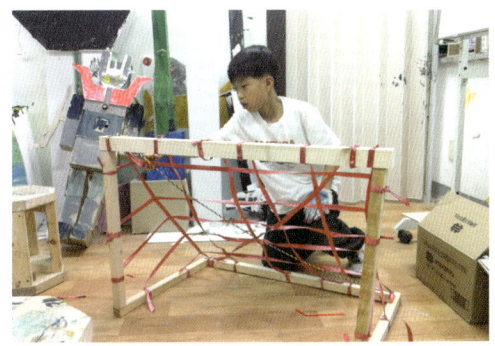 

로 가지고 나가 선생님, 친구 들과 함께 공을 차고 놀면서 형준이 얼굴에는 함박웃음이 번졌다.

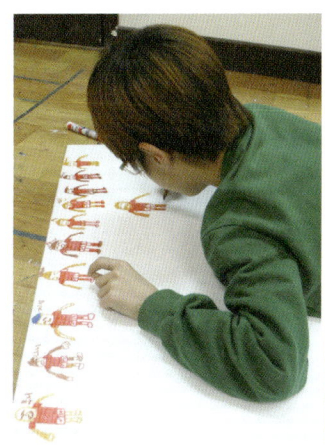 

● 　초등학교 5학년 윤재가 돔 축구경기장을 만든 작품이다. 윤재는 경기장을 완벽하게 표현하기 위해 자신이 좋아하는 팀인 맨체스터 유나이티드 선수들을 완벽하게 그려냈고 경기장에 맨유의 로고를 프린트해서 붙였다. 윤재가 이 경기장을 만드는 데는 보름이 걸렸다.

야구

○ 야구를 좋아하는 민호는 직접 공을 굴리고 모터를 이용해 공을 칠 수 있는 거대한 야구 게임판을 만들었다. 게임판 왼쪽에 있는 스위치를 누르면 야구 배트가 달린 모터가 돌아가면서 공이 날아가는데, 중간에 선수들에게 걸리면 아웃이고 걸리지 않으면 안타, 공이 관중석까지 가면 홈

런, 방향이 잘못 나아가면 파울이다. 이 거대한 야구 돔을 만들기 위해 민호는 근 한 달의 시간을 썼다. 선수들 한 명 한 명 특징을 살려 그렸으며 실제 게임을 하기 위해 룰을 정하면서 오랜 시간 고민했다. 작품이 완성된 후에는 연구소 아이들 사이에서 야구 게임 열풍이 불었다.

　　야구 프로젝트를 완성하는 내내 야구 얘기와 규칙 설명까지 해주는 민호에겐 이 야구 경기장이야말로 자신의 열정을 쏟아 뛰어다닐 수 있는 최고의 그라운드였는지 모르겠다.

● 　　재성이와 인호는 처음부터 야구를 좋아하던 아이들은 아니었지만 야구를 좋아하는 형들의 영향으로 한동안 야구에 빠졌다. 사진은 판재와 목재를 이용해 야구 배트를 만들어 복도에서 야구를 즐기는 모습. 서로 다른 주제를 좋아하는 아이들끼리의 만남을 통해 서로의 관심사가 전염되기도 한다.

⑤ 게임 캐릭터

사실 게임 캐릭터를 표현하거나 만화를 그린다고 해서 문제될 것은 없다. 우리는 항상 아이들이 자신의 관심사를 자연스럽게 표출할 수 있도록 도와줘야 한다.

◐ 여덟 살 희창이는 좋아하는 앵그리버드 캐릭터를 입체물로 만들고 거기에 날개를 달았다. 대개 공룡을 좋아하는 아이들은 포켓몬스터, 앵그리버드 등에도 관심이 많다.

석찬이는 그리기를 별로 좋아하지 않는 아이였다. 그리기 수업을 하려고 하면 잘 못한다는 말로 피하거나 재미없다며 도망가곤 했다. 그러나 앵그리버드를 그려도 된다는 말을 들은 날부터 석찬이의 작품 활동에 활기가 돌았다. 앵그리버드는 요즘 아이들에게 매우 인기 있는 게임이다. 못생긴 새들이 나와서 자기 몸을 폭탄 삼아 돼지들을 공격하는 게임인데, 그중 석찬이는 크고 긴 부리를 부메랑처럼 사용하는 캐릭터를 좋아했다. 어찌나 부메랑 새를 좋아하던지 그 새만큼은 안 보고도 완벽하게 그려낼 정도였다.

이날도 역시 석찬이는 연구소에 오자마자 쉬는 시간부터 앵그리버드의 부메랑 새를 그리기 시작했다. 이윽고 수업이 시작되었지만 아이들이 너무 집중하고 있어 흐름을 끊지 않고 지켜보았다.

"선생님, 진짜 앵그리버드는 크기가 얼마만 할까요?"
(옆의 상자를 가리키며) "음…… 이 정도 되지 않겠어?"
"와! 정말 그만 해요? 돼지도 그 상자만 하겠지요?"
"아마도? 혹시 너네 실제로 앵그리버드 게임 해보고 싶지 않아?"
"네! 진짜 해보고 싶어요."
"음…… 좋아. 상자를 이용해서 해보자."

실제 게임처럼 돼지들을 둘러싸고 있는 성벽도 만들고 공격할 새까지 만들었는데, 막상 쏘려고 보니 새총 역할을 할 장치가 없었다. 그냥 던지자고 말할까 하다가 화이트보드를 지지하는 다리가 눈에 띄었다.

"얘들아, 저걸 이용해 새총을 만들어보는 거 어때?"
"오, 좋아요. 선생님!"

결국 새총까지 만들어 우리는 앵그리버드를 날리기 시작했다. 돌아가며 게임을 즐기는 아이들. 새에 비해 줄이 너무 가늘어 잘 나가지도 않는 부실한 새총이지만 자신들이 만들었다는 생각 때문인지 정말 신나게 웃어준다. 작품을 제작한 아이들부터, 작품을 바라보는 엄마,

선생님들까지…… 이날 연구소에서는 웃음소리가 끊이지 않았다.

○ 아이들이 좋아하는 게임 앵그리버드를 이용한 수업. 직접 앵그리버드와 돼지를 만들고 이를 이용해 게임까지 연결했다.

⑥ 로봇

로봇이 나오는 영화 「트랜스포머」를 보고 눈물을 흘렸다는 한 선배의 이야기가 기억난다. 남자들은 누구나 로봇에 대한 아련한 향수를 갖고 있지 않을까? 기계와 강한 것에 관심이 많은 남자아이들은 대부분 로봇에 마음을 뺏기기 마련이다. 처음에는 선뜻 나서지 못하던 아이들도 로봇의 작은 구조물부터 표현하다 보면 충분히 멋진 로봇을 만들어낼 수 있다.

○ 　　진우와 성준이가 만든 로봇. 여섯 살 진우와 성준이는 자신들보다 훨씬 크고 파워도 세며 무슨 일이든 잘하는 로봇을 만들었다. 선생님

과 같이 조형을 구상해보고 멋지게 페인트칠하고 있는 진우와 성준이. 가운데 버튼을 누르면 미사일과 핵폭탄이 나가고 빨간색 날개는 불을 뿜으며 어디든지 원하는 곳을 광속으로 날아갈 수 있다.

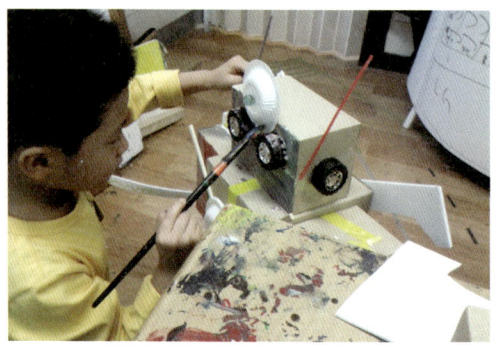

● 7세 민혁이와 승관이가 만든 로봇. 상자를 글루건으로 붙여 만든 것으로 구조물을 잇는 데 필요한 기술적인 부분 외에는 모두가 아이들의 생각과 손으로 만든 작품이다.

⦁ 에너지가 넘치지만 꼼꼼하게 색칠하기를 좋아하는 승준이가 한 달이나 걸려서 만든 로봇. 박스로 기본 몸통을 구성하고, 뒤쪽에는 로켓 추진체까지 부착했다. 망가진 컴퓨터를 분해해 만든 로켓 추진체 외부를 빈틈없이 꼼꼼하게 칠하느라 오랜 시간이 걸린 승준 로봇 1호.

⑦ 구슬과 건축

구슬
나는 평소 주머니에 항상 구슬을 가지고 다닌다. 구슬을 좋아하기도 하고 오가다가 남자아이들을 만나면 하나씩 나눠주는 용도로 쓰기도 하는데 이상하게도 남자아이들은 누구나 구슬을 좋아한다. 구슬을 바닥에 떨어트려본 적이 있는가? 딱딱한 소리와 함께 굴러가는 모양새가 역동적이다. 구슬은 그 자체로 움직임을 상징한다. 동그란 유리 구슬이 남자아이들에게 인기 있는 것은 예나 지금이나 똑같다.

◯   여러 가지 모양의 구슬 트랙. 남자아이들은 동그란 구슬과 구슬이 내려가는 원리에 열광한다. 구슬 트랙은 처음에는 평면으로 배우기 시작해서 입체로 넘어가고, 나중에는 한쪽 벽 전체를 이용해 구슬이 내려가는 트랙을 만들기도 한다. 가장 왼쪽의 사진은 승준이가 개발한 소리 나는 구슬 트랙. 판자의 길이에 따라 구슬이 튕기면서 음의 높낮이가 다르게 들린다.

구슬 한 가지만 갖고도 아이들은 여러 가지 상상을 한다. 이야기를 꾸밀 수도 있고 축구장을 만들 수도 있다. 아니면 구슬이 떨어지는 모양을 임의로 조절해 게임을 만들 수도 있다. 구슬은 자체로도 움직임을 포함하고 있지만 아이들의 상상력과 만나면 즐거운 놀이로 변한다. 연구소에 처음 와 서먹한 아이들도 구슬 트랙만 보면 시간가는 줄 모른다.

남자아이들은 선천적으로 입체에 강하다. 남자아이들이 여자아이들보다 레고를 좋아하는 이유가 바로 선천적인 공간 감지 능력에 있다. 구조물이나 입체물에 관심을 보이는 남자아이들에게는 상자와 나무, 폼보드 등을 이용하여 무언가 건축할 기회를 주자.

건축

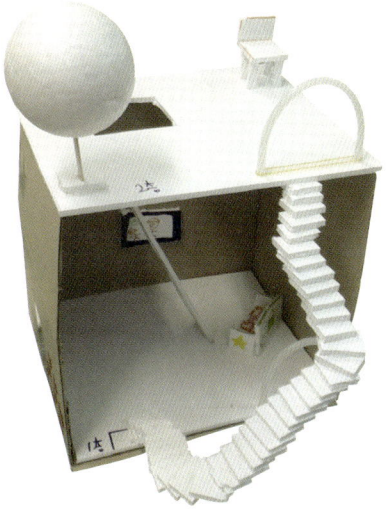

◯   현균이가 인테리어한 2층 빌라. 1층에는 소파와 텔레비전이 있고 2층에는 마음껏 뛰어놀 수 있는 놀이공간이 있다. 1층에서 2층으로 올라가는 계단의 표현 방식이 흥미롭다.

◦ 연구소 내에 비치된 상자와 목재를 이용해 아지트를 만들고 있는 동현, 승한, 민우 삼총사. 각자 임무를 분담해 기둥을 세우고 문을 만들고 울타리를 치고 페인트칠을 하고 있다.

◦ 하민이는 쌍둥이 탑을 표현했다. 자세히 보면 위에 뚜껑이 달려 있는데 안쪽에는 전구와 건전지 세트를 설치해 이 쌍둥이 탑이 어둠을 밝히는 등대 역할도 할 수 있도록 했다.

◉ 자신을 '공사장 아저씨'로 불러달라는 우제. 사진 속 모습은 공사장 아저씨가 되어 집을 만들고 지붕을 페인트칠해주는 모습. 다 만든 집은 고맙게도 나에게 선물로 주었다.

도시 건설

건축에 관심이 보이는 아이들은 2차적으로 도시 건설에도 관심을 보인다. 도시를 만들 때에도 평면에 그리게 하는 것보다 입체로 만들도록 유도하면 몰입도가 더 높아진다.

○ 준우와 채윤이의 나무로 만든 도시. 도시 아래로 흐르는 강과 강 위로 다니는 차들이 아름답다. 교회와 쇼핑몰 등 도시 구성의 세밀함도 엿보인다.

○ 승한이와 동현이가 건설 중인 도시. 각자의 집 만들기에서 시작된 작업은 경찰서, 병원, 소방서 등 공공기관까지 점점 거대한 도시로 확장되었다.

자신이 들어갈 수 있을 만한 집을 만들어보는 일은 생각만 해도 짜릿하다. 나무로 뼈대를 만들고 판자를 쌓아 진짜 나무집을 만들어 드는 일은 모든 남자아이들의 소원이라고 해도 과언이 아니다.

나무집 건축

● 지운이의 나무집. 톱질도 하고 못질도 하며 처음에는 지운이 혼자 짓기 시작했지만 작업이 커지면서 다른 친구들이 함께 도와가며 진행했다.

⑧ 기계

남자아이들은 이상하게도 라디오 같은 가전제품 뜯어보는 것을 좋아한다. 대부분 엄마 몰래 살짝 뜯어서 내용물의 원리만 파악하고 다시 조립해 놓을 생각으로 분해를 시작하지만, 조립은 생각보다 쉽지 않다. 재빨리 이실직고하고 아빠에게 맡기면 문제가 끝날 텐데 어떻게든 스스로 해결해보겠다고 끙끙거리다가 결국엔 돌아올 수 없는 강을 건너곤 한다.

나도 예전에 가전제품을 분해하다 여러 번 혼이 났다. TV 속이 너무 궁금해서 뜯어보려다 안테나를 부러트려 어머니에게 등짝을 맞기도 했다. 그뿐인가? 동네를 돌아다니면서 온갖 고물을 주워 와 마당에 차곡차곡 쌓아놓기도 했다. 나중에 어머니가 몰래 버려서 얼마나 속이 상했는지. 그때는 고물들이 왜 그리 보물처럼 느껴졌는지, 그저 어머니가 야속하기만 했다.

내가 어릴 때는 정기적으로 고물을 주우러 다니는 친구들도 있었다. 우리의 목적은 하나, 세상에서 가장 특이한 것을 만들어 모두에게 인정받는 것이었다. 그때 금요일 저녁마다 하는 발명왕을 찾는 TV 프로그램에 자동으로 볶음밥이 요리되는 프라이팬이 나왔는데, 우리가 만들고 있던, 프라이팬 안에 회전 날개를 달아 돌리면 자동으로 밥이 볶아지는 이상한 프라이팬과 아주 비슷했다. 그날 나는 안방에서 TV를 보다 먹던 라면을 내뿜었다.

"누가 우리 아이디어를 훔쳐 갔어!"

그 후로도 우리의 고물 줍기 열망은 꺼지지 않았다. 어떤 날은 자동차를 만들어 보겠다며 고물을 주우러 자전거를 타고 모르는 동네까지 갔다가 집에 못 돌아올 뻔하기도 하고, 어떤 날은 온몸에 악취가 풍길 정도로 쓰레기더미를 헤치고 다니기도 했다(자동차 만들기는 바퀴를 어디서 구해야 할지 알 수 없어서 더 이상 진행되지 않았다). 친한 친구 어머니의 생신날에는 고물더미에서 건진 꽤 쓸 만한 핸드백을 물로 씻고 잘 말려서 선물로 드렸다가 많이 혼나기도 했다. 친구는 계단에서 쪼그려 앉아 울고 나는 친구를 위로했다. 그땐 어른들을 이해할 수 없었는데 지금 생각해보면 웬 거지꼴을 한 남자아이 여럿이 길거리에 버려진 핸드백을 주워 씻어 왔으니 친구 어머니께서 황당하시기도 했을 것이다.

지금도 나는 연구소 아이들 때문에 두 달에 한 번 정도는 고물을 주우러 이곳저곳을 배회한다. 어렸을 적 나와 비슷한 유전자를 가진 남자아이들이 우리 연구소에 많이 오기 때문이다. 특히 승세, 지운, 선국이가 대표적인 아이들이다. 하루는 기계 원리에 대해 이야기를 나누다가 이 녀석들에게 고물을 하나 던져주면 재미있겠다는 생각이 들었다.

"다음 주에는 선생님이 신기한 것을 가져올 테니 기대해!"

큰소리를 쳐놨지만 그날따라 고물 구하기가 쉽지 않았다. 쓰레기 분리 수거장에도 없었고 자주 가는 고물상은 문을 닫아 들어갈 수 없었다. 그러다 연구소 앞에서 안 쓰는 열풍기를 발견했다. 책상 위에 열풍기를 떡 올려놓고 아이들을 바라보자, 처음엔 이걸 뭐에다 쓰려나 하는 표정으로 내 얼굴을 봤지만 내가 드라이버를 들고 나사를 하나씩 푸는 시범을 보여주자 아이들이 너 나 할 것 없이 달려들었다.

"오늘은 아무거나 만들어도 돼. 단, 여기서 나오는 부속을 이용해서 만들 것!"

아이들은 줄을 서서 나사가 하나씩 풀릴 때마다 나오는 보물 같은 부속들에 열광했고, 나는 아이들에게 부속을 나누어주며 짜릿한 쾌감을 느꼈다. 아이들은 부속을 가지고 각자 개성에 맞게 작품을 만들었다.

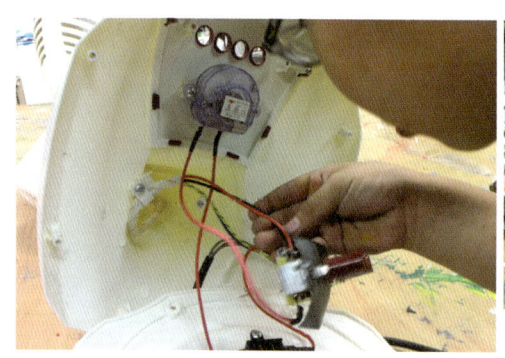 

◉ 열풍기를 뜯어보는 아이들. "와! 모터도 있다." "이 전기선은 내가 쓸 거야." 나사를 풀 때마다 나오는 부속에 아이들은 열광했다.

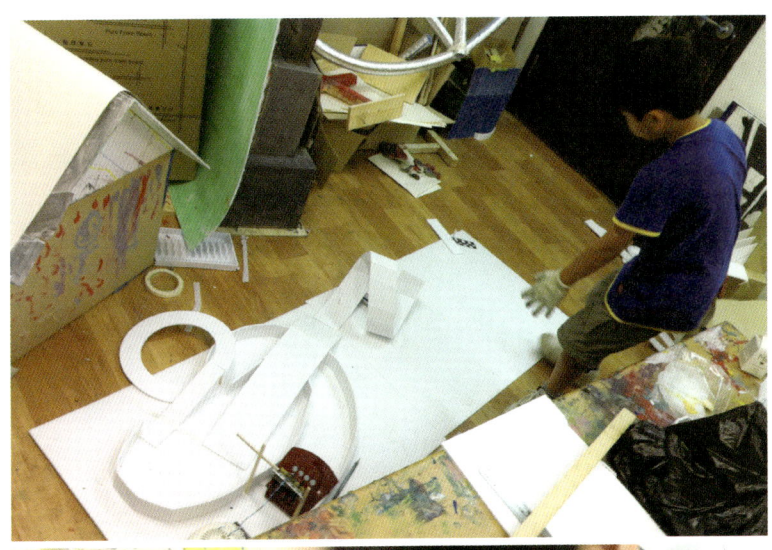

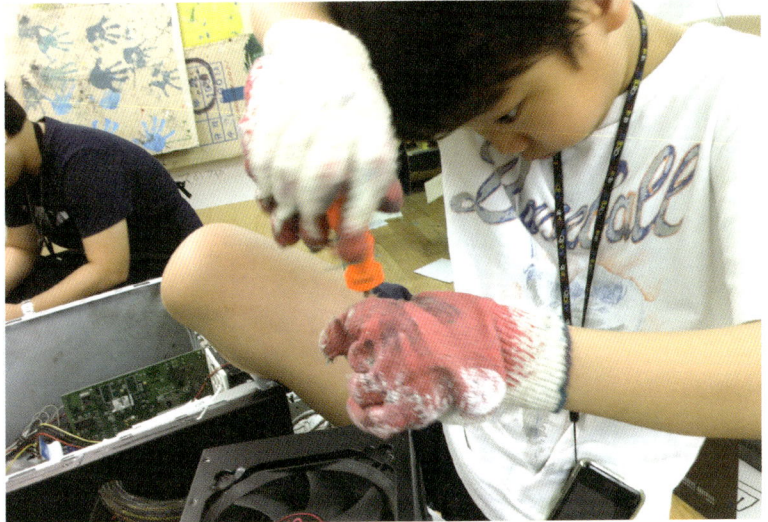

⦁ 지운이가 택한 부속은 열전도의 세기를 조절하는 약·중·강 버튼이다. 이것으로 지운이는 신호가 바뀌면 경주가 시작되는 자동차 트랙을 만들었다. 아래는 컴퓨터를 뜯고 있는 지운이.

○   위는 재민이가 컴퓨터 부품을 이용해 만든 기계 발명품이다. 실제로 움직이는 것은 아니지만 재민이는 이 작품이 천재적인 박사가 발명한 최첨단 로봇이라고 설명했다. 아래는 컴퓨터와 몇 가지 재료를 이용해 만든 재형이의 이마트. 45도로 기울어진 키보드와 그 위의 판재는 이마트 내의 무빙워크를 표현한 것이다. 키보드 아래는 주차장 공간이다.

⑨ 설계도

  정효는 여섯 살이라는 나이가 무색할 정도로 표현력과 입체 파악 능력이 뛰어난 아이다. 얼핏 보면 누군가가 옆에서 다 해준 듯한 작품을 들고 있지만 이 작품은 정효가 스스로 만든 것이다.
  사진은 종이 위에 그린 설계도와 이 설계도를 바탕으로 만든 정효의 작품이다. 날개는 몇 개고 어떤 조각을 몇 개 만들어야 한다는 것까지 자세하게 적은 이 도면은 여섯 살 난 아이가 상상만으로 그려냈다고 믿기 힘들 정도다. 그러나 남자아이들의 뇌는 선천적으로 입체에 강하게 발달하기 때문에 생각만으로도 도면을 만들어내는 일이 가능하다.

🔴　　조형 능력이 뛰어난 정효가 어느 날 자신이 만들 작품이라며 설계도를 가져왔다. 정효가 그린 설계도에 맞게 칼질만 도와주었는데 멋진 불사조 모양의 제트기가 탄생했다.

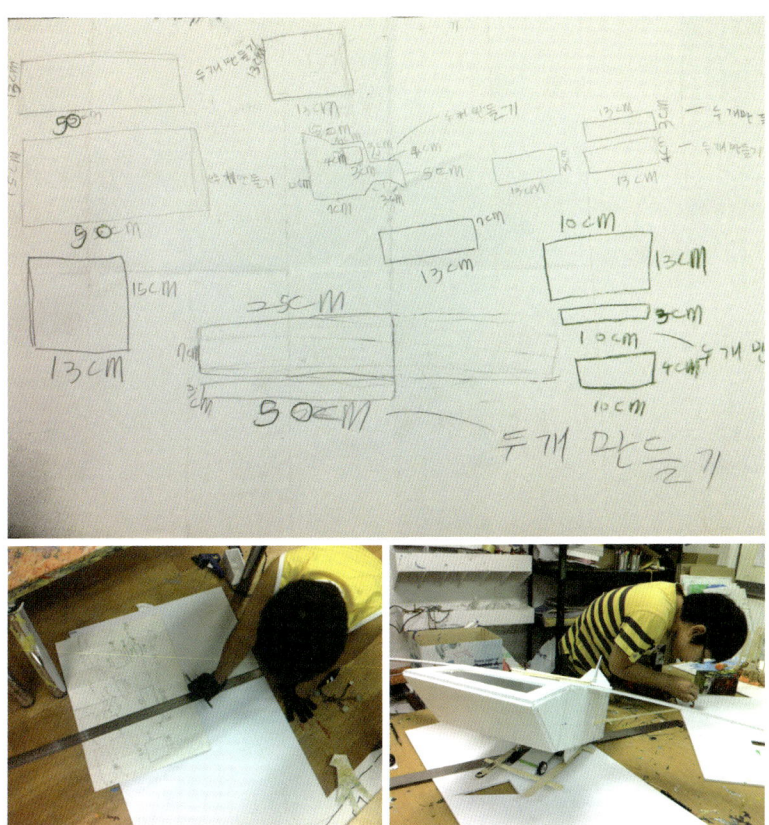

  모터를 이용해 날아가는 비행기 만들기에 실패한 직후 선국이는 트랙터 설계도를 그리기 시작했다. 설계도에 따라 멋진 트랙터가 완성되었다.

⑩ 원리와 논리

　남자아이들은 선천적으로 공감하는 능력이 떨어지고 감정 표현에 약하다. 그래서 감정을 표현하는 것이 바람직한 미술이라고 생각하는 어른들의 바람과 상충한다. 그렇다고 남자아이들이 미술의 세계에서 약자인 것만은 아니다. 공감하기와 감정 표현하기 능력이 낮은 만큼 논리 지능과 입체, 원리에 강한 뇌를 타고났기 때문이다.
　그렇다면 이렇게 딸과 다른 아들을 구체적으로 어떻게 지도해야 할까? 남자아이들과의 수업을 어떻게 진행해야 넋이 나갈 정도로 집중하게 만들 수 있을까?
　아이마다 차이는 있겠지만 남자아이들마다 공통적으로 해당되는 교집합은 항상 있다. 다음은 원리와 논리에 강한 남자아이들이 좋아하는 수업을 모아둔 알싸배기 자료다.

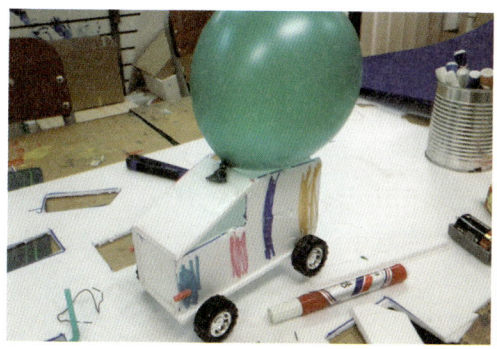 

- 왼쪽은 풍선의 바람을 이용해 앞으로 나아가는 자동차고 오른쪽은 풍선의 부력을 이용해 떠다니는 페트병으로 만든 배다. 두 작품 모두 여덟 살 주형이의 작품이다. 자동차는 풍선이 달려 있어 물에서 가라앉지 않는다고 한다.

풍선을 이용한 작품

 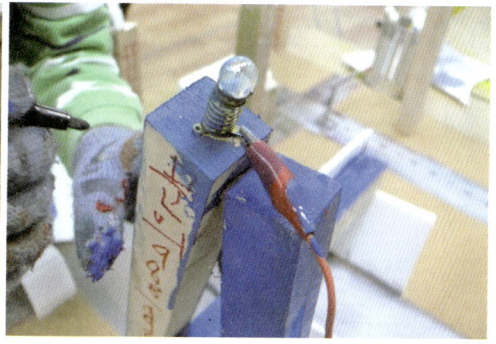

- 남자아이들에게 불을 밝힐 수 있는 전구는 굉장한 재료가 된다. 희준이는 처음 온 날부터 모터와 전구의 원리를 배웠고, 목재를 이용한 도시를 건설하면서 도시 곳곳에 전구를 달아 밤을 밝혔다.

전구를 이용해 도시에 불 밝히기

전구를 이용한
로켓 모형

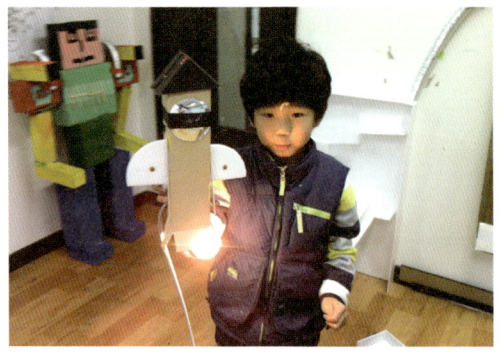

○ 여덟 살 관원이에게 전구의 원리를 가르쳐준 날, 관원이는 환하게 빛나는 전구를 가지고 여러 가지 실험을 했다. 손전등을 만들어보기 위해 폼보드와 상자를 잘라보기도 하고, 조명을 만들려고 하다가 마지막엔 로켓을 표현했다. 로켓 몸체 아래에 전구를 달아 로켓이 하늘로 날아가는 형상을 표현한 작품.

날아다니는
새

○ 유빈이는 유독 공작새를 좋아한다. 어느 날, 진짜 나는 모양의 새를 만들어 보겠다며 전전긍긍하던 유빈이는 선생님의 조언을 듣고 한 시간

만에 날개를 퍼덕이는 새를 만드는 데 성공했다. 날개의 양쪽에 낚싯줄을 걸고 몸을 잡아당기면 자연스레 새가 날아오른다. 황홀한 표정으로 작품을 바라보는 유빈이.

○ 석찬이는 폼보드와 우드락을 이용해 진짜 날 수 있는 비행기를 만들었다. 비행기를 연구소 안에서 날려보며 신이 난 모습. 언뜻 보기엔 아주 쉬운 작업 같지만 앞쪽에 무게중심이 잡히면 고꾸라지고 그렇다고 뒤쪽으로 무게중심이 치우치면 비행 중에 뒤집혀버린다. 날개의 크기와 무게중심 등 비행기의 기본적인 구성 원리를 익히는 데 좋은 수업이었다.

날 수 있는
비행기

모터를 이용한 헬리콥터

○ 다른 친구들이 만든 비행기를 보고 현균이는 헬리콥터 만들기에 도전했다. 비록 날지는 못하지만 모터를 이용해 프로펠러가 돌아가게 만드는 데는 성공했다. 계속 보고 있으면 진짜 날아갈 것만 같다.

모터를 이용한 풍력발전소

○ 다른 형들이 사용하는 모터를 보고 비상한 관심을 기울이던 종환이. 처음에는 선풍기인 줄 알았으나, 어디서 봤는지 풍력발전소라는 이름을 붙여준 종환이. 오른쪽은 모터를 이용해 도시를 움직이게 만들겠다는 야심찬 계획을 가지고 있는 경훈이다. 도시 건설에 모터를 응용한다는 생각이 나중에는 놀이공원 만들기로 번졌다.

○   모터를 이용해 놀이공원을 짓는 데 열중한 아이들(위)과 완성된 놀이공원(아래)의 모습.

용수철의 원리를
이용한 대포와
몸에 착용하는
갑옷

○   승훈이는 용수철의 원리를 이용해 진짜 발사되는 무기를 만들었다. 장전된 용수철의 잠금장치를 풀면 용수철이 급하게 수축하면서 안에 있는 나무젓가락이 날아가는 원리다. 승훈이는 이 원리를 이용해 손바닥을 벌리면 장풍이 나가는 아이언맨의 팔을 만들기도 했다.

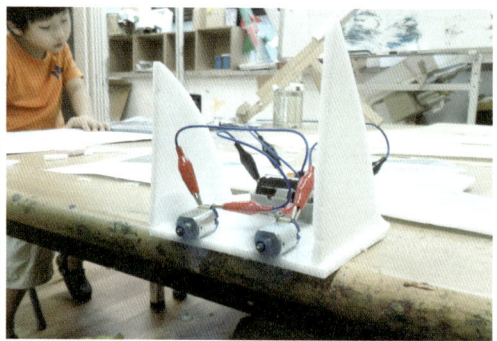

모터를
단 전투기

○   그림 그리기에 한참 빠져 있던 경빈이가 어느 날 선생님이 그린 전투기를 보고 자신만의 전투기를 개발하겠다고 나섰다. 전투기를 완성한 후, 실제로 날 수 있는 전투기를 만들어보겠다는 의욕에 불타 몸체에 모터를 두 개나 달아준 경빈이. 안타깝게도 비행기가 날지는 못했지만 경빈이

는 비행기가 날기 위해선 엄청난 동력의 모터와 프로펠러가 필요하다는 것을 깨닫게 되었다.

페트병 보트

- 지훈이는 수수깡 배의 뒷면에 비누를 바르면 앞으로 나간다는 사실을 나에게 알려주었을 정도로 과학에 관심이 많은 아이다. 물에 띄울 수 있는 작품에 대해 연구하던 중, 페트병과 모터를 이용해 정말 물속에서 앞으로 나가는 배를 만들었다. 배의 후미를 자세히 보면 돌아가고 있는 모터가 보인다.

- 유신이에게 모터의 원리를 알려줬더니 모터를 만지작거리다가 만들어낸 미니 기관총. 스위치를 장착해서 버튼을 누르면 돌아가고 누르지 않으면 돌아가지 않는 미니 기관총이다. 선생님들 모두 눈이 휘둥그레졌

버튼을 누르면 돌아가는 미니 기관총

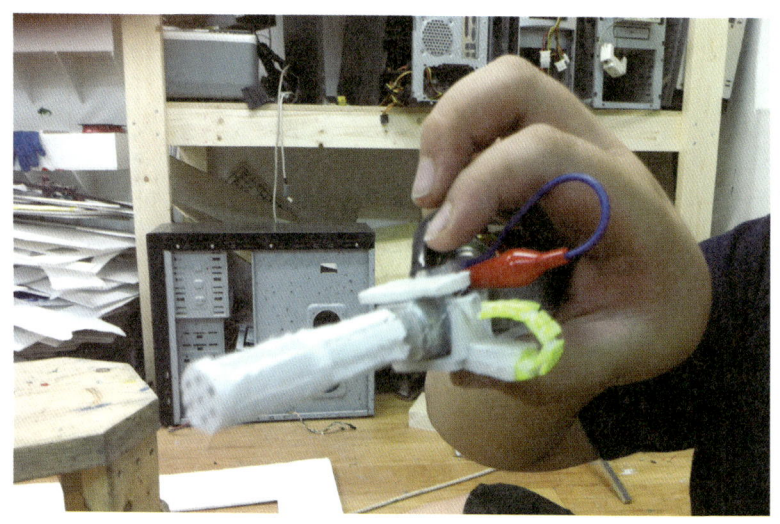

던 역작 중 하나. 나중에는 이 기관총을 엄청난 사이즈로 다시 만들었다는 후문이다.

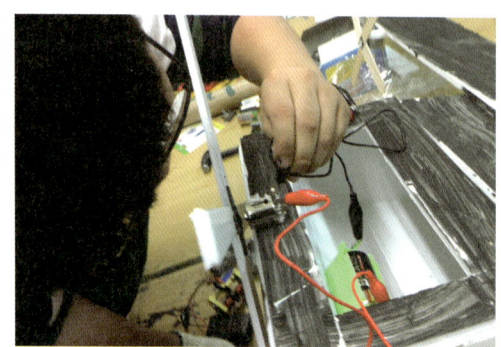

모터를 이용한 비행기 프로펠러

○ 　모터의 원리를 배우고 나서 선국이는 진짜 날 수 있는 비행기를 만들기 시작했다. 물론 내가 준 모터로는 비행기를 날릴 수 없지만 선국이에게는 말하지 않았다. 결과를 미리 알려줌으로써 선국이가 실험할 기회

를 빼앗기 싫었기 때문이다. 결국 선국이는 거대한 비행기를 만들어 프로펠러를 장착하는 것까지는 성공했지만 비행기를 날리는 데에는 실패했다. 나는 선국이에게 모터의 차이점에 대해 알려주었다. 선국이 어머니께서 말씀하시길 선국이는 그 후 일주일 동안 비행기가 나는 원리와 모터에 대해서 검색하며 살았다고 한다. 비행기를 진짜 날리는 것보다 중요한 것은 무언가를 탐구하는 자세다. 무엇이든지 부딪혀서 몸으로 결과를 얻어 내려는 선국이는 앞으로도 많은 것을 배울 것이다.

재형, 의찬, 여진 세 아이들과 함께 연구소 책상 위에 거대한 수조를 만들었다. 바닥에 우드락을 깔고 아이들이 쓰고 남은 찰흙을 모아서 만든 수족관은 생각보다 멋있었다.

> 물 위에서 나아가는 보트

"어, 여기 물 새요, 선생님!"
"어서 막아! 막아!"
"우와, 선생님 찰흙으로 물을 막을 수가 있네요! 거대한 호수 같아요!"

우여곡절 끝에 수조를 완성하고 물에 파란 물감을 조금 풀고 나니 미니 호수가 되었다. 이날은 앞으로 나가는 보트를 만들어 미니 호수에 띄워보기로 했다. 막상 물에 떠서 움직이는 배를 보니 신기해하는 아이들.

"와! 선생님, 배가 진짜 앞으로 가요!"

"어? 이 배 옆으로 돌아요!"

우드락은 압축 스티로폼이기 때문에 물에 젖지 않지만 폼보드는 종이가 붙어 있어 배를 만들기에는 적합하지 않은 재료였다. 하지만 굳이 이 이야기를 하지 않아도 아이들은 이날의 경험으로 배워 갔다. 모터를 달면 무조건 앞으로 가는 것이 아니라 모터의 위치가 어디냐에 따라 배의 방향이 바뀐다는 것 또한 아이들은 말을 통해서가 아니라 미니 호수를 통해 배우고 있었다.

"선생님, 이거 물에 띄우면 앞으로 가요?"

남자아이들은 말보다는 경험으로 배운다. 백 번 머리로 상상하는 것보다 한 번 실행해보는 것이 아이들에게는 훨씬 재미나고 신나는 일이다. 더 빨리 가려면 엔진 위치를 어디로 잡아야 하는지, 어떤 구조가 물에 빨리 가라앉는지, 한 달은 말로 설명해야 할 것들을 아이들은 이날 하루 만에 배웠다.

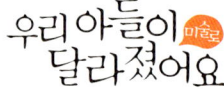

남자아이를 위한 맞춤형 미술교육 노하우
ⓒ최민준 2012

1판 1쇄 2012년 8월 24일
1판 7쇄 2020년 10월 20일

지은이	최민준
펴낸이	정민영
기획	김소영 서영희 형소진
책임편집	손희경 김소영
편집	박주희 권한라
디자인	문성미 이보람
마케팅	정민호 박보람 우상욱 안남영
제작처	한영문화사

펴낸곳	(주)아트북스
출판등록	2001년 5월 18일 제406-2003-057호
주소	10881 경기도 파주시 회동길 210
대표전화	031-955-8888
문의전화	031-955-7977(편집부) 031-955-8895(마케팅)
팩스	031-955-8855
전자우편	artbooks21@naver.com
트위터	@artbooks21
인스타그램	@artbooks.pub

ISBN 978-89-6196-115-8 13370

값은 뒤표지에 있습니다.
잘못된 책은 구입하신 서점에서 교환해 드립니다.

이 도서의 국립중앙도서관 출판예정도서목록(CIP)은 서지정보유통지원시스템 홈페이지(http://seoji.nl.go.kr)와 국가자료종합목록 구축시스템(http://kolis-net.nl.go.kr)에서 이용하실 수 있습니다.
(CIP제어번호 : CIP2012003608)